国家卫生健康委员会"十四五"规划教材

全国中等卫生职业教育教材

供康复技术专业用

疾病学基础

第 **2** 版

主　编　程贵芹

副主编　周　晓　张晓红

编　者（按姓氏笔画排序）

王　荣（山西省长治卫生学校）

宋　谦（山东省青岛卫生学校）

张晓红（郑州卫生健康职业学院）

欧阳燕（江西科技职业学院）

周　园（沈阳医学院附属卫生学校）

周　晓（山东医学高等专科学校）

徐剑侠（重庆市医药卫生学校）

黄文杰（东莞职业技术学院）

程贵芹（山东省青岛卫生学校）

人民卫生出版社

·北　京·

图书在版编目（CIP）数据

疾病学基础 / 程贵芹主编 . —2 版 . —北京：人
民卫生出版社，2023.1（2025.11重印）
ISBN 978-7-117-34114-1

Ⅰ. ①疾…　Ⅱ. ①程…　Ⅲ. ①疾病学–中等专业学校
–教材　Ⅳ. ①R366

中国版本图书馆 CIP 数据核字（2022）第 225240 号

人卫智网	www.ipmph.com	医学教育、学术、考试、健康， 购书智慧智能综合服务平台
人卫官网	www.pmph.com	人卫官方资讯发布平台

疾病学基础
Jibingxue Jichu
第 2 版

主　　编：程贵芹
出版发行：人民卫生出版社（中继线 010-59780011）
地　　址：北京市朝阳区潘家园南里 19 号
邮　　编：100021
E - mail：pmph @ pmph.com
购书热线：010-59787592　010-59787584　010-65264830
印　　刷：人卫印务（北京）有限公司
经　　销：新华书店
开　　本：850×1168　1/16　印张：16
字　　数：340 千字
版　　次：2016 年 1 月第 1 版　　2023 年 1 月第 2 版
印　　次：2025 年 11 月第 7 次印刷
标准书号：ISBN 978-7-117-34114-1
定　　价：60.00 元
打击盗版举报电话：010-59787491　E-mail：WQ @ pmph.com
质量问题联系电话：010-59787234　E-mail：zhiliang @ pmph.com
数字融合服务电话：4001118166　E-mail：zengzhi @ pmph.com

修订说明

为服务卫生健康事业高质量发展，满足高素质技术技能人才的培养需求，人民卫生出版社在教育部、国家卫生健康委员会的领导和支持下，按照新修订的《中华人民共和国职业教育法》实施要求，紧紧围绕落实立德树人根本任务，依据最新版《职业教育专业目录》和《中等职业学校专业教学标准》，由全国卫生健康职业教育教学指导委员会指导，经过广泛的调研论证，启动了全国中等卫生职业教育护理、医学检验技术、医学影像技术、康复技术等专业第四轮规划教材修订工作。

第四轮修订坚持以习近平新时代中国特色社会主义思想为指导，全面落实党的二十大精神进教材和《习近平新时代中国特色社会主义思想进课程教材指南》《"党的领导"相关内容进大中小学课程教材指南》等要求，突出育人宗旨、就业导向，强调德技并修、知行合一，注重中高衔接、立体建设。坚持一体化设计，提升信息化水平，精选教材内容，反映课程思政实践成果，落实岗课赛证融通综合育人，体现新知识、新技术、新工艺和新方法。

第四轮教材按照《儿童青少年学习用品近视防控卫生要求》（GB 40070—2021）进行整体设计，纸张、印刷质量以及正文用字、行空等均达到要求，更有利于学生用眼卫生和健康学习。

前　言

　　疾病学基础是一门医学专业基础课程,研究疾病的发生、发展规律,是适应中等卫生职业教育教改思想和培养目标要求的新型课程。本教材编写坚持贯彻党的教育方针和卫生健康工作方针,全面落实党的二十大精神进教材要求,坚持正确政治方向和价值导向,将社会主义核心价值观等课程思政内容融入教材,紧紧围绕中等卫生职业教育康复技术专业培养目标,坚持以服务为宗旨、以岗位需求为导向、以职业技能培养为根本,满足岗位需要、教学需要和社会需要,树立疾病预防意识,培养学生的创新能力。

　　本教材特点:全书设置章二维码、学习目标、导入案例、导入案例分析、知识拓展、本章小结及思考与练习。学习目标在原有的知识目标掌握、熟悉、了解三个层次基础上添加了能力目标和素质目标;每章配有恰当的案例并给出导入案例分析;每章章后设置思考与练习,满足学生边学边练的学习需求;本教材纸质教材与数字资源通过章二维码链接,激发学生学习兴趣,也可以方便学生利用碎片化时间学习。编写内容按照必需为准、够用为度、实用为先的原则,详略得当、简明扼要、重点突出、层次分明。本教材正文分为病原微生物学、免疫学及病理学三部分,其中病原微生物学部分在上版的基础上添加了一章"病毒概述"。

　　教材科学组建编写团队,研讨编写新形势下教学大纲,积极完成编写任务,相互多次审稿,最终定稿。全体编者认真负责、科学严谨、精益求精,确保教材编写的质量。在编写过程中,得到各编者所在学校领导的大力支持,在此表示衷心的感谢! 由于教材编写时间紧、任务重,难免存在不足之处,恳请使用本教材的广大师生和读者指正。

程贵芹

2023 年 9 月

目　录

绪 论

ER00 数字内容

学习目标

1. 培养学生严谨的医务工作作风,树立人民群众生命至上、健康至上的信念。
2. 掌握疾病学基础的性质、范围和内容。
3. 熟悉疾病学基础的医学地位、任务。
4. 了解疾病学基础的学习方法。
5. 能熟知临床常见疾病的病理学检查方法及我国儿童计划内免疫接种的种类。

导入案例

患者,女,43岁,单位组织健康体检,进行宫颈液基薄层细胞学检查(thin-prep cytology test, TCT)。

请思考:

1. 宫颈TCT属于病理学哪一种研究方法?

2. 若宫颈细胞学病理检查结果见异型细胞,需要进一步做的检查是什么?

疾病学基础是一门重要的医学专业基础课程,应用不同方法,从不同角度、不同生物学水平研究疾病的发生、发展规律,是适应中等卫生职业教育教改思想和培养目标要求的新型课程。通过学习,要掌握疾病学基础的性质、范围和内容,熟悉疾病学基础的任务及医学地位,了解疾病学基础的学习方法。

第一节 疾病学基础的性质、范围和内容

疾病学基础是研究人体疾病的病因、发病机制、发生发展规律以及疾病过程中机体的形态、功能、代谢变化及疾病的经过、转归的一门医学专业基础课程。它主要介绍病原微生物特别是致病微生物的生物学特性、致病性及其与人和环境的相互关系，机体免疫系统在维持人体与环境的相互平衡中所起的作用，疾病发生、发展的病因和发病机制，疾病过程中所表现的基本病理过程等。疾病学基础的内容包括病原微生物学、免疫学和病理学三门医学基础学科的基础知识、基本理论和基本技能。

一、病原微生物学

病原微生物学是研究与人类疾病有关的病原微生物的形态、结构、代谢、遗传和变异、生物学特性、致病与免疫机制、检查方法、特异性防治及机体和周围环境相互作用关系的一门科学。病原微生物学部分主要包括微生物概述、细菌的形态和结构、细菌的生长繁殖和变异、细菌的分布、消毒与灭菌、细菌的感染、病毒概述。

学习病原微生物学的目的是掌握并运用其基础理论、基本知识和基本技能，控制和消灭感染性疾病以及与之相关的免疫性疾病，并为深入学习基础医学、临床医学和预防医学奠定基础。

二、免 疫 学

免疫学是研究免疫系统的组成和功能、免疫应答规律以及免疫应答产物与抗原反应的理论和技术的生物科学，主要研究免疫系统的组成、结构与功能、各类免疫应答发生发展的规律以及免疫学在医学领域的应用。免疫学部分主要介绍免疫学概论、抗原、非特异性免疫、特异性免疫、超敏反应和免疫学应用。

学习免疫学的目的是应用有关理论知识，解释临床常见的免疫现象和发生机制，并为诊断和防治免疫性疾病打下基础，也为学习其他医学课程积累必备知识。

三、病 理 学

病理学是研究疾病发生发展的规律、探讨疾病本质的基础医学学科。它的主要任务是研究疾病的病因、发生机制、经过和转归以及患病机体组织器官的形态结构、功能、代谢的变化，从而为疾病的诊治及预防提供理论基础。病理学包括病理解剖学和病理生理学，按内容来说分为总论和各论，本教材主要简述疾病的共同规律，即病理学总论部分，涉及

疾病概论、局部血液循环障碍、细胞和组织的适应、损伤与修复、炎症及肿瘤等。病理学的研究方法有尸体解剖检查、活体组织检查、细胞学检查、组织和细胞培养、动物实验、免疫组织化学、分子生物学技术等；临床上最常使用的病理学检查方法是活体组织检查。免疫学的技术融入病理学，出现了病理学的新检查方法——组织化学和细胞化学、免疫组织化学、原位分子杂交等，这些检查方法的综合应用，为人们进一步认识疾病提供更便捷的手段，并帮助人们做到疾病的早发现、早诊断、早治疗。

第二节　疾病学基础在医学中的地位

疾病学基础是一门医学专业基础课程，是介于基础医学与临床医学之间的桥梁学科，与解剖学、组织胚胎学、生物学、生理学、生物化学、遗传学、药理学等医学基础学科均有密切的联系。特别是近代科学技术的迅速发展，使得医学基础学科之间越来越明显地相互渗透、相互依赖和相互促进，基础医学的每一项重大进展，都有力地促进了疾病学基础向前发展。同时，疾病学基础也与临床各学科密切相关。学习康复专业课程以解剖、生理正常结构及功能为基础，明确疾病时形态结构、功能、代谢的改变，便于专业治疗，其所涉及的基础知识、基本理论和基本技能广泛应用于疾病的诊断、治疗和预防。因此，疾病学基础发挥着承上启下、承前启后的作用，无论在医学教学还是在医学科学研究上都占有不可或缺的地位。

临床各科丰富的实践，不断向疾病学基础提出新的研究课题；而疾病学基础的研究成果，又使人们对疾病本质的认识有所深化和提高。免疫接种是许多疾病（如病毒性肝炎和结核病）最有效的预防方法。控制并消灭新出现的传染病，其根本途径仍是有效疫苗的研制和预防接种。免疫接种是用人工方法将免疫原或免疫效应物质输入到机体内，使机体通过人工自动免疫或人工被动免疫的方法获得防治某种传染病的能力。用于免疫接种的免疫原（即特异性抗原）、免疫效应物质（即特异性抗体）等皆属生物制品。免疫接种既能保护个体也能保护群体。免疫学诊断是指应用免疫学理论设计的用于检测抗原、抗体、免疫细胞及细胞因子等的免疫学检测技术。免疫学诊断方法伴随着免疫学的发展而发展，免疫学诊断技术可定性、定量、定位检测，在医学领域的应用越来越广泛。目前，愈来愈多的免疫学检测项目已应用于疾病的诊断。免疫学治疗是用免疫应答调节剂或免疫抑制剂来增强或抑制机体的免疫功能，以达到治疗疾病的目的。目前，运用免疫学方法治疗疾病的范围不断扩大，新方法不断涌现，特别是在治疗肿瘤、移植排斥、自身免疫性疾病方面取得了重大进展。

疾病学基础十分重视对患病机体的病因诊断，以及对各器官、组织形态结构和功能代谢变化的研究。通常应用微生物、免疫学和病理学检测技术，通过各种观察手段（如肉眼、光镜、电镜等）和有关学科的先进技术与方法，对来源于尸体、活体、实验动物、体外培养组织和细胞进行周密细致的观察、科学的分析和比较，为临床诊断、防治疾病等提供科学的理论依据。如对感染性疾病的病原学检查,有助于明确感染性疾病的病因诊断,可帮助临床医师合理用药,防止因滥用抗菌药物造成耐药菌的产生,还有助于医院感染的监控,防止医院感染的暴发和流行。免疫功能检查有助于免疫性疾病的临床诊断、治疗监测和预后推断,还可用于免疫相关性疾病的研究。通过对机体内病变的活体组织、脱落细胞或尸体解剖的病理诊断,可对疾病的性质做出明确诊断,是很多疾病的确诊依据,也可通过制作疾病的动物模型等进行医学研究。免疫学和分子生物学技术的飞速发展及病理学研究的不断深入,极大地推动了疾病学基础研究方法的改进。如免疫组织化学、免疫电镜、基因工程、核酸技术等的使用,微生物基因诊断方法以及血清学检测技术广泛应用于临床,使得病原体的监测向标准化、微量化和快速简便化发展;病理学的观察也从器官、细胞深入到蛋白质及基因水平,进一步加强了形态与功能代谢变化的联合研究。近年来,个体化的精准医疗也开始应用于临床,即从寻找疾病的基因开始,到进行靶向治疗。疾病学基础的研究方法正逐渐渗透到基础医学、临床医学、预防医学和药学等诸多学科,促使了疾病学基础更好地为临床医学及疾病的诊断、治疗和预防服务。

 知识拓展

我国儿童常见的计划内免疫接种

疫苗名称	预防疾病
重组乙型肝炎疫苗	乙型病毒性肝炎
卡介苗	结核病
百白破混合疫苗	百日咳、白喉、破伤风
脊髓灰质炎疫苗	脊髓灰质炎
麻疹疫苗	麻疹
乙型脑炎疫苗	流行性乙型脑炎
流行性脑脊髓膜炎疫苗	流行性脑脊髓膜炎

第三节　疾病学基础的任务和学习方法

一、疾病学基础的任务

疾病学基础是以生物性病因为主,阐明人与环境的关系,以及在两者相互作用的过程中,所表现出的共同性的病理变化和基本病理过程,揭示疾病的本质,从而为诊断和防治疾病提供理论基础。

学习疾病学基础的目的在于了解病原微生物。特别是细菌、病毒的生物学特性与致病性,认识人体对致病菌的免疫作用以及感染与免疫的相互关系及其规律,了解感染性疾病的实验室诊断方法及预防原则,熟悉疾病的基本病理过程和基本病理变化,探讨不同疾病中共有的普遍性规律,为学习基础医学及临床各科的感染性疾病、传染病、超敏反应性疾病和肿瘤等奠定重要的理论基础。

二、疾病学基础的学习方法

疾病学基础是一门理论性和实践性较强的学科。学习时,要以生物－心理－社会医学模式为出发点,从分子、细胞、组织、器官、系统、机体整体、心理、家庭、社会等层次认识疾病的发生、发展和疾病转归的规律。学习过程中应注意:

1. 重视疾病学基础理论课与实验课的联系　在学好理论课的同时,也要注重微生物显微镜下观察、消毒与灭菌的操作、常见免疫学检测操作、病理大体标本及组织切片的观察,做到理论联系实际。

2. 注意用动态的观点认识疾病　疾病的发生和发展是一个动态过程,不同阶段其病理变化和临床表现各不相同,形态结构、功能、代谢均在随着时间的推移而发生改变,并且三方面是相关联的:当机体发生疾病时,出现形态结构的改变,一定会伴随功能、代谢的改变;反之,机体出现了某一方面功能、代谢的改变,机体随之也会出现形态结构的改变。因此,用动态的观点认识疾病的实质。

3. 重视病变局部和整体的关系　人体是由各个局部构成的完整的统一体,正常时在神经－体液的调节下,各个局部相互联系、协调活动,以保证机体的健康状态。局部和整体之间相互影响,局部病变常常影响全身,而全身的状态也影响着局部病变的发生和发展。因此,认识和治疗疾病时,既要注意局部又要重视整体。

4. 重视本学科的基本理论、基本知识和基本技能　学习疾病学基础必须强化学习本学科的基本理论、基本知识和基本技能,并且应用这些基本知识正确认识疾病发生发展过程中所表现出的共性、个性及其转化规律。

 导入案例分析

1. 健康查体妇科宫颈 TCT 属于细胞学检查,这种检查对子宫颈癌的预防有十分重要的意义。

2. 病理细胞学检查结果有异型性时,往往需要进一步做活体组织检查才能指导临床采取相应的治疗措施。

本章学习重点是疾病学基础概念,疾病学基础是以生物性病因为主,阐明人与环境的关系,以及在两者相互作用的过程中所表现出的共同性的病理变化和基本病理过程,揭示疾病的本质,从而为诊断和防治疾病提供理论基础。

疾病学基础是一门医学专业基础课程,是介于基础医学与临床医学之间的桥梁学科,在医学中起承上启下的作用。本课程包括病原微生物学、免疫学及病理学,这三门学科的任务是本章的难点。在学习过程中要运用生物-心理-社会医学模式的新医学观点分析疾病的本质及演变规律。

（程贵芹）

 ## 思考与练习

简答题

1. 疾病学基础的性质是什么?
2. 疾病学基础包括哪几方面的内容?
3. 疾病学基础在医学中的地位如何?
4. 疾病学基础的根本任务是什么?
5. 学习疾病学基础有哪些要求?

第一章 | 微生物概述

ER01 数字内容

导入案例

患者,女,26岁。一周前左脚三、四趾间出现小水疱,逐渐融合成大疱并向外扩展。近日感染到右脚,出现糜烂、渗液、疼痛感,确诊为足癣。

请思考:

1. 引起感染的病原体是什么?
2. 怎样预防本病的发生?

第一节 微生物的概念及种类

一、微生物的概念

微生物是一类存在于自然界中肉眼不能直接看到,必须借助光学显微镜或电子显微镜放大几百倍或几万倍才能观察到的微小生物。其具有个体微小、结构简单、种类繁多、繁殖迅速、容易变异、与人类关系密切及适应环境能力强等特点。

二、微生物的种类

微生物种类繁多,按其细胞结构、化学组成和分化程度的不同,可分为三大类型（表1-1）。

表1-1　三类微生物的鉴别

鉴别要点	非细胞型	原核细胞型	真核细胞型
大小 /μm	0.02~0.03	0.2~5.0	6.0~15.0
核酸	DNA 或 RNA	DNA+RNA	DNA+RNA
核膜	无	无	有
核仁	无	无	有
种类	病毒	细菌、放线菌、螺旋体、支原体、衣原体、立克次体	真菌
细胞器	无	不完整,只有核糖体	有
活细胞培养	需要	不需要或需要(衣原体、立克次体)	不需要

1. 非细胞型微生物　无典型细胞结构,仅由一种核酸和蛋白质构成,无产生能量的酶系统,只能在活细胞内增殖,个体微小,能通过细菌滤器。如病毒。

2. 原核细胞型微生物　细胞结构不完整,仅有原始核,无核膜和核仁,缺乏完整细胞器。如细菌、放线菌、螺旋体、支原体、衣原体、立克次体等。

3. 真核细胞型微生物　细胞的分化程度较高,有核膜、核仁,有完整的细胞结构和细胞器。如真菌。

 知识拓展

杆菌之父——罗伯特·科赫

诺贝尔生理学或医学奖获得者——德国医学家罗伯特·科赫,因为在肺结核研究方面的巨大贡献被称为"杆菌之父"。

1882 年,肺结核威胁着人类的健康,科赫用血清固体培养基成功分离出结核分枝杆菌,发现了引起肺结核的病原菌。1883 年,科赫在印度发现了霍乱弧菌。他总结出著名的"科赫原则",在此原则指导下,相继发现了白喉杆菌、伤寒杆菌等多种病原菌。

科赫具有博大的胸怀,高度赞扬了其他科学家的研究工作,认为没有他们的贡献,自己是不可能获得成功的。他严谨、细心,毕生探索疾病的原因,为人类战胜结核、霍乱、疟疾、鼠疫、麻风等疾病做出了巨大的贡献。

第二节　微生物与人类的关系

1. 绝大多数微生物对人类和动、植物的生存有益,有些是必需的。微生物在自然界分布广泛,土壤、水、空气等都有数量不等、种类不一的微生物存在,其中以土壤中的微生物种类和数量为最多。

微生物在维持自然界生态平衡方面发挥重要作用。自然界中碳、氮、硫等多种元素的循环需要微生物参与进行。如空气中的氮气通过固氮菌作用后,才能被植物吸收利用;土壤中的微生物分解动物的尸体,使蛋白质转化为无机含氮化合物,有利于植物生长的需要,而植物是人类和动物赖以生存的物质基础。

微生物与人类的生产活动密切相关。工业上,微生物应用于食品、酿造、制药、纺织、化工、冶金、创新能源等方面;农业上,微生物可以用来生产微生物肥料、微生物农药等;在环境保护方面,微生物能够降解有机磷、氰化物等有机物,处理污水、废气;微生物在遗传工程和基因工程中也得到了广泛应用,用于生产胰岛素、干扰素等生物制品。

寄居在人类和动物体表及与外界相通的腔道中的微生物,在正常情况下是无害的,甚至是有益的,称为正常菌群。正常菌群是人类生存所必需的,具有拮抗病原微生物的侵袭和定居、给机体提供营养物质等作用。

2. 少数微生物对人类或动、植物具有致病作用　具有致病作用的微生物称为病原微生物,能引起人和动、植物病害。如结核分枝杆菌引起的结核病、肝炎病毒引起的病毒性肝炎等。微生物还可污染医疗器械和设备等成为医院内的感染源,污染食品、药品、生产原料等导致腐败霉烂。

第三节　微生物学与医学微生物学

微生物学是生物学的一个分支,是研究微生物的形态、结构、生命活动规律,以及微生物与自然界、人类、动物、植物间相互关系的科学。微生物学包括普通微生物学、工业微生物学、农业微生物学、医学微生物学等。

医学微生物学是研究与人类疾病有关的病原微生物的生物学性状、致病性与免疫性、防治措施的一门学科。其目的是控制和消灭感染性疾病及与之相关的免疫学疾病,并为学习其他医学课程奠定基础。

引起患者感染的病原体是真菌。真菌属于真核细胞型微生物,细胞的分化程度较高,有核膜、核仁,有完整的细胞结构和细胞器。预防真菌感染应注意公共卫生和个人卫生,合理使用抗生素。

本章小结

　　本章学习重点是微生物,指自然界中微小生物的总称,必须借助光学显微镜或电子显微镜才能观察到。学习难点是微生物可分为三型八大类。绝大多数微生物对人类是有益的、必需的,但少数微生物可导致人类或动植物的疾病,称为病原微生物。

（张晓红）

 思考与练习

一、名词解释

1. 微生物
2. 病原微生物

二、填空题

1. 根据结构、化学组成不同,微生物分为_____、_____和_____三大类。

2. 多数微生物对人是_____的,少数微生物能引起_____,这些具有_____的微生物称为_____微生物。

第二章　细菌的形态与结构

ER02 数字内容

学习目标

1. 培养学生宏观与微观相联系的思维方式。
2. 掌握细菌的基本形态；细菌的特殊结构及其医学意义。
3. 熟悉 G⁺ 菌和 G⁻ 菌细胞壁结构的异同及在染色、用药方面的意义。
4. 了解 L 型细菌的概念；革兰氏染色法。
5. 学会正确使用显微镜油镜观察几种细菌，比较不同细菌的异同点。

第一节　细菌的大小与形态

　导入案例

患者，女性，62 岁，有 7 年糖尿病病史，以"发热、肝区痛 7 日"入院。体温：38.9℃，肝右侧肋弓下 3cm，肝区叩痛明显。肝脏 CT 提示为肝脓肿。进行肝脏穿刺后于脓液中检出金黄色葡萄球菌。在严格控制血糖的基础上给予青霉素治疗 20 日后，病情好转，复查肝脏 CT 正常。

请思考：

1. 细菌按形态可分为哪几类？
2. 金黄色葡萄球菌属于革兰氏阳性菌（G⁺ 菌）还是革兰氏阴性菌（G⁻ 菌）？
3. G⁺ 菌与 G⁻ 菌细胞壁成分各有什么组成？

一、细菌的大小

细菌形体微小，通常以微米（μm）为测量单位。不同的细菌大小不一，多数球菌直径在 1μm 左右，中等大小的杆菌长 2~3μm，宽 0.5~1μm。

二、细菌的形态

细菌的基本形态有球形、杆形和螺形三种。根据细菌的基本形态可将细菌分为球菌、杆菌和螺形菌三大类（图 2-1）。

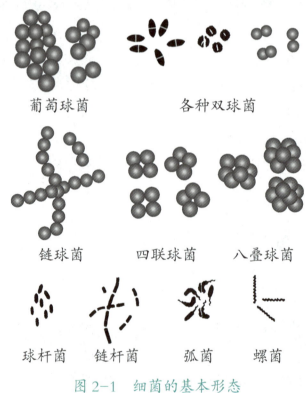

葡萄球菌　　　　　各种双球菌

链球菌　　　　四联球菌　　　　八叠球菌

球杆菌　　链杆菌　　弧菌　　螺菌

图 2-1　细菌的基本形态

（一）球菌

菌体呈球形或近似球形。根据细菌分裂平面、分裂后菌体之间相互黏附程度以及排列方式的不同，可分为：

1. 双球菌　在一个平面上分裂，分裂后两个菌体成对排列，如脑膜炎奈瑟菌。

2. 链球菌　在一个平面上分裂，分裂后多个菌体连接成链状，如乙型溶血性链球菌。

3. 葡萄球菌　在多个不规则的平面上分裂，分裂后菌体无一定规则地排列在一起似葡萄状，如金黄色葡萄球菌。

4. 四联球菌和八叠球菌　在两个相互垂直的平面上分裂，分裂后四个菌体黏附在一起呈正方形，称为四联球菌；在三个相互垂直的平面上分裂，分裂后八个菌体排列成包裹状立方体,称为八叠球菌。

（二）杆菌

不同杆菌的大小、长短、粗细差别较大。杆菌形态多数呈直杆状,也有的菌体稍弯;多数呈分散存在,也有的呈链状排列,称为链杆菌;菌体两端大多呈钝圆形,少数两端平齐或两端尖细。有的杆菌末端膨大成棒状,称为棒状杆菌;有的菌体短小,近于椭圆形,称为球杆菌;有的呈分枝生长趋势,称为分枝杆菌;有的末端呈分叉状,称为双歧杆菌。

（三）螺形菌

菌体弯曲,有的菌体长 2~3μm,只有一个弯曲,呈弧形或逗点状,称为弧菌,如霍乱弧菌;有的菌体长 3~6μm,有数个弯曲,称为螺菌,如鼠咬热螺菌;也有的菌体细长弯曲呈弧形或螺旋形,称为螺杆菌,如幽门螺杆菌。

第二节 细菌的结构

细菌的结构包括基本结构和特殊结构。基本结构是各种细菌共同具有的结构,包括细胞壁、细胞膜、细胞质和核质等;特殊结构是某些细菌在一定条件下所特有的结构,包括荚膜、鞭毛、菌毛和芽孢(图 2-2)。

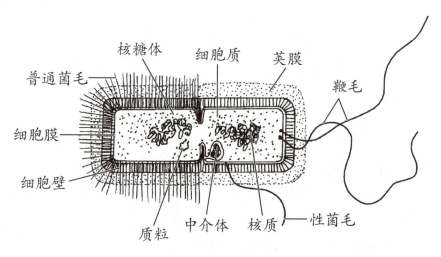

图 2-2　细菌细胞结构模式图

一、细菌的基本结构

（一）细胞壁

细胞壁是包被细菌最外层、坚韧而富有弹性的结构。细胞壁的组成较复杂,随不同细菌而异。用革兰氏染色法可将细菌分为两大类,即革兰氏阳性(G^+)菌和革兰氏阴性(G^-)菌。两类细菌细胞壁的共有组分为肽聚糖,但分别拥有各自的特有成分。

1. 革兰氏阳性菌细胞壁的结构 G$^+$菌细胞壁较厚（20~80nm），除含15~50层肽聚糖结构外，尚有其特殊组分磷壁酸。

（1）肽聚糖：是细菌细胞壁的主要成分，为原核细胞所特有。G$^+$菌的肽聚糖由聚糖骨架、四肽侧链和五肽交联桥三部分组成（图2-3A）。

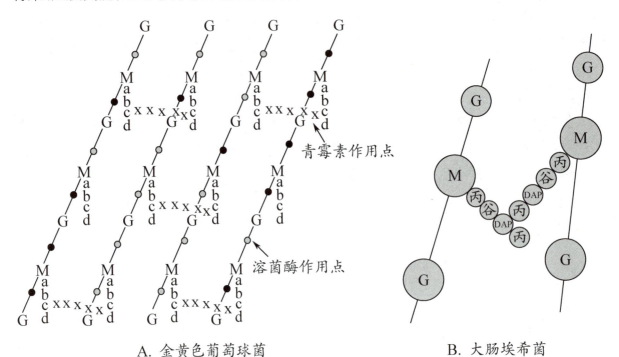

青霉素作用点

溶菌酶作用点

A. 金黄色葡萄球菌　　　　　　B. 大肠埃希菌

图2-3　细菌细胞壁的肽聚糖结构

A. 金黄色葡萄球菌（G$^+$菌）；B. 大肠埃希菌（G$^-$菌）。

M. N-乙酰胞壁酸；G. N-乙酰葡糖胺；o. β-1,4-糖苷键；a. L-丙氨酸；b. D-谷氨酸；c. L-赖氨酸；d. D-丙氨酸；x. 甘氨酸；DAP. 二氨基庚二酸。

聚糖骨架由N-乙酰葡糖胺和N-乙酰胞壁酸交替间隔排列，经β-1,4-糖苷键联结而成。各种细菌细胞壁的聚糖骨架均相同。四肽侧链由四种氨基酸组成，连接在聚糖骨架的N-乙酰胞壁酸上。四肽侧链的组成和联结方式随细菌种类不同而有差异。例如，金黄色葡萄球菌（G$^+$菌）细胞壁的四肽侧链的氨基酸依次为L-丙氨酸、D-谷氨酸、L-赖氨酸和D-丙氨酸，第三位的L-赖氨酸通过由五个甘氨酸组成的五肽交联桥连接到相邻聚糖骨架四肽侧链末端的D-丙氨酸上，从而构成机械强度十分坚韧的三维立体结构。

（2）磷壁酸：为G$^+$菌细胞壁所特有的成分，依据其结合部位的不同，分为壁磷壁酸和膜磷壁酸两种。前者的一端与肽聚糖上的胞壁酸共价结合，另一端穿越肽聚糖层游离于细胞壁外。膜磷壁酸的一端与细胞膜外层上的糖脂共价结合，另一端穿越肽聚糖层也游离于细胞壁外。由于两种磷壁酸分子共同组成带负电荷的网状多聚物，使得G$^+$菌的细胞壁具有良好的坚韧性、通透性及静电性能。磷壁酸是重要的表面抗原，与细菌的血清型分类有关（图2-4）。

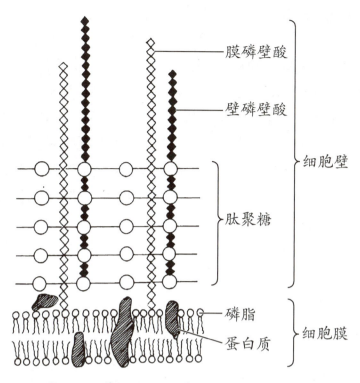

图 2-4　革兰氏阳性菌细胞壁结构模式图

2. 革兰氏阴性菌细胞壁的结构　G⁻菌细胞壁较薄（10~15nm），但结构较复杂。除含1~2层肽聚糖结构外，尚有其特殊组分——外膜（图2-5）。

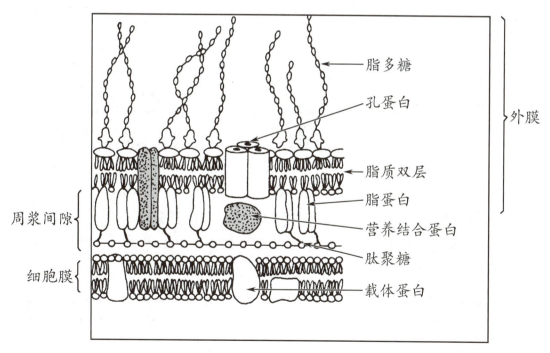

图 2-5　革兰氏阴性菌细胞壁结构模式图

（1）肽聚糖：G⁻菌的肽聚糖仅由聚糖骨架和四肽侧链两部分组成（图2-3B）。例如，在大肠埃希菌（G⁻菌）的四肽侧链中，第三位氨基酸是二氨基庚二酸（DAP），并由

DAP 与相邻四肽侧链末端的 D- 丙氨酸直接连接,没有五肽交联桥,因而只形成二维平面结构。

（2）外膜:为 G⁻ 菌细胞壁所特有的成分,由脂蛋白、脂质双层、脂多糖（LPS）三部分组成。脂蛋白连接肽聚糖层和脂质双层,使外膜和肽聚糖层构成一个整体。脂质双层的结构类似细胞膜,中间镶嵌着多种蛋白质,除物质交换作用外,还具有屏障作用,能阻止青霉素、溶菌酶和多种大分子物质进入,故对青霉素、溶菌酶等不敏感。由脂质双层向细胞外伸出的是脂多糖（LPS）,LPS 由脂质 A、核心多糖和特异多糖三部分组成,是 G⁻ 菌的内毒素。其中,脂质 A 是内毒素的主要成分,无种属特异性;核心多糖有属特异性;特异多糖即 G⁻ 菌的菌体抗原（O 抗原）,具有种特异性。

G⁺ 菌和 G⁻ 菌细胞壁结构显著不同（表 2-1）,导致这两类细菌在染色性、抗原性、致病性及对药物的敏感性等方面有很大差异。

表 2-1　革兰氏阳性菌与革兰氏阴性菌细胞壁结构比较

细胞壁	革兰氏阳性菌	革兰氏阴性菌
机械强度	强,较坚韧,三维立体结构	弱,较疏松,二维平面结构
厚度	厚,20~80nm	薄,10~15nm
肽聚糖组成	聚糖骨架、四肽侧链、五肽交联桥	聚糖骨架、四肽侧链
肽聚糖层数	多,可达 50 层	少,仅 1~2 层
肽聚糖含量	多,占细胞壁干重 50%~80%	少,占细胞壁干重 5%~20%
磷壁酸	有	无
外膜	无	有
青霉素、溶菌酶	敏感	不敏感

青霉素能与细菌竞争合成肽聚糖过程中所需的转肽酶,抑制四肽侧链上 D- 丙氨酸与五肽交联桥之间的联结,使细菌不能合成完整的肽聚糖。溶菌酶能裂解肽聚糖中 N- 乙酰葡糖胺和 N- 乙酰胞壁酸之间的 β-1,4- 糖苷键,破坏聚糖骨架,引起细菌裂解。青霉素和溶菌酶使菌体失去了细胞壁的保护作用,在低渗环境中,水渗入细胞内,使菌体膨胀裂解。所以,青霉素和溶菌酶对 G⁺ 菌有杀菌作用。然而,G⁻ 菌细胞壁含肽聚糖少,且有外膜的保护作用,故对青霉素和溶菌酶不敏感。

3. L 型细菌　失去细胞壁的细菌,在高渗的环境下如仍能生长繁殖,称为 L 型细菌。L 型细菌的形态因缺失细胞壁而呈高度多形性,无论其原为 G⁺ 菌或 G⁻ 菌,形成 L 型细菌后大多染色呈 G⁻。

4. 细胞壁的主要功能

（1）维持细菌固有形态和抵抗低渗环境:细菌细胞质内有高浓度的无机盐和大分子营养物质,由于细胞壁的保护作用,使细菌能承受内部巨大的渗透压而不会破裂,并能在相对低渗的环境下生存。

（2）物质交换作用：细胞壁上有许多小孔，与细胞膜共同完成菌体内外的物质交换。

（3）致病作用：LPS 是内毒素，可使机体发热，白细胞增加，严重时可导致休克死亡。

（4）与耐药性有关：G^+ 菌肽聚糖缺失可使作用于细胞壁的抗菌药物失效。

（5）免疫作用：磷壁酸和 LPS 具有抗原性，可以诱发机体的免疫应答。此外，细胞壁结构与静电性有关，影响细菌的染色特性。

（二）细胞膜

细胞膜位于细胞壁内侧，紧包着细胞质，是一层柔软而富有弹性的半渗透性双层脂质生物膜。其结构与真核生物的细胞膜基本相同，在脂质双层中镶嵌有多种蛋白质，但不含胆固醇。细胞膜上含有多种呼吸酶和多种合成酶，因此，细胞膜具有物质交换、参与细菌呼吸和生物合成等作用。

中介体多见于 G^+ 菌，是细菌的细胞膜内陷折叠而成的囊状结构。中介体的形成，有效地扩大了细胞膜面积，相应地增加了酶的含量和能量的产生，其功能类似于真核细胞的线粒体，故亦称为拟线粒体。

（三）细胞质

细胞膜包裹的溶胶状物质为细胞质或称原生质，由水、蛋白质、脂类、核酸及少量糖和无机盐组成，其中含有许多重要结构。

1. 核糖体　是细菌合成蛋白质的场所，游离存在于细胞质中，每个细菌体内可达数万个，是由蛋白质和核糖核酸（RNA）组成的超微颗粒。细菌核糖体沉降系数为 70S（由 50S 和 30S 两个亚基组成），与真核生物细胞核糖体沉降系数 80S（由 60S 和 40S 两个亚基组成）不同。有些抗生素如链霉素能与细菌核糖体的 30S 亚基结合，红霉素能与细菌核糖体的 50S 亚基结合，均能干扰细菌蛋白质合成，导致细菌死亡，但这些药物对人类的核糖体无影响。

2. 质粒　是细菌染色体以外的遗传物质，存在于胞质中，为闭合环状的双链脱氧核糖核酸（DNA），带有遗传信息，控制细菌某些特定的遗传性状。质粒不是细菌生长所必不可少的，失去质粒的细菌仍能正常存活。

3. 胞质颗粒　细菌的细胞质中含有多种颗粒，大多为贮藏的营养物质，包括多糖、脂类和磷酸盐等。胞质颗粒中有一种主要成分是 RNA 和多偏磷酸盐的颗粒，其嗜碱性强，用亚甲蓝染色时着色较深呈紫色，称为异染颗粒。异染颗粒常见于白喉棒状杆菌，位于菌体两端，对鉴别白喉棒状杆菌有一定意义。

（四）核质

细菌是原核细胞，无成形的细胞核，也无核膜和核仁，因其功能与真核细胞的染色体相似，故细菌的核质又称拟核或细菌的染色体。大多数细菌的核质由单一的密闭环状 DNA 分子反复回旋卷曲盘绕，形成一松散网状结构，相当于一条染色体，附着在横隔中介体或细胞膜上。核质是细菌存活所必需的遗传物质。

1. 根据细菌的基本形态,细菌分为球菌、杆菌和螺形菌三大类。

2. 金黄色葡萄球菌属于 G^+ 菌。

3. G^+ 菌与 G^- 菌,细胞壁既有共同的成分(肽聚糖)又拥有各自的特有成分。G^+ 菌细胞壁特有的成分是磷壁酸,磷壁酸分为壁磷壁酸和膜磷壁酸两种。G^- 菌细胞壁特有的成分是外膜,外膜包括脂多糖、脂质双层和脂蛋白三部分,脂多糖是 G^- 菌的内毒素。

二、细菌的特殊结构

(一)荚膜

荚膜是某些细菌在其细胞壁外包绕的一层黏液性物质。黏液性物质牢固地与细胞壁结合,厚度 $\geq 0.2\mu m$,边界明显者称为荚膜(图2-6);厚度 $<0.2\mu m$ 者称为微荚膜。荚膜对一般碱性染料亲和力低,不易着色,普通染色只能见到菌体周围有未着色的透明圈。用特殊染色法可将荚膜染成与菌体不同的颜色。

荚膜的化学成分一般为多糖,少数为多肽。因荚膜成分因菌种甚至菌株而异,故可用荚膜进行细菌鉴定和分型。荚膜具有黏附作用、保护细菌抗吞噬细胞吞噬及抗有害物质的损伤作用,是细菌致病的重要毒力因子。

(二)鞭毛

某些细菌菌体上附有细长呈波浪状弯曲的丝状物,少者仅 1~2 根,多者达数百根,这些丝状物称为鞭毛。鞭毛长 5~20μm,直径 12~30nm,需用电子显微镜观察,或经特殊染色法使鞭毛增粗后才能在普通光学显微镜下看到。

1. 鞭毛的类型 根据鞭毛的数目和部位的不同,可将鞭毛菌分成四类(图2-7)。

(1)单毛菌:只有一根鞭毛,位于菌体一端,如霍乱弧菌。

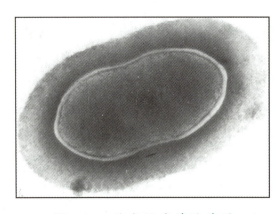

图 2-6 肺炎链球菌的荚膜
(透射电镜,×42 000)

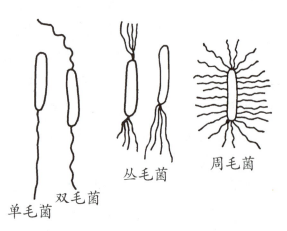

图 2-7 细菌的鞭毛

（2）双毛菌：菌体两端各有一根鞭毛，如空肠弯曲菌。

（3）丛毛菌：菌体的一端或两端有一丛鞭毛，如铜绿假单胞菌。

（4）周毛菌：菌体周身遍布许多鞭毛，如伤寒沙门菌。

2. 鞭毛的功能

（1）细菌的运动器官：具有鞭毛的细菌能运动，细菌的运动有化学趋向性，常向营养物质前进，而逃离有害物质。

（2）具有免疫原性：鞭毛的化学成分主要是蛋白质，具有较强的免疫原性，称为鞭毛抗原（H抗原）。

（3）与致病性有关：有些细菌（如霍乱弧菌、空肠弯曲菌）可通过鞭毛黏附在肠黏膜上而导致病变的发生。

（4）细菌鉴定和分类：根据细菌有无鞭毛、鞭毛的类型和免疫原性，可用于鉴定细菌和进行细菌分类。

（三）菌毛

菌毛是菌体表面的一种比鞭毛更细、更短而直的丝状物，与细菌的运动无关。菌毛在普通光学显微镜下看不到，必须用电子显微镜观察。

根据功能不同，菌毛分为普通菌毛和性菌毛两类。

1. 普通菌毛 长 $0.2\sim2\mu m$，直径 $3\sim8nm$。遍布菌体表面，形短而直，可达数百根，是细菌的黏附结构，能与宿主细胞表面的特异性受体结合，是细菌感染的第一步。若细菌失去该菌毛，则致病力大为降低或丧失。因此，该类菌毛与细菌的致病性密切相关。

2. 性菌毛 比普通菌毛长而粗，仅有 $1\sim4$ 根，中空呈管状，是细菌之间传递遗传物质的通道。

（四）芽孢

某些细菌在一定的环境条件下，胞质脱水浓缩，在菌体内部形成一个圆形或卵圆形的小体，是细菌的休眠形式，称为芽孢。产生芽孢的细菌都是 G^+ 菌。芽孢的大小、形状、位置等随菌种而异，有重要的鉴别价值（图2-8）。

图 2-8　细菌芽孢的形态和位置

1. 芽孢的形成与发芽 芽孢的形成受遗传因素的控制和环境因素影响。芽孢一般只是在动物体外对细菌不良的环境条件下形成。芽孢形成后，细菌失去繁殖的能力，菌体即成为空壳，有些芽孢可从菌体脱落游离。与芽孢相比，未形成芽孢而具有繁殖能力的菌体称为繁殖体。芽孢是细菌为适应不良环境而形成的休眠体，不能进行分裂繁殖，在遇到适宜环境时，芽孢又可发芽成为繁殖体。一个细菌只能形成一个芽孢，一个芽孢发芽也只能生成一个菌体。因而，芽孢不是细菌的繁殖方式。

2. 芽孢的功能及其医学意义

（1）抵抗力强：芽孢对热力、干燥、辐射、化学消毒剂等理化因素均有强大的抵抗力。一般细菌繁殖体在 $80℃$ 水中迅速死亡，而有的细菌芽孢可耐 $100℃$ 沸水数小时。

（2）杀死细菌的芽孢是作为判断灭菌效果的指标：被芽孢污染的用具、敷料、手术器械等，用一般方法不易将其杀死。杀灭芽孢最可靠的方法是压力蒸汽灭菌法，进行压力蒸汽灭菌时，应以杀死芽孢作为判断灭菌效果的指标。

（3）芽孢是某些外源性感染的重要来源：细菌芽孢并不直接引起疾病，仅当芽孢发芽成为繁殖体后，才能迅速大量繁殖而致病。

第三节　细菌形态学检查方法

细菌是无色半透明的微小生物，直接用光学显微镜观察通常看不清。为了更好地观察细菌的形态，常先将细菌制片染色后再进行显微镜镜检。因此，染色标本镜检在细菌鉴定中应用最广泛。

1. 染色标本镜检　根据所用染料种类的多少，可分为单染色法和复染色法两种。单染色法只选用一种染料染色，复染色法需要两种或两种以上的不同染料进行染色，最常用的复染色法是革兰氏染色法。

革兰氏染色法是丹麦细菌学家革兰（Hans Christian Gram，1853—1938）于1884年创建，至今仍在广泛应用。革兰氏染色法的原理主要与细菌细胞壁结构密切相关，具体步骤见实验一。根据染色结果可将细菌分为两大类：染成紫色的为革兰氏阳性菌，染成红色的为革兰氏阴性菌。

目前应用的细菌染色法中，还有抗酸染色法以及荚膜、芽孢、鞭毛、细胞壁、核质等特殊染色法。

2. 不染色标本镜检　细菌未经染色直接镜检，主要用于观察活菌的动力。常用方法包括压滴法、悬滴法、毛细管法。

3. 其他显微镜检查　暗视野显微镜检查法、相差显微镜检查法、荧光染色法、电子显微镜检查法。

本章小结　　本章学习重点是细菌的形态和细菌的结构。根据细菌的基本形态将细菌分为球菌、杆菌和螺形菌三大类。细菌的基本结构包括细胞壁、细胞膜、细胞质和核质。细菌的特殊结构包括荚膜、鞭毛、菌毛和芽孢。两类细菌细胞壁既有共同的成分（肽聚糖）又拥有各自的特有成分。G^+ 菌细胞壁特有的成分是磷壁酸，磷壁酸分为壁磷壁酸和膜磷壁酸两种。G^- 菌细胞壁特有的成分是外膜，外膜包括脂多糖、脂质双层和脂蛋白三部分，脂多糖是 G^- 菌的内毒素。学习难点是 G^+ 菌和 G^- 菌细胞壁结构的不同，导致这两类细菌在染色性、抗原性、致病性及对药物的敏感性等方面的差异。在细菌学中最经典的染色方法是革兰氏染色法。

（欧阳燕）

思考与练习

一、名词解释

1. 质粒

2. 菌毛

二、填空题

1. 根据细菌的基本形态将细菌分为_____、_____和_____三大类。

2. G⁻菌的脂多糖由_____、_____和_____三部分组成。

3. 细菌的基本结构包括_____、_____、_____和_____。

4. 细菌的特殊结构包括_____、_____、_____和_____。

5. 细菌的运动器官是_____,其化学成分主要是_____。

6. _____是细菌染色体以外的遗传物质,它不是细菌生长所必不可少的遗传物质。

7. 革兰氏阳性菌细胞壁结构由_____和_____两部分组成。

8. 革兰氏阴性菌细胞壁结构由_____和_____两部分组成。

三、简答题

1. 列表对比革兰氏阳性菌与革兰氏阴性菌细胞壁结构的区别。

2. 简述细菌的特殊结构及作用。

第三章 | 细菌的生长繁殖与变异

ER03 数字内容

学习目标

1. 培养学生认真细心、善于发问的习惯,引导学生尊重科学、珍爱生命和健康。
2. 掌握细菌生长繁殖的条件、繁殖方式与规律。
3. 熟悉细菌变异的现象;细菌遗传变异的物质基础。
4. 了解与医学有关的细菌代谢产物;细菌的生长现象;细菌基因转移与重组的方式。
5. 学会分析生活中不合理使用抗生素的现象;指导合理用药。

第一节 细菌的生长繁殖

  导入案例

　　患儿,男性,3岁。1周前突然发热,体温38℃,患儿全身弥漫性红色针尖样大小的丘疹,咽痛明显。查体:咽及扁桃体显著充血,杨梅舌,颈部及颌下淋巴结肿大。进行对症治疗,咽拭子及时送至检验科,进行直接涂片镜检和分离培养与鉴定。

　　请思考:

1. 细菌在体外人工培养时,需要什么营养物质?
2. 应选用哪一个时期的细菌培养物来研究细菌的生物学性状?

一、细菌生长繁殖的条件

营养物质和适宜的环境是细菌生长繁殖的必备条件。不同种类的细菌,其生长繁殖所需的环境条件不尽相同,个别种类的细菌有特殊需求,但基本条件包括以下几个方面:

（一）充足的营养物质

充足的营养物质是细菌进行生长繁殖的物质基础,主要包括水、碳源、氮源、无机盐和生长因子等。

1. 水　细菌所需营养物质必须先溶于水,营养物质的吸收与代谢均需有水才能进行。

2. 碳源　碳源是细菌合成蛋白质、核酸、糖、脂类、酶类等菌体成分的原料,同时也为细菌新陈代谢提供能量。细菌主要从糖类、有机酸等获得碳源。

3. 氮源　氮源主要为细菌提供合成菌体成分的原料,一般不提供能量。细菌主要从氨基酸、蛋白胨等有机氮化合物中获得氮,少数病原菌可利用无机氮化合物,如铵盐、硝酸盐等。

4. 无机盐　细菌需要多种无机盐以提供其生长繁殖所需的各种元素,如磷、硫、钾、钠、钙、镁、铁,以及微量元素钴、锌、锰、铜等。

5. 生长因子　生长因子是某些细菌生长需要但自身不能合成的物质,通常为有机化合物,例如维生素、某些氨基酸、嘌呤、嘧啶等。

（二）适宜的酸碱度

多数病原菌的最适 pH 值为 7.2~7.6,在此 pH 值时,细菌的酶活性强,新陈代谢旺盛。但个别细菌如霍乱弧菌在 pH 值 8.4~9.2 碱性培养基中生长最好,而结核分枝杆菌生长的最适 pH 值为 6.5~6.8。

（三）合适的温度

细菌生长的最适温度因种类不同而异,病原菌在长期进化过程中适应了人体环境,其最适生长温度为人的体温,即 37℃。个别细菌如小肠结肠炎耶尔森菌的最适生长温度为 20~28℃。

（四）必要的气体环境

细菌生长繁殖需要的气体主要是 O_2 和 CO_2。不同种类的细菌对 O_2 的需求不同,由此将细菌分为四类。

1. 专性需氧菌　仅能在有氧环境下生长,如结核分枝杆菌。

2. 微需氧菌　在 5% 左右的低氧环境中生长最好,氧浓度 >10% 对其有抑制作用,如幽门螺杆菌。

3. 兼性厌氧菌　在有氧或无氧环境中都能生长,但以有氧时生长较好;大多数病原菌属于兼性厌氧菌,如大肠埃希菌。

4. 专性厌氧菌　只能在低氧分压或无氧环境中进行发酵,如破伤风梭菌。

另外,CO_2对细菌的生长也很重要。大部分细菌在代谢过程中产生的CO_2可满足其需要,不必额外补充。有些细菌在初次分离培养时,需人工供给 5%~10% 的 CO_2 可促进细菌迅速生长繁殖,如脑膜炎奈瑟菌。

二、细菌生长繁殖的规律

（一）细菌繁殖的方式和速度

细菌以二分裂方式进行无性繁殖。在适宜条件下,多数细菌繁殖速度很快。细菌分裂数量倍增所需要的时间称为倍增时间,多数细菌为 20~30min。个别细菌繁殖速度较慢,如结核分枝杆菌的倍增时间达 18~20h。

（二）细菌的生长曲线

将一定数量的细菌接种于适宜的液体培养基中,连续定时取样检查活菌数,可发现其生长过程的规律性。以培养时间为横坐标,培养物中活菌数的对数为纵坐标所绘制的一条曲线,称为细菌的生长曲线（图 3-1）。生长曲线能够反映细菌群体的生长繁殖规律,可分为四个时期:

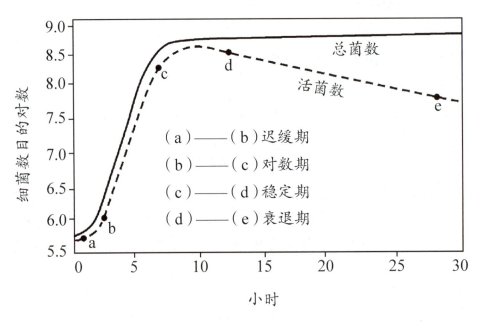

图 3-1　细菌的生长曲线

1. 迟缓期　细菌进入新环境后的短暂适应阶段,一般为 1~4h。此期细菌几乎不繁殖,但代谢活跃、体积增大,合成各种酶、辅酶及代谢产物,为其后的繁殖做准备。

2. 对数期　细菌生长迅速,活菌数以恒定的几何级数增长,生长曲线图上细菌数的对数呈直线上升,达到顶峰状态。此期细菌的形态、染色性、生理活性等都较典型,对外界因素的作用敏感。因此,研究细菌的生物学性状应选用对数期细菌。对数期一般在细菌培养后的 8~18h。

3. 稳定期 由于培养基中营养物质消耗,有害代谢产物积聚,细菌繁殖速度渐减,死亡数逐渐增加,细菌繁殖数和死亡数大致平衡,生长曲线趋于平稳。细菌形态、生理活性常发生改变;同时,一些细菌的芽孢、外毒素、抗生素和色素等代谢产物大多在稳定期产生。

4. 衰退期 细菌繁殖速度越来越慢,死亡数越来越多,并超过活菌数。细菌形态显著改变,出现衰退型或菌体自溶,难以辨认;生理代谢活动也趋于停滞。

细菌的生长曲线只有在体外人工培养的条件下才能观察到。在自然界或人类、动物体内繁殖时,受环境因素和机体免疫因素等多方面的影响,不可能出现在培养基中的典型生长曲线。

 导入案例分析

取患者咽喉病灶的棉拭子进行人工培养时,需要充足的营养物质为细菌生长繁殖提供必需的原料和能量,一般包括水、碳源、氮源、无机盐和生长因子,细菌的培养基就含有这些营养成分。细菌在人工培养时,其生长繁殖有一定的规律性,在对数期,细菌的形态、染色性及生理活性等都较典型。因此,研究细菌的生物学性状应选对数期的细菌。

第二节 与医学有关的细菌的代谢产物

细菌代谢过程中,可产生不同的代谢产物,有些与细菌致病性有关,有些与疾病治疗有关,有些与细菌鉴别有关。

一、与细菌的致病性有关的代谢产物

(一)热原质

细菌合成的一种注入人体或动物体内能引起发热反应的物质,称为热原质。产生热原质的细菌大多是 G^- 菌,热原质即其细胞壁的脂多糖。

热原质耐高温,经高压蒸汽灭菌(121℃、20min)亦不被破坏,经 250℃高温干烤才能被破坏。临床上用于注射和输液的制剂如果被热原质污染,往往引起患者出现寒战、高热等输液反应。因此,在制备和注射生物制剂过程中应严格遵守无菌操作,防止细菌污染。

(二)毒素

细菌产生的毒素包括外毒素和内毒素,是细菌致病重要的毒力因素。外毒素是多数 G^+ 菌和少数 G^- 菌在生长繁殖过程中合成并释放到菌体外的蛋白质;内毒素是 G^- 菌细胞壁的脂多糖,当菌体死亡崩解后游离出来。外毒素的毒性强于内毒素的毒性。

（三）侵袭性酶

某些细菌可产生具有侵袭性的酶,能损伤机体组织,促使细菌的侵袭和扩散,是细菌重要的致病物质。如金黄色葡萄球菌产生的血浆凝固酶、链球菌产生的透明质酸酶等。

二、与疾病治疗有关的代谢产物

（一）抗生素

某些微生物在代谢过程中产生的一类能抑制或杀死某些其他微生物或肿瘤细胞的物质,称为抗生素。抗生素大多由放线菌和真菌产生,细菌产生得少,只有多黏菌素、杆菌肽等。

（二）维生素

细菌能合成某些维生素除供自身需要外,还能分泌至周围环境中。如人体肠道内大肠埃希菌合成的维生素 B 族和维生素 K 可被人体吸收利用。

三、与细菌鉴别有关的代谢产物

（一）色素

某些细菌在代谢过程中能产生不同颜色的色素,有助于鉴别细菌。细菌的色素有两类:一类为水溶性色素,能弥散到培养基或周围组织,如铜绿假单胞菌产生的绿色色素,可使培养基或感染部位的脓汁呈绿色;另一类为脂溶性色素,不溶于水,只存在于菌体中,使菌落显色而培养基颜色不变,如金黄色葡萄球菌产生的金黄色色素,使其菌落呈金黄色。

（二）细菌素

某些细菌产生的一类具有抗菌作用的蛋白质称为细菌素。细菌素与抗生素不同的是作用范围狭窄,仅对与产生菌有亲缘关系的细菌有杀伤作用。细菌素具有种和型的特异性,故可用于细菌分型和流行病学调查。

四、分解代谢产物和生化反应

各种细菌所具有的酶不完全相同,对营养物质的分解能力和代谢产物不同。据此,利用生物化学方法来鉴别不同细菌,称为细菌的生化反应试验。常用的生化反应有糖发酵试验、VP 试验、甲基红试验、吲哚试验、硫化氢试验、尿素酶试验、枸橼酸盐利用试验等。

抗生素史话

1928 年,英国细菌学家弗莱明用葡萄球菌做实验时,发现一些青霉的孢子污染了葡萄球菌,霉菌的周围有一圈无葡萄球菌区。经过研究,这种青霉菌产生了一种抑制细菌生长的物质——青霉素,这对抗菌感染药物的研发开辟了道路。1941 年,英国剑桥大学的科学家弗洛里和钱恩研究出了大规模生产青霉素的方法,使成千上万的伤员和患者得到救治。第二次世界大战结束后,鉴于弗莱明、弗洛里和钱恩在青霉素的研究和开发方面做出的巨大贡献,三人共享了 1945 年度的诺贝尔生理学或医学奖。

第三节　细菌的人工培养

一、细菌培养方法

细菌的人工培养一般采用 35~37℃,培养时间多为 18~24h。根据不同标本及不同培养目的,可选用不同的接种和培养方法。常用的细菌培养方法有分离培养和纯培养两种。

将标本或培养物划线接种在固体培养基的表面,因划线的分散作用,使许多原混杂的细菌在固体培养基表面上散开,称为分离培养。挑取一个菌落,接种到另一个培养基中,生长出的细菌为纯种细菌,称为纯培养。其多用于某些菌种的扩增。

二、培　养　基

培养基是根据细菌生长繁殖的需要,配制的经消毒灭菌制成的营养基质。根据培养基的用途可分为基础培养基、营养培养基、选择培养基、鉴别培养基和特殊培养基(如厌氧培养基、L 型细菌培养基)等。根据培养基的物理状态的不同分为液体、固体和半固体培养基三大类。在制备固体培养基时,还需加入凝固物质。最常用的凝固物质为琼脂,琼脂在 98℃以上时可溶于水,45℃以下时则凝固成凝胶状态,且无营养作用,不被细菌分解利用,是一种理想的固体培养基赋形剂。在液体培养基中加入 2%~3% 的琼脂粉,即凝固成固体培养基;在液体培养基中加入 0.2%~0.5% 的琼脂粉,即凝固成半固体培养基。液体培养基可用于大量繁殖细菌;固体培养基常用于细菌的分离纯化、鉴定及药物敏感试验(简称药敏试验);半固体培养基用于观察细菌的动力和保存菌种。

三、细菌在培养基中的生长现象

（一）在液体培养基中生长情况

大多数细菌在液体培养基中生长繁殖后，呈现均匀混浊状态；少数链状的细菌则呈沉淀生长；枯草芽孢杆菌、结核分枝杆菌等专性需氧菌呈表面生长，常形成菌膜。

（二）在固体培养基中生长情况

细菌经分离培养 18~24h 后，单个细菌分裂繁殖形成一堆肉眼可见的细菌集团，称为菌落。许多菌落融合在一起，称为菌苔。各种细菌在固体培养基上形成的菌落，在大小、形态、颜色、气味、透明度、表面光滑或粗糙、湿润或干燥、边缘整齐与否等方面均有不同表现，这些有助于识别和鉴定细菌。此外，取一定量的液体标本或培养液均匀接种于琼脂平板上，可计数菌落，推算标本中的活菌数。这种菌落计数法常用于检测自来水、饮料、污水和临床标本的活菌含量。

细菌菌落一般分为三种类型：

1. 光滑型菌落（S 型菌落）　表面光滑、湿润、边缘整齐。

2. 粗糙型菌落（R 型菌落）　表面粗糙、干燥，呈皱纹或颗粒状，边缘不整齐。

3. 黏液型菌落（M 型菌落）　表面黏稠、有光泽，似水珠样，多见于有厚荚膜或丰富黏液层的细菌。

（三）在半固体培养基中生长情况

半固体培养基黏度低，有鞭毛的细菌在其中仍可自由游动，沿穿刺线扩散生长，在穿刺线四周呈羽毛状或云雾状混浊生长；无鞭毛的细菌只能沿穿刺线呈明显的线状生长，穿刺线四周培养基透明澄清。

四、人工培养细菌的应用

1. 在医学中的应用

（1）感染性疾病的病原学诊断：要明确感染性疾病的病原菌，必须取患者的有关标本进行细菌分离培养、鉴定和药物敏感试验，其结果可指导临床用药。

（2）细菌学的研究：有关细菌生理、遗传变异、致病性和耐药性等研究都离不开细菌的培养和菌种保存。

（3）生物制品的制备：供防治用的疫苗、抗毒素、免疫血清及供诊断用的菌液、抗血清等均来自培养的细菌或其代谢产物。

2. 在工农业生产中的应用　细菌培养和发酵过程中的多种代谢产物在工农业生产中有广泛用途，可制成抗生素、维生素、氨基酸、有机溶剂、酒、味精等产品，细菌培养还可生产酶制剂，处理废水和垃圾，制造菌肥及农药等。

3. 在基因工程中的应用　将带有外源性基因的重组 DNA 转化给受体菌,使其在菌体内能获得表达。细菌容易培养,繁殖快,基因表达产物易于提取纯化,故可降低成本。如应用基因工程技术已成功地制备了胰岛素、干扰素、乙型肝炎疫苗等。

 知识拓展

卡介苗的由来

1907 年秋天的一个下午,法国有两位细菌学家卡默德和介兰卡走在巴黎的马波泰农场,发现田里的玉米秆儿很矮,穗儿又小,便关心地问农场主:"这些玉米是不是缺乏肥料呢?"农场主说:"不是,先生,这玉米引种到这里已经十几代了,可能有些退化了。"他们用惊讶的眼神看着农场主,问道"什么?请您再说一遍!""是退化了,一代不如一代啦!"农场主笑着说。他们兴奋地跑回实验室,联想到:如果把毒性强烈的结核分枝杆菌一代代培养下去,它的毒性是否也会退化呢?为此,两位科学家足足花了 13 年的时间,终于成功培育了第 230 代被驯服的结核分枝杆菌,作为预防结核病的人工疫苗。

第四节　细菌的遗传与变异

遗传和变异是细菌的基本属性之一。遗传是指亲代的特性可通过遗传物质传递给子代。细菌的遗传性保证了物种的稳定性。细菌的变异是指细菌子代和亲代之间、子代和子代之间的生物学性状出现不同程度的差异。细菌的变异性可使细菌产生变种和新种,有利于细菌的生存和进化。

细菌的变异有遗传变异和非遗传变异两大类。遗传变异是细菌遗传物质结构发生改变引起的变异,新获得的性状可稳定地传给后代,又称基因变异。非遗传变异是由于外界环境影响引起的变异,遗传物质的结构未改变,又称表型变异。表型变异是可逆的,不能遗传。

一、遗传变异的现象

细菌的变异可表现在形态、结构、生理、致病性及耐药性等多个方面。

1. 形态与结构变异　细菌在适宜的环境中形态相对稳定、典型。在不同生长时期或当环境改变时,其形态、大小常发生改变。如 L 型细菌,其形态呈高度多形性。有些细菌变异后可失去特殊结构,如有鞭毛的伤寒沙门菌变异后可失去鞭毛,细菌的鞭毛从有到无的变异称为 H-O 变异;有荚膜的肺炎链球菌失去荚膜,毒力也下降。

2. 毒力变异　细菌的毒力变异包括毒力增强和毒力减弱两种。例如，无毒的白喉棒状杆菌被 β-棒状杆菌噬菌体感染发生溶原性转换后，成为可产生白喉外毒素的致病菌株。又如，目前广泛用于预防结核病的卡介苗（BCG）就是将强毒的牛型结核分枝杆菌在含有胆汁、甘油和马铃薯的培养基中，连续传代 230 代而获得的弱毒变异菌株制备而成，它接种人体后对人不致病，却可使人获得特异性免疫力。

3. 耐药性变异　细菌对某种抗菌药物由敏感变为耐药的变异现象，称为耐药性变异。有的细菌表现为同时对多种抗菌药物耐药，称为多重耐药菌株。耐药性变异是当今医学的重要问题。在治疗中，合理用药对防止细菌发生耐药性变异有重要作用。

4. 菌落变异　细菌的菌落主要有光滑型（S 型）与粗糙型（R 型）两种类型。光滑型与粗糙型之间的变异，称为 S-R 变异。当 S-R 变异时，细菌的毒力、抗原性和生化反应等往往发生改变。

二、遗传变异的物质基础

细菌的遗传物质是 DNA。细菌的基因组包括染色体、质粒和噬菌体基因组。

1. 细菌的染色体　细菌基因主要位于染色体，大多数细菌的染色体为一条环状双螺旋双链 DNA（dsDNA），附着在横隔中介体或细胞膜上。少数细菌染色体则由两条环状 dsDNA 分子组成，如霍乱弧菌。还有个别细菌含有三条环状 dsDNA 分子。细菌染色体控制着细菌的主要生物学性状。

2. 质粒　质粒是细菌染色体以外的遗传物质，存在于细胞质中的环状闭合或线性 dsDNA。质粒的主要特征：

（1）可自我复制：质粒能独立进行复制并随细胞分裂转移到子代细胞。

（2）可决定细菌的某些遗传性状：质粒携带的信息可赋予细菌某些特定的生物学性状，如致育性、耐药性和致病性等。根据质粒基因编码的生物学性状可将质粒分为致育质粒（F 质粒）、耐药质粒（R 质粒）、毒力质粒、细菌素质粒及代谢质粒。

（3）可从宿主细胞中消失：质粒不是细菌生命活动不可缺少的遗传物质，可自行丢失或通过人工诱导处理而消除。随着质粒的丢失，质粒赋予细菌的性状亦随之失去，但细菌仍然可存活。

（4）具有转移性：质粒可通过接合、转化、转导等方式在细菌间转移，从而使受体菌获得相应的生物学性状。

3. 噬菌体基因组　噬菌体是感染细菌、真菌、放线菌或螺旋体等微生物的病毒。噬菌体基因组也是赋予宿主菌生物学性状的遗传物质。噬菌体必须在活的易感细胞内寄生。

噬菌体体积微小，在光学显微镜下看不见，需用电子显微镜观察。噬菌体多为蝌蚪状，由头部和尾部两部分组成（图 3-2）。头部呈六边形立体对称；尾部呈管状，由尾髓和外面包裹的尾鞘组成；尾部末端尚有尾板、尾刺和尾丝；尾板内可能含有裂解宿主菌细胞壁的溶菌酶；头部和尾部连接处有尾领。噬菌体由核酸和蛋白质组成。核酸是噬菌体的遗传物质，位于噬菌体的头部核心，噬菌体的核酸类型为 DNA 或 RNA。蛋白质构成噬菌体的头部衣壳和尾部，起到保护核酸的作用，并决定噬菌体外形和表面特征。

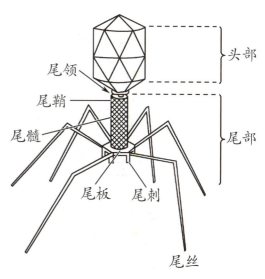

图 3-2　噬菌体结构模式图

根据噬菌体与宿主菌的相互关系，噬菌体可分为两种类型：一种是能在宿主菌细胞内复制增殖，产生许多子代噬菌体，并最终裂解细菌，称为毒性噬菌体；另一种是噬菌体基因组整合到宿主菌染色体上，不产生子代噬菌体，也不引起细菌裂解，但噬菌体 DNA 随细菌基因组的复制而复制，并随细菌的分裂而分配至子代细菌的基因组中，称为温和噬菌体或溶原性噬菌体。

 知识拓展

噬菌体分布极广，凡是有细菌的场所，就可能有相应噬菌体的存在。在人和动物的排泄物或其污染的河水中，常含有肠道细菌的噬菌体。在土壤中，可找到土壤细菌的噬菌体。噬菌体有严格的宿主特异性，即某一种噬菌体只能感染某一种微生物，甚至只感染某一种中的某一型。因此，可以利用噬菌体对细菌进行鉴定与分型。噬菌体对理化因素的抵抗力比一般细菌的繁殖体强。

三、基因转移与重组

外源性遗传物质由供体菌转入受体菌细胞内的过程称为基因转移。供体菌的基因进入受体菌细胞，并在其中自行复制与表达，或与受体菌 DNA 整合在一起的过程，称为基因重组。外源性遗传物质包括染色体 DNA 片段、可转移的质粒 DNA 片段及噬菌体基因等。细菌基因转移与重组的方式常见有以下五种：

1. 转化　是受体菌直接摄取供体菌的 DNA 片段而获得新的遗传性状的过程。如 Ⅱ 型无荚膜无毒力的肺炎链球菌摄取 Ⅲ 型有荚膜有毒力的肺炎链球菌 DNA 后，即可转化为有荚膜有毒力的 Ⅲ 型肺炎链球菌，如小鼠体内的肺炎链球菌的转化试验见图 3-3。

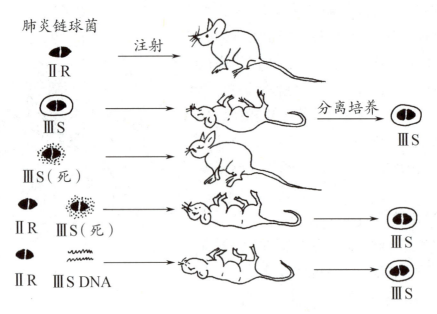

图 3-3　小鼠体内的肺炎链球菌的转化试验

2. 接合　细菌通过性菌毛相互连接沟通,将遗传物质从供体菌转给受体菌的方式称为接合。质粒是最常被转移的遗传物质。能通过接合方式转移的质粒称为接合型质粒,主要包括 F 质粒、R 质粒等。

（1）F 质粒的接合:F 质粒编码性菌毛。有性菌毛的细菌为雄性菌（F^+ 菌）;无性菌毛的细菌为雌性菌（F^- 菌）。在接合时,F^+ 菌的性菌毛末端与 F^- 菌表面上的受体结合,使性菌毛逐渐缩短,使两菌连接起来,F^+ 菌质粒的其中一股 DNA 断开并通过性菌毛进入 F^- 菌。单股 DNA 以滚环式进行复制,进而形成完整的 F 质粒。F^- 菌获得 F 质粒,成为 F^+ 菌,长出性菌毛（图 3-4）。

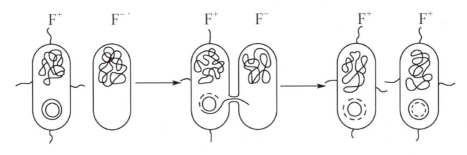

图 3-4　接合时 F 质粒的转移与复制

（2）R 质粒的接合:R 质粒由耐药传递因子（RTF）和耐药决定因子（r-det）两部分组成。RTF 功能与 F 质粒相似,可编码性菌毛和通过接合转移;r-det 决定细菌的耐药性,r-det 可带有多个不同的耐药基因转座因子,可使细菌表现出多重耐药性。RTF 与 r-det 可整合在一起,也可单独存在,但单独存在时无接合传递耐药基因的功能。

3. 转导　是由噬菌体介导,将供体菌的 DNA 片段转入受体菌,使受体菌获得供体菌的部分遗传性状。转导可分为普遍性转导和局限性转导。

（1）普遍性转导：毒性噬菌体和温和噬菌体均可介导普遍性转导。在噬菌体成熟装配过程中，由于装配错误，误将宿主（供体菌）染色体片段或质粒装入噬菌体内，产生转导噬菌体。当其感染其他细菌时，便将供体菌的 DNA 转入受体菌，包装是随机的，供体菌的任何 DNA 片段都有可能被误装入噬菌体内，故称为普遍性转导。

（2）局限性转导：由温和噬菌体介导。温和噬菌体 DNA 整合到细菌染色体上形成前噬菌体。前噬菌体从宿主菌染色体上脱离时发生偏差，带走宿主菌染色体基因的前噬菌体脱落后复制、转录和翻译后组装成转导噬菌体。当这种转导噬菌体再感染受体菌时，可将供体菌基因带入受体菌。由于被转导的基因只限于前噬菌体两侧的供体菌基因，故称为局限性转导。

4. 溶原性转换　也是局限性转导的一种形式。温和噬菌体的 DNA 整合到宿主菌的染色体上，使细菌的基因型发生改变，从而获得新的遗传性状的方式，称为溶原性转换。如 β - 棒状杆菌噬菌体感染不产毒素的白喉棒状杆菌时，通过溶原性转换使白喉棒状杆菌获得了产生白喉外毒素的能力。一旦失去这种 β - 棒状杆菌噬菌体，白喉棒状杆菌产毒素能力也随之消失，其致病力也将减弱。

5. 原生质体融合　将两个不同的细菌经溶菌酶或青霉素处理，去除细胞壁，形成原生质体，然后在高渗条件下借助融合剂（如聚乙二醇）使两者融合，融合后的细胞通过基因转移与重组而产生新的遗传性状。融合后的双倍体细胞可以短期生存，在此期间染色体之间可发生基因转移与重组，获得多种不同表型的重组融合体，经培养后重新形成细胞壁，可以通过遗传标志或表型选出所需要的重组菌。

四、遗传变异在医学中的实际意义

1. 细菌形态结构变异与病原学诊断　由于细菌的形态、大小和结构可发生变异，所以在进行细菌学检查时，不仅要熟悉细菌典型的生物学特性，还需了解细菌的变异现象和规律，才能做出正确的病原学诊断。如伤寒患者体内分离出的伤寒沙门菌，约 10% 的菌株不产生鞭毛，细菌学检查无动力，血清中也无鞭毛抗体。

2. 耐药性变异与控制　自抗生素广泛应用以来，耐药性细菌不断增加。临床上应根据药敏试验结果选择敏感药物进行治疗。通过耐药监测，注意耐药谱的变化和耐药机制的研究，将有利于指导抗菌药物的选择和合理使用，防止耐药菌株的产生与扩散。

3. 细菌毒力变异与疾病预防　利用毒力减弱而保留免疫原性的菌株研制减毒活疫苗，现已成功地用于某些细菌性疾病的预防。如炭疽杆菌的减毒活疫苗用于炭疽病的预防；卡介苗用于结核病的预防。

4. 致癌物测定的应用　凡能诱导细菌突变的物质也可能诱发人体细胞发生突变，是潜在的致癌物质。因此细菌可用于筛选可疑致癌物。

5. 基因工程方面的应用　基因工程是一种DNA重组技术。目前,已能够通过基因工程技术获得胰岛素、干扰素、生长激素及乙型肝炎疫苗等生物制剂。

本章小结

　　本章学习重点是细菌生长繁殖的条件、规律和细菌遗传变异的物质基础。充足的营养、适宜的酸碱度、合适的温度以及必要的气体,是细菌生长繁殖的必备条件。细菌按二分裂方式进行繁殖,对数期的细菌生物学性状最典型。细菌的遗传物质是DNA,细菌的基因组包括染色体、质粒和噬菌体基因组。细菌染色体控制着细菌的主要生物学性状。质粒是细菌染色体以外的遗传物质,可赋予细菌某些特定的生物学性状。学习难点是细菌基因转移与重组的方式。细菌基因转移与重组的方式主要有转化、接合、转导、溶原性转换和原生质体融合。

（欧阳燕）

 思考与练习

一、名词解释

1. 菌落

2. 抗生素

二、填空题

1. 细菌生长繁殖的基本条件包括_____、_____、_____和_____。

2. 细菌的变异分为_____和_____两大类。

3. 有鞭毛的细菌在半固体培养基上的生长现象是_____。

4. 质粒的主要特征有_____、_____、_____和_____。

5. 细菌的基因转移与重组的方式有_____、_____、_____、_____和_____。

6. 多数细菌的倍增时间为_____min。

7. 细菌群体的生长曲线可分为_____、_____、_____和_____四个时期。其中,细菌合成抗生素、外毒素多在_____期。

第四章 | 细菌的分布

ER04 数字内容

学习目标

1. 培养学生的无菌观念,提高防止医源性感染的防护意识。
2. 掌握正常菌群和条件致病菌的概念。
3. 熟悉正常菌群的生理意义;条件致病菌的致病条件。
4. 了解细菌的分布;细菌与疾病的关系;细菌的分类与命名方法。
5. 学会养成良好的卫生习惯,加强身体锻炼,防止发生机会性感染。

第一节 细菌的分布

 导入案例

患者,女性,65岁。因发热和意识障碍 2h 被送往急诊。入院 2d 后,出现腹痛、呕吐。入院时,查体:体温(T)39℃,脉搏(P)94 次 /min,心率(HR)94 次 /min,血压(BP)147/66mmHg。实验室检查:血常规提示白细胞升高,尿液、血液细菌培养阴性,脑脊液培养出大肠埃希菌,并做药敏试验。诊断:脑膜炎。最初给予头孢曲松、阿莫西林、阿昔洛韦治疗,随后根据脑脊液药敏结果,继续给予头孢曲松,治疗 21d,患者恢复良好。

请思考:

1. 正常情况下,大肠埃希菌寄居在机体的什么部位?
2. 引起患者出现脑膜炎的原因是什么?

细菌在自然界的分布极为广泛。江河、湖泊、海洋、土壤、矿层、空气等都有数量不等、种类不一的细菌存在。其中,土壤中的细菌最多。在人类、动物和植物的体表,以及与外界相通的人类和动物的呼吸道、消化道等腔道中,亦有大量的细菌存在。

一、细菌在自然界中的分布

土壤具备细菌生长繁殖所需要的温度、湿度、气体、营养等适宜的生长条件,是细菌生长繁殖的良好环境,因此土壤中存在着数量众多、种类庞杂的细菌群。土壤中的细菌主要分布于距地表 10~20cm 耕作层,大多数为非致病菌,在自然界的物质循环中起重要作用。土壤中还含有一些来自人与动物排泄物及动物尸体的病原体。多数致病菌抵抗力弱,在土壤中易死亡,但一些能形成芽孢的细菌,如破伤风梭菌、产气荚膜梭菌、炭疽杆菌等,抵抗力非常强,可在土壤中存活几年甚至几十年,并可通过感染伤口等途径引起疾病。

水也是细菌生存的天然环境。水中的细菌主要来自土壤和人及动物的排泄物。水源被污染后可引起多种消化系统传染病,甚至暴发流行。因此,保护水源,加强水源和粪便的管理,注意饮水卫生,是控制和消灭消化道传染病的重要措施。

空气中缺少细菌生长必需的营养物质和水,且受日光照射,细菌不易生长繁殖,但由于人与动物的呼吸道及口腔中的细菌可随唾液、飞沫散布到空气中,极易造成疾病传播。细菌可随尘埃漂浮于空气中,尤其是在人口密集的公共场所或医院,空气中的细菌种类和数量显著增多。常见的病原菌有金黄色葡萄球菌、链球菌、结核分枝杆菌、白喉棒状杆菌及脑膜炎奈瑟菌等,可引起伤口感染或呼吸道传染病。空气中的细菌可造成生物制品、药物制剂、培养基以及手术室等污染。因此,对手术室、制剂室、病房、微生物实验室等应经常进行空气消毒。

二、正常菌群与条件致病菌

（一）正常菌群

正常菌群是指正常寄居在宿主体内,对宿主无害而有利的微生物群的总称。正常人的体表及其与外界相通的腔道(如上呼吸道、消化道、泌尿生殖道等)表面都寄居着不同种类和数量的微生物。人体常见的正常菌群见表 4-1。

（二）正常菌群的生理意义

正常条件下,正常菌群与人体之间、正常菌群内各种微生物之间既相互制约,又相互依存;正常菌群对保持人体内环境的稳定起着重要的作用。

1. 生物拮抗作用　正常菌群可在宿主皮肤黏膜表面特定部位黏附、定植和大量繁殖,形成一个生物屏障,优先占领生存空间,妨碍和抑制外来致病菌的入侵。还可以通过

表 4-1   人体常见的正常菌群

部位	主要菌类
皮肤	葡萄球菌、链球菌、类白喉棒状杆菌、铜绿假单胞菌、丙酸杆菌、白念珠菌、非致病性分枝杆菌等
眼结膜	葡萄球菌、干燥棒状杆菌、非致病性奈瑟菌等
口腔	甲型和丙型链球菌、葡萄球菌、肺炎链球菌、非致病性奈瑟菌、乳杆菌、梭状芽孢杆菌、类白喉棒状杆菌、白念珠菌、放线菌、螺旋体等
鼻咽腔	甲型和丙型链球菌、葡萄球菌、肺炎链球菌、非致病性奈瑟菌、脆弱拟杆菌等
外耳道	葡萄球菌、类白喉棒状杆菌、铜绿假单胞菌、非致病性分枝杆菌等
肠道	大肠埃希菌、双歧杆菌、产气肠杆菌、变形杆菌、铜绿假单胞菌、葡萄球菌、肠球菌、韦荣球菌、乳杆菌、白念珠菌等
尿道	表皮葡萄球菌、类白喉棒状杆菌、非致病性分枝杆菌等
阴道	乳杆菌、类白喉棒状杆菌、白念珠菌等

营养争夺和产生代谢产物（如乳酸、脂肪酸、细菌素、抗生素）等机制来抑制和排斥病原菌的定植。

2. 营养作用　正常菌群能够参与人体的部分营养物质如蛋白质、糖类、脂类的代谢，促进营养物质的消化和吸收；可合成维生素等产物供人体利用，如肠道内的大肠埃希菌和脆弱拟杆菌可以合成维生素 B 族和维生素 K；乳酸杆菌和双歧杆菌等可合成叶酸及维生素 B 族等供人体利用。

3. 免疫作用　正常菌群作为抗原可促进宿主免疫器官的发育，刺激免疫系统的成熟与免疫应答，产生的免疫物质对具有共同抗原组分的致病菌有一定程度的抑制或杀灭作用，从而增强机体的免疫力。

4. 抑癌作用　正常菌群可使体内出现的致癌物质转化为非致癌物质，从而抑制肿瘤生长。此外，正常菌群还有利于宿主的生长、发育，某些正常菌群具有抗衰老作用。

（三）条件致病菌

当正常菌群与宿主间的生态平衡失调时，一些正常菌群会成为机会致病菌而引起宿主发病，故机会致病菌也称为条件致病菌。其致病的特定条件主要有：

1. 正常菌群的寄居部位改变　正常菌群在人体内有一定的寄居部位，若寄居部位发生了变化，则可能致病。例如肠道内的大肠埃希菌由于手术、外伤、留置导尿管等原因进入腹腔、血液或泌尿道等，可引起腹膜炎、尿道炎、肾盂肾炎甚至败血症等。

2. 机体免疫功能下降　患有慢性消耗性疾病（如结核病、糖尿病、恶性肿瘤等）、过度劳累、使用免疫抑制剂、大面积烧伤等原因，可造成机体免疫力下降，导致机会性感染发生。

3. 菌群失调　在应用抗生素治疗感染性疾病的过程中,导致宿主某部位寄居细菌的种群发生改变或各种群的数量比例发生大幅度变化从而导致疾病称为菌群失调。菌群失调可引起二重感染。如长期使用广谱抗生素治疗的某些患者,其体内正常菌群中的敏感菌受药物影响被抑制,而对抗生素不敏感的菌株如金黄色葡萄球菌、铜绿假单胞菌、大肠埃希菌及白念珠菌等乘机大量繁殖成为优势菌,引起假膜性结肠炎、白念珠菌性肺炎、尿路感染等疾病。这种用抗菌药物治疗某种原感染性疾病的过程中,又感染了另一种或多种病原体,表现为两种或两种以上病原体混合感染称为二重感染。若发生二重感染,除应立即停用正在使用的抗菌药物外,还需对临床标本中优势菌类进行药敏试验,选用敏感药物治疗。同时,亦可使用微生态制剂,如双歧杆菌、乳杆菌等益生菌,协助调整菌群类型和数量,加快恢复正常菌群的生态平衡。

 导入案例分析

大肠埃希菌是 G⁻ 杆菌,寄居在人体的肠道,是肠道中重要的正常菌群,在肠道内是不致病的,并能为机体提供一些具有营养作用的合成代谢产物,如维生素 B 族和维生素 K,供人体利用。从患者的脑脊液标本培养中检测到大肠埃希菌,为大肠埃希菌寄居部位发生改变,成为条件致病菌,这是引起患者脑膜炎发生的重要原因。此外,患者免疫功能下降或菌群失调也可能是其发生的原因。

第二节　细菌与疾病

一、细菌与疾病的关系

自然界中的大多数细菌不能引起人体致病,这些细菌称为非致病菌或非病原菌,有些是正常菌群的组成部分。只有少数微生物具有致病性,能引起人类和动物、植物的病害称为病原微生物;能使宿主致病的细菌称为致病菌或病原体。

在自然情况下,大多数病原体只感染人类或动物。但也有少数病原体,既可感染动物,也可感染人类,这些由同一种病原体引起动物和人类共同感染的疾病,称为人畜共患病。例如,布鲁氏菌可感染牛、羊、猪等家畜,也可通过皮肤、消化道、呼吸道等途径传染给人,出现菌血症,发热呈波浪形,称为波浪热。又如,鼠疫耶尔森菌是鼠疫的病原体,可经带菌鼠蚤叮咬人类发生人类鼠疫;炭疽杆菌主要引起草食动物炭疽病,人可通过摄食或接触患炭疽病的动物及畜产品而感染,引起人类炭疽病。

《伯杰鉴定细菌学手册(第 9 版)》中基于细胞壁的特征将细菌分为四大类目、35 个群,其中与人类疾病相关的细菌列入表 4-2。

表 4-2　与人类疾病有关的细菌分类

类别	属
Ⅰ. 革兰氏阴性有细胞壁的真细菌	
螺旋体	密螺旋体属
	疏螺旋体属
	钩端螺旋体属
需氧/微需氧、有动力、螺旋形/弧形革兰氏阴性菌	螺菌属
	弯曲菌属
	螺杆菌属
需氧/微需氧、革兰氏阴性杆菌与球菌	假单胞菌属
	军团菌属
	奈瑟菌属
	莫拉菌属
	产碱杆菌属
	布鲁氏菌属
	罗卡利马体属
	鲍特菌属
	弗朗西斯菌属
兼性厌氧革兰氏阴性杆菌	埃希菌属
	志贺菌属
	沙门菌属
	克雷伯菌属
	变形杆菌属
	普罗威登菌属
	耶尔森菌属
	弧菌属
	巴氏杆菌属
	嗜血杆菌属
厌氧革兰氏阴性直、弯或螺旋形杆菌	类杆菌属
	梭形杆菌属
	普雷沃菌属
厌氧革兰氏阴性球菌	韦荣球菌属
立克次体与衣原体	立克次体属
	考克斯体属
	衣原体属
非光合滑行菌	二氧化碳嗜纤维菌属

类别	属
Ⅱ . 革兰氏阳性有细胞壁的细菌	
革兰氏阳性球菌	肠球菌属
	葡萄球菌属
	链球菌属
	消化链球菌属
可形成芽孢的革兰氏阳性杆菌与球菌	芽孢杆菌属
	梭菌属
形态规则的无芽孢革兰氏阳性杆菌	李斯特菌属
	丹毒丝菌属
形态不规则的无芽孢革兰氏阳性杆菌	棒状杆菌属
	放线菌属
	动弯杆菌属
分枝杆菌	分枝杆菌属
放线菌	诺卡菌属
	链霉菌属
	红球菌属
Ⅲ . 无细胞壁真细菌	支原体属
	脲原体属
Ⅳ . 古细菌	（未发现病原体）

二、细菌的分类等级

细菌的分类等级由上至下依次分为界、门、纲、目、科、属、种。种是细菌分类的基本单位,生物学性状相同的细菌群体构成一个菌种;性状相近、关系密切的若干菌种组成属;相近的属归为一个科,依此类推。同一菌种的细菌在某些方面还有一定的差异,可再分为亚种,亚种以下再分为型,如根据抗原结构不同分血清型。不同来源的相同菌种称为该菌的不同菌株。具有某种细菌典型的生物学特征的菌株称为该菌的标准菌株或模式菌株,在细菌的分类、鉴定和命名时都以标准菌株为依据。

三、细菌分类命名系统

细菌的命名采用国际上通用的拉丁双名法。每个菌名由两个拉丁字组成,属名在前,用名词,首字母大写;种名在后,用形容词,小写。全名用斜体字。一般属名表示细菌的形态、发现者或有贡献者,种名表明细菌的性状特征、寄居部位或所致疾病等。中文的命名次序与拉丁文相反,是种名在前,属名在后。如 *Mycobaterium tuberculosis*(结核分枝杆菌),*Salmonella typhi*(伤寒沙门菌)。属名亦可不将全文写出,只用第一个大写字母代表,如 *M. tuberculosis*,*S. typhi* 等。有时泛指某一属的细菌,而不是特指其中的某个菌种,则可在属名之后加上 sp.(单数)或 spp.(复数),如 *Salmonella sp.* 表示沙门菌属中的细菌。

本章小结

　　本章学习重点是正常菌群、条件致病菌的概念及正常菌群的生理意义。正常菌群是指正常寄居在宿主体内,对宿主无害而有利的微生物群的总称。当正常菌群与宿主间的生态平衡失调时,一些正常菌群会成为机会致病菌而引起宿主发病,故机会致病菌也称为条件致病菌。正常菌群具有生物拮抗作用、营养作用、免疫作用、抑癌作用和抗衰老作用。学习难点是正常菌群转化为条件致病菌的条件。条件致病菌的致病条件主要包括正常菌群的寄居部位改变、机体免疫功能下降和菌群失调三个方面。

（欧阳燕）

思考与练习

一、名词解释
1. 正常菌群
2. 条件致病菌
3. 菌群失调

二、简答题
1. 正常菌群转化为条件致病菌的条件有哪些?
2. 简述正常菌群对机体的生理作用。

第五章 | 消毒与灭菌

ER05 数字内容

学习目标

1. 培养学生安全使用消毒剂的技能和科学严谨的工作作风。
2. 掌握消毒、灭菌、无菌的概念。
3. 熟悉物理消毒灭菌法及其应用。
4. 了解医院内常见物品的消毒灭菌方法。
5. 学会消毒、灭菌、无菌操作的技能。

 导入案例

　　患者,男,19 岁。半年前从山区来城市读书。近 2 个月出现咳嗽、痰中带血、厌食、消瘦、每天下午低热、乏力、出汗来院就诊。查体:T 37.8℃,P 88 次 /min,R(呼吸)26 次 /min。双上肺叩诊呈浊音,听诊双上肺呼吸音减弱,可闻及细湿啰音,X 射线平片示两上肺斑片状模糊影。痰结核菌检查阳性,诊断为肺结核。应用异烟肼、乙胺丁醇等抗结核药物治愈。

　　请思考:

1. 患者发生感染的途径是什么?
2. 杀死结核分枝杆菌的有效方法有哪些?

　　消毒与灭菌是预防微生物感染和控制传染病的重要措施之一,也是切断疾病传播途径的有效手段。消毒与灭菌的方法一般分为物理消毒灭菌法和化学消毒灭菌法两种。

第一节 基 本 概 念

1. 消毒　杀灭物体上或环境中的病原微生物,但不一定能杀死细菌芽孢和非病原微生物的方法。用于消毒的化学药品称为消毒剂。

2. 灭菌　杀灭物体上一切微生物,包括细菌芽孢在内的病原微生物和非病原微生物的方法。

3. 无菌和无菌操作　无菌指不存在活的微生物。防止微生物进入机体或其他物品的操作方法称为无菌操作或无菌技术。

4. 防腐　防止或抑制微生物生长繁殖的方法。用于防腐的化学药品称为防腐剂。同一化学制剂在低浓度时为防腐剂,在高浓度时则为消毒剂。

5. 清洁　去除物体表面无机物、有机物和可见污染物以减少微生物数量的过程。广泛应用于医院环境,也是物品消毒灭菌前必需的处理过程,有利于提高消毒灭菌效果。

第二节 物理消毒灭菌法

物理消毒灭菌法是指应用温度、光线等物理因素进行消毒与灭菌的方法。高温能杀灭所有微生物,医学上常用于灭菌;低温则仅能抑制微生物的生长繁殖,不能将其杀灭,医学上常用于保存菌种。物理消毒灭菌的方法主要有热力、辐射、滤过、干燥和低温等。

一、热力灭菌法

利用高温使微生物的蛋白质变性或凝固,酶失去活性,从而导致其死亡。热力灭菌法包括干热灭菌法和湿热灭菌法两大类。

1. 干热灭菌法　干热可使微生物脱水干燥及大分子变性,导致细菌死亡。

(1)焚烧:直接点燃或在焚烧炉内焚烧,是一种彻底的灭菌方法。其适用于废弃物品或动物尸体等。

(2)烧灼:直接用火焰灭菌,适用于实验室的金属器械(剪刀、镊子、接种环)、瓶口、试管口等的灭菌。

(3)干烤:利用电热干烤箱灭菌,加热至160~170℃经2h可达到灭菌的目的。其适用于耐高温的物品,如玻璃器皿、金属物品、瓷器、某些粉剂药物等的灭菌。

(4)红外线:是一种波长0.7~1 000μm的电磁波,其中1~10μm波长的热效应最强。热效应只产生在照射到的表面,不能使物体均匀加热,常用于医疗器械和食具的消毒灭菌。

2. 湿热消毒灭菌法 最常用的消毒灭菌方法。利用湿热使细菌蛋白质变性和凝固而杀灭细菌。在同一温度下,湿热的灭菌效果比干热好。原因:①湿热的穿透力比干热强;②湿热的环境中细菌菌体蛋白较易凝固变性;③湿热的蒸汽有潜热效应存在,水由气态变为液态时可放出潜热,能迅速提高被灭菌物体的温度。

(1)巴氏消毒法:此法由巴斯德首创。用较低温度杀灭液体中的病原体(如链球菌、沙门菌、布鲁氏菌、结核分枝杆菌等)或特定微生物(如腐生菌等),而保持液体中不耐热的营养成分不被破坏。加热61.1~62.8℃ 30min,或71.7℃ 15~30s,现广泛采用后者。常用于酒类和牛奶的消毒。

(2)煮沸法:常压下煮沸100℃ 5min,细菌繁殖体可被杀死;而细菌芽孢需煮沸1~2h才被杀死。如果在水中加入2%碳酸氢钠可提高沸点至105℃,既能提高杀菌力,又可防止金属器械生锈。其主要用于食具、饮水、一般外科器械、玻璃注射器等物品消毒。

(3)流通蒸汽法:利用100℃水蒸气进行消毒。用具是普通蒸笼或阿诺流通蒸汽锅等,100℃加热15~30min,可杀细菌繁殖体,但不能杀死细菌芽孢。其常用于一般外科器械、食具等的消毒。

(4)间歇灭菌法:将流通蒸汽法消毒的物品放置37℃孵箱中过夜,使芽孢发育成繁殖体,次日再经流通蒸汽法消毒,如此重复3次以上,可达到灭菌目的,杀灭细菌繁殖体和芽孢而营养成分不被破坏。其适用于不耐高温的含糖、牛奶等培养基的灭菌。

(5)高压蒸汽灭菌法:是一种最常用、最有效的灭菌方法。使用密闭、耐高压的高压蒸汽灭菌器,加热产生蒸汽,随着容器内压力升高,温度也相应升高。通常压力在103.4kPa(1.05kg/cm²)时,高压蒸汽灭菌器内温度可达121.3℃,经15~20min,可杀灭包括细菌芽孢在内的所有微生物。此法常用于一般培养基、生理盐水、手术器械、手术敷料等耐高温、耐湿物品的灭菌。

二、辐射灭菌法

1. 紫外线 波长在200~300nm的紫外线具有杀菌作用,其中以265~266nm的紫外线杀菌作用最强。紫外线主要作用于细菌的DNA,干扰DNA的复制与转录,导致细菌变异或死亡。紫外线的穿透力弱,普通玻璃、纸张、尘埃等均能阻挡,故适用于手术室、烧伤病房、婴儿室、微生物实验室等的空气和物品表面的消毒。紫外线用于室内空气消毒时,有效距离不超过2m,照射时间不少于30min。杀菌波长的紫外线对人体皮肤、眼睛有损伤作用,故应避免在紫外线灯照射下工作。

2. 电离辐射　包括高速电子、X 射线和 γ 射线等。电离射线具有较高的能量和穿透力,在足够剂量时,对各种细菌均有杀灭作用。其杀菌机制是破坏细菌的 DNA。常用于消毒不耐热的塑料注射器和导管等,如一次性医用塑料制品的消毒;亦可用于食品、药品和生物制品的消毒灭菌,避免破坏其营养成分。

3. 微波　是波长为 1~1 000mm 的高频电磁波,可穿透玻璃、陶瓷和薄塑料等物质,但不能穿透金属表面。其主要用于食品、药品的消毒及非金属器械、微生物实验室用品等消毒。

三、滤过除菌法

滤过除菌法是用物理阻留的方法去除液体或气体中的细菌,达到无菌目的,但不能去除病毒、支原体和细菌毒素。常用滤菌器有薄膜滤菌器、玻璃滤菌器、石棉滤菌器、高效颗粒空气滤器等。滤菌器的滤膜含有微细小孔,只允许液体或气体中小于滤孔孔径的物质通过,而大于孔径的细菌等颗粒则被阻留。滤过除菌主要用于不耐高温的血清、细胞培养液、抗毒素、抗生素及空气等除菌。手术室、烧伤病房及无菌制剂室等常采用高效颗粒空气滤器保持室内的无菌环境。

四、干燥和低温

干燥可使细菌脱水,菌体蛋白质变性和盐类浓度增高,导致细菌停止生长繁殖,以致死亡。如某些细菌(脑膜炎奈瑟菌、淋病奈瑟球菌、梅毒螺旋体、霍乱弧菌等)在干燥空气中会很快死亡;但有些细菌的抗干燥能力较强,如结核分枝杆菌在干燥痰中可存活数月。干燥法常用于保存食物和药品。盐渍或糖渍食品可使细菌内水分溢出,形成生理性干燥,抑制细菌的生长繁殖,从而防止食物变质。

低温可使微生物的新陈代谢减慢,故常用于保存细菌菌种。当温度回升至适宜范围时,细菌可恢复生长繁殖。为避免解冻时对细菌的损伤,可在低温状态下真空抽去水分,此方法称为冷冻真空干燥法。目前冷冻真空干燥法是保存菌种最好的方法,一般可保存微生物数年至数十年。

第三节　化学消毒灭菌法

化学消毒灭菌法是用化学消毒剂进行防腐、消毒、灭菌的方法。具有消毒作用的化学药物称为消毒剂,具有杀灭微生物作用的化学药物称为灭菌剂。化学消毒剂的作用无选择性,对病原微生物和人体细胞均有损害作用,故只能外用或用于环境消毒。

外科无菌术的发展历程

1865 年 8 月 12 日,名叫格林利斯的小男孩被马车撞伤,送到英国外科医生约瑟夫·李斯特所在的格拉斯哥皇家医院。他的胫骨断裂,从左脚上刺破形成一个非常大的伤口,情况非常严重。李斯特医生帮他把骨头接上之后,又用浸过亚麻籽油和石炭酸苯酚溶液的绷带包扎伤口,然后再将受伤的左腿固定,保持四天不动,之后每隔一段时间就重新包扎伤口,六周后他的骨折痊愈,李斯特的手术成功了。

从这台手术开始,消毒防腐的概念才真正进入医学史,此后李斯特又开展了很多例石炭酸消毒处理的外科手术,被誉为"外科消毒手术之父",让手术的感染率大大降低。李斯特为追求真理而拼命工作、研究,我们应该学习他坚毅、勇敢、敬业、求真的精神,为祖国医学发展贡献力量。

一、化学消毒剂的分类

1. 按消毒剂的杀菌能力　主要分为:①高效消毒剂,可杀灭所有微生物(包括细菌芽孢)。其适用于不耐热,但要进入人体内部的物品,如内镜、塑料外科器材等的消毒,如次氯酸钠、过氧乙酸、过氧化氢、戊二醛、甲醛、环氧乙烷等。②中效消毒剂,能杀灭除细菌芽孢以外的微生物,包括结核分枝杆菌在内的细菌繁殖体、有包膜的病毒和部分真菌,如乙醇、碘伏等。③低效消毒剂,可杀灭大多数细菌繁殖体,但不能杀灭细菌芽孢、结核分枝杆菌、抵抗力强的真菌和病毒,如苯扎溴铵(新洁尔灭)、高锰酸钾、氯己定(洗必泰)等。

2. 按消毒剂的杀菌机制　可分为:①菌体蛋白质变性或凝固的消毒剂,如多数重金属盐类(高浓度)、酚类(高浓度)、醇类、醛类、酸碱类、氧化剂等;②干扰细菌酶系统和代谢的消毒剂,如氧化剂、重金属盐类(低浓度);③改变细菌细胞壁或细胞膜的通透性,如表面活性剂、酚类(低浓度)、脂溶剂等,能增加细菌细胞膜和病毒包膜的通透性,导致菌体裂解死亡。

二、常用的化学消毒剂的种类、浓度与用途

常用的化学消毒剂的种类、浓度与用途见表 5-1。

表 5-1   常用化学消毒剂的种类与用途

种类	消毒剂名称及使用浓度	用途
酚类	3%~5% 苯酚	皮肤、地面、家具、器皿的表面消毒
	2% 甲酚皂	
	0.02%~0.05% 氯己定	术前洗手,腹腔、膀胱、阴道冲洗
醇类	70%~75% 乙醇	皮肤、体温计消毒,不宜用于黏膜及创伤
醛类	2% 戊二醛	精密仪器、内镜消毒
	10% 甲醛	浸泡,物品表面消毒,空气消毒
烷化剂	50mg/L 环氧乙烷	消毒手术器械、敷料消毒等
氧化剂	0.1% 高锰酸钾	皮肤、尿道消毒,蔬菜、水果消毒
	3% 过氧化氢	口腔黏膜消毒,冲洗伤口,防止形成厌氧环境
	0.1%~0.5% 过氧乙酸	塑料、玻璃、人造纤维、皮毛、食具等消毒
卤素类	0.2~0.5ppm 氯	饮水及游泳池消毒
	10%~20% 漂白粉	地面、厕所及排泄物消毒
	4ppm 二氯异氰尿酸钠	水、游泳池消毒
	2.0%~2.5% 碘液	皮肤消毒
表面活性剂	0.05%~0.1% 苯扎溴铵	手术前洗手、皮肤黏膜消毒,器械浸泡消毒
	0.05%~0.1% 度米芬	皮肤伤口冲洗,金属器械、棉织品、塑料、橡皮制品消毒
重金属盐类	0.05%~0.1% 升汞	非金属器皿消毒
	2% 红汞	皮肤、黏膜、小创伤消毒
	0.01%~0.1% 硫柳汞	生物制品防腐,皮肤、手术部位消毒
	1% 硝酸银	新生儿滴眼,预防淋球菌感染,有腐蚀性
	1%~5% 蛋白银	眼部及尿道黏膜消毒
酸碱类	5~10ml/m³ 醋酸	空气消毒
	12.5%~25% 生石灰水	地面、排泄物消毒,腐蚀性强

三、影响消毒剂作用效果的因素

消毒剂的消毒效果受消毒环境、微生物种类及消毒剂性质等多种因素影响。

1. 消毒剂的化学性质、浓度及作用时间   各种消毒剂的理化性质不同,对微生物的作用效果也有差别。同一种消毒剂的浓度不同,消毒效果也不同。大多数消毒剂在高浓度时杀菌作用强,低浓度时仅有抑菌作用。但乙醇例外,70%~75% 乙醇消毒效果最好,因过高浓度乙醇可使菌体蛋白表面迅速脱水凝固,影响乙醇继续渗入细菌内部发挥作用。消毒剂在一定浓度下,作用时间越长,消毒效果也越好。

2. 微生物的种类与数量　不同种类微生物对消毒剂的敏感性不同。通常情况下,革兰氏阳性菌比革兰氏阴性菌对消毒剂更敏感;细菌芽孢、结核分枝杆菌对消毒剂有较强抵抗;有包膜病毒比无包膜病毒对脂溶性消毒剂更敏感。如果微生物的数量越大,为达到消毒灭菌的目的,则所需消毒剂浓度越高,其作用时间也越长。

3. 温度　通常消毒剂的杀菌效果会随环境温度升高而增强。如2%戊二醛杀灭10^4个/ml炭疽杆菌芽孢时,20℃时需15min,40℃时为2min,56℃时仅1min即可。

4. 酸碱度　消毒剂的杀菌作用受酸碱度的影响。一方面是微生物在适宜的pH值中抵抗力较强,偏高或偏低的pH值容易促使微生物被消毒剂迅速杀灭;另一方面是消毒剂的化学性质所决定,如表面活性剂在碱性环境中作用较强,其杀菌作用随pH值的降低而减弱;酚类在酸性环境中的杀菌效果较好。

5. 有机物　环境中有机物的存在可降低消毒剂的杀菌效力。因此在消毒皮肤或器械时须先清洁干净后再消毒。对于粪便、痰及脓汁消毒时,应选用受有机物影响较小的消毒剂,如漂白粉、生石灰、酚类化合物等。

 导入案例分析

患者感染肺结核的途径是经呼吸道飞沫传播。结核分枝杆菌的抵抗力较强,耐干燥、耐酸、耐碱。对湿热、紫外线敏感,日光曝晒6h以上或75%乙醇消毒2min可被杀死。对异烟肼、利福平、链霉素等药物敏感。指导患者严禁随地吐痰,不可面对他人打喷嚏或咳嗽。患者在咳嗽或打喷嚏时,用双层纸巾遮住口鼻,将痰吐在纸上用火焚烧可杀死结核分枝杆菌。

本章小结

本章学习重点是消毒、灭菌、无菌。消毒指能杀死物体上或环境中病原微生物的方法;灭菌指杀灭物体上所有微生物的方法;无菌指不存在活的微生物。学习难点为无菌操作。无菌操作指防止微生物进入人体或其他物体的操作技术。常用的消毒灭菌法有物理消毒灭菌法(热力、辐射、滤过、干燥和低温)和化学消毒灭菌法。高压蒸汽灭菌法是一种最常用、最有效的灭菌方法。

（周　园）

思考与练习

一、名词解释

1. 消毒

2. 灭菌

3. 无菌

二、简答题

1. 简述高压蒸汽灭菌法的原理及用途。

2. 简述紫外线杀菌的原理及用途。

3. 在同一温度、同一时间作用下,干热灭菌和湿热灭菌哪一种灭菌效果好? 为什么?

第六章 | 细菌的感染

ER06 数字内容

学习目标

1. 培养学生良好的职业道德和敬业精神。
2. 掌握细菌的致病性;细菌外毒素与内毒素的区别。
3. 熟悉细菌感染的来源和类型。
4. 了解医院感染。
5. 学会切断感染传播途径的正确方法。

 导入案例

　　患者,女,12岁。3d前感觉咽部痒痛,开始打喷嚏、鼻塞、流清水样鼻涕,今日变为黄色黏稠鼻涕,咳嗽,大量黄色脓痰。查体:体温38.7℃,扁桃体肿大,表面覆盖黄色脓性分泌物,咽后壁充血。诊断为上呼吸道感染。

　　请思考:

　　1. 引起感染的病原体是什么?

　　2. 导致患者出现上述症状的原因是什么?

　　细菌的感染是指细菌侵入机体生长繁殖并释放毒性物质,与宿主防御能力相互作用而引起不同程度病理损伤的过程。细菌侵入机体能否引起感染主要取决于细菌的致病性与机体的免疫力。

第一节 细菌的致病性

细菌对宿主感染致病的能力称为致病性。细菌的致病性与细菌的毒力、侵入的数量、侵入途径及机体的免疫状态密切相关。

一、细菌的毒力

病原菌致病性的强弱程度称为毒力。构成细菌毒力的主要物质基础包括侵袭力和毒素。

1. 侵袭力　指病原体突破机体的免疫防御机制，在体内黏附定植、生长繁殖和扩散的能力。细菌的侵袭力由菌体的表面结构和侵袭性物质等构成。

（1）菌体的表面结构：①黏附与定植是绝大多数细菌感染的第一步。黏附素是细菌表面与黏附有关的分子，主要成分是蛋白质或多糖。根据其来源和性质，又分为菌毛黏附素和非菌毛黏附素。②荚膜具有抗吞噬细胞的吞噬作用和抵抗体液中杀菌物质的杀伤作用，使病原体能在宿主体内存在、繁殖和扩散。A 群链球菌的 M 蛋白、伤寒沙门菌的毒力抗原（Vi 抗原）及大肠埃希菌的 K 抗原等都具有微荚膜的保护作用。某些细菌的鞭毛在黏附与定植过程中亦发挥重要作用，形成的细菌生物被膜对抗菌药物、消毒剂的抵抗性更强，还可抵抗宿主免疫防御机制的清除作用。

（2）侵袭性物质：①细菌在生长繁殖过程中产生的可保护细菌抗吞噬或有利于细菌在机体内扩散蔓延的胞外酶称为侵袭性酶，是细菌重要的致病物质。例如，葡萄球菌产生的血浆凝固酶可使血浆凝固包裹菌体，保护细菌抵抗吞噬；A 群溶血性链球菌产生的透明质酸酶、链激酶和链道酶可降解组织和脓液，有利于细菌的扩散。②侵袭基因编码的侵袭素可介导细菌侵入上皮细胞内。

2. 毒素　细菌在生长繁殖过程中产生的损伤宿主细胞并干扰其生理功能的毒性物质称为毒素。根据其来源、性状和作用不同，分为外毒素和内毒素两种。

（1）外毒素：是某些细菌在代谢过程中产生并分泌到菌体外的毒性物质。其主要由革兰氏阳性菌产生，部分革兰氏阴性菌也可产生。外毒素的化学成分是蛋白质，性质不稳定，易被热、酸、碱及蛋白酶等理化因素破坏，但葡萄球菌肠毒素例外，能耐热 100℃ 30min。外毒素的毒性特点：①毒性作用强。小剂量即能使易感机体致死。②大多有良好的免疫原性，可刺激机体产生抗体。抗体能中和游离外毒素的毒性作用，保护靶细胞免受损伤，又称为抗毒素。外毒素可经甲醛脱毒处理成为类毒素。类毒素无毒性作用，但仍然保留了免疫原性，可刺激机体产生抗毒素。③对宿主组织细胞具有高度选择性，引起特殊典型的临床病变。根据外毒素对细胞的亲和性及作用位点不同，可分为神经毒素、细胞毒素和肠毒素三大类。

（2）内毒素：是革兰氏阴性菌细胞壁中的脂多糖成分，细菌死亡后裂解释放出来。脂多糖主要由脂质A、核心多糖和特异多糖三部分组成。其中，脂质A是内毒素的主要成分。内毒素耐热，加热至160℃经2~4h或用强酸、强碱、强氧化剂煮沸30min才被破坏。内毒素的毒性特点：①毒性作用相对较弱；②免疫原性弱，不能经甲醛处理脱毒为类毒素；③毒性作用无组织器官选择性。不同革兰氏阴性菌内毒素脂质A结构基本相似，无特异性，因此感染时所引起的临床表现大致相同，可引起发热、白细胞反应、内毒素血症、休克、弥散性血管内凝血（DIC）等。

细菌外毒素与内毒素的主要区别见表6-1。

表6-1　细菌外毒素与内毒素的主要区别

特性	外毒素	内毒素
来源	G⁺菌分泌、部分G⁻菌溶解后释放	G⁻菌细胞壁成分，菌体裂解后释放
化学成分	蛋白质	脂多糖
热稳定性	差，60~80℃，30min被破坏	强，160℃，2~4h被破坏
免疫原性	强，刺激机体产生抗毒素；甲醛处理脱毒形成类毒素	较弱，刺激机体产生的中和抗体作用弱；甲醛处理不形成类毒素
毒性作用	强，对组织器官有选择性毒性作用，引起特殊临床表现	较弱，毒性作用大致相同，引起发热、白细胞变化、内毒素血症、休克、DIC等

二、细菌的侵入数量

病原菌侵入机体后，是否能够导致感染，除了与病原菌的毒力有关，还需要有足够的数量。感染所需菌量的多少，一方面与病原体的毒力强弱有关，另一方面取决于宿主免疫力的高低。通常细菌毒力越强，引起感染所需的菌量越少；毒力越弱，引起感染所需的菌量越大。

三、细菌的侵入途径

侵入、传播途径是指病原菌进出宿主的门户与途径，主要指外源性感染途径。病原菌的致病作用除需要具有一定的毒力、数量外，还需要有合适的侵入途径才能引起感染。不同细菌侵入机体的途径不同，一般一种病原菌只有一种侵入途径，如脑膜炎奈瑟菌经呼吸道侵入；伤寒沙门菌经口感染；破伤风梭菌需经深部创伤，在厌氧环境下才能生长繁殖。某些细菌可经多种途径侵入机体，如结核分枝杆菌可经呼吸道、消化道、皮肤创伤等多种途径侵入机体引起感染。

白色瘟疫——结核病

据世界卫生组织（WHO）报道,全球人口中大约1/3感染过结核分枝杆菌,世界范围有活动性肺结核患者约2 000万。结核病是全世界成人因传染病而致死的主要原因之一,有"白色瘟疫"之称。

我国是全球30个结核病高负担国家之一,根据世界卫生组织最新结核病报告（2022年）显示,目前我国活动性肺结核患者人数居世界第三位,每年死于结核病感染人数同比下降。我国在结核病防治机构就诊可享受国家肺结核免费治疗政策。

自1995年起WHO将每年的3月24日定为"世界防治结核病日"。2022年世界防治结核病日活动的主题为"生命至上、全民行动、共享健康、终结结核",同时启动"遏制耐药结核病攻坚行动"。

第二节　细菌感染的发生、发展和结局

一、感染的来源

根据病原体的来源,感染可分为外源性感染和内源性感染。

1. 外源性感染　指病原体来源于宿主体外的感染。传染源有:①患者是在疾病的潜伏期至病后一段恢复期内,都可能将病原体传播给他人。②由于带菌者无临床症状,不易被察觉,难以控制,故带菌者是更重要的传染源。③有些病畜或带菌动物的病原体也可传播给人类,如鼠疫耶尔森菌、炭疽杆菌、布鲁氏菌等。此外,外界环境中也存在许多病原体和条件致病菌。

2. 内源性感染　病原体来自患者体内或体表的感染,亦称自身感染。大多因体内正常菌群转化为条件致病菌而致病;少数是以潜伏状态存在于体内的致病菌（如结核分枝杆菌）。

二、传 播 途 径

1. 呼吸道　患者或带菌者的唾液、痰液等分泌物中的病原体以气溶胶、空气飞沫等方式进入呼吸道引起感染,如链球菌、结核分枝杆菌等。

2. 消化道　误食了病原菌污染的食物或饮水而感染,又称"粪－口途径",如痢疾志贺菌、霍乱弧菌、伤寒沙门菌等。

3. 皮肤黏膜创伤　病原体可通过破损的皮肤黏膜侵入机体而引起感染,如破伤风梭菌、产气荚膜梭菌、铜绿假单胞菌。

4. 节肢动物媒介　某些病原体可由医学节肢动物为媒介进行传播。如鼠蚤可传播鼠疫耶尔森菌引起鼠疫,人虱可传播立克次体引起流行性斑疹伤寒。

5. 性传播　病原体通过人类性行为引起传播,如淋病奈瑟球菌、梅毒螺旋体。

三、感染的类型

感染是病原体与宿主相互作用而导致不同程度病理变化的过程。引起感染的病原体可来自宿主体内,也可来自宿主体外。来自宿主体外的病原体,通过一定的方式从一个宿主传播至另一个宿主引起的感染称为传染。感染后常表现为隐性感染、显性感染和带菌状态三种类型。

1. 隐性感染　当宿主的抗感染免疫力较强,或侵入的病原体数量较少、毒力较弱时,感染后对机体损害较轻,不出现或仅出现不明显的临床症状,称为隐性感染。在大多数传染病流行中,一般隐性感染者约占人群的90%以上。隐性感染后,机体常可获得抵御相同病原体再次感染的特异性免疫力。

2. 显性感染　当宿主的抗感染免疫力较弱,或侵入的病原体数量较多、毒力较强时,机体的组织细胞受到不同程度的损害,出现一系列明显的临床症状和体征,称为显性感染。

临床上,按病情缓急可分为:

(1)急性感染:发病急,病程短,症状明显,持续数日至数周。如霍乱弧菌引起急性感染。

(2)慢性感染:发病缓慢,病程长,持续数月至数年。如结核分枝杆菌等胞内菌引起的感染。

(3)亚急性感染:病情发展不及急性感染迅速,病程不及慢性感染持续时间长,如甲型链球菌所致的亚急性细菌性心内膜炎。

按感染部位和性质分为:

(1)局部感染:病原体侵入宿主机体后,仅局限在一定部位生长繁殖,释放毒素,引起局部病变,如化脓性球菌所致的疖和痈等。

(2)全身感染:感染发生后,病原体或其毒性代谢产物通过血液传播而引起全身症状。

1)毒血症:病原菌侵入宿主后,只在机体局部生长繁殖,不进入血循环,但其产生的外毒素入血,并经血液到达易感的组织细胞,引起特殊的中毒症状,如白喉、破伤风等。

2)内毒素血症:革兰氏阴性菌侵入血液,并在其中大量繁殖,死亡后崩解释放大量内毒素；也可由感染灶内大量革兰氏阴性菌死亡裂解后释放的内毒素入血所致。

3）菌血症：病原菌由局部侵入血液，但未在血液中生长繁殖，随血流到达体内适宜部位后再进行繁殖而致病，如伤寒、波浪热等。

4）败血症：病原菌侵入血液并在其中大量繁殖，产生毒性产物，出现全身性中毒症状（如高热、皮肤黏膜淤血、肝脾大等），如鼠疫、炭疽等。

5）脓毒血症：化脓性细菌从感染部位侵入血液，并在其中大量繁殖，通过血液扩散至宿主的其他组织或器官，产生新的化脓性病灶。例如，金黄色葡萄球菌的脓毒血症常导致多发性肝脓肿、皮下脓肿、肾脓肿等。

3. 带菌状态　机体在显性感染或隐性感染后，病原菌并未被完全消除，而在体内继续留存一段时间，可经常或间歇性排出体外，称为带菌状态。处于带菌状态的人称为带菌者，隐性感染的带菌者称为健康带菌者。病后恢复期排菌者称为恢复期带菌者。带菌者是引起传染病流行的重要传染源，因此及时发现带菌者并进行隔离治疗，对控制传染病的流行具有重要意义。

第三节　医院感染

医院感染是指患者或医务人员在医院环境内发生的感染。

1. 医院感染常见病原体的特点　①主要是机会致病菌，以内源性感染为主。②常具有耐药性，部分为多重耐药。如铜绿假单胞菌、肺炎克雷伯菌、鲍曼不动杆菌、金黄色葡萄球菌、白念珠菌等都易对多种抗生素耐药。③常发生种类变迁。医院感染的微生物种类随着抗生素使用的品种不同而发生变化。

2. 医院感染的分类　根据感染来源的不同，可将医院感染分两大类：

（1）外源性感染：指病原体来源于患者体外的医院感染。①由医院内患者、病原携带者或医务人员直接或间接传播引起的交叉感染。②在医院环境内，因吸入污染的空气或接触受污染的设施而获得的环境感染。③在诊疗和护理过程中，由于未严格消毒器械或医护用品被污染而引起的医源性感染。

（2）内源性感染：指患者体内的正常菌群由于某些因素造成菌群失调或定位转移而引起的医院感染。例如，寄居在肠道或口咽部的机会致病菌侵入肺部引起医院获得性肺炎。

3. 医院感染的危险因素　①婴幼儿、老年患者及免疫力低下的患者较易发生医院感染。②损伤机体免疫功能的治疗，如接受激素、免疫抑制剂、化疗和放疗。③应用侵入性诊疗手段，如各种插管、内镜、器官移植、血液透析、留置导尿和人工机械辅助通气等。④抗生素的不合理应用，可导致菌群失调出现二重感染。

4. 医院感染的预防和控制　预防和控制医院感染的关键措施是清洁、消毒灭菌、无菌技术、隔离预防、净化、合理使用抗生素、一次性使用医用器具、尽量减少侵入性诊疗操作、监测和通过监测进行效果评价等。其中,手卫生最为重要。提高医务人员手卫生的质量,是降低医院感染最基本、最简单、最直接、最有效的措施。

 导入案例分析

引起患者感染的病原体是金黄色葡萄球菌,导致患者出现上述症状的原因是金黄色葡萄球菌是临床常见的化脓性球菌,可产生多种外毒素和酶。其产生的凝固酶可使血浆中的纤维蛋白原转变为纤维蛋白,沉积在菌体表面,阻碍吞噬细胞对细菌的吞噬及杀菌物质的杀伤作用,病灶处细菌不易向外扩散,病灶局限,脓汁黏稠。

本章小结

本章学习重点是细菌的致病性、感染的类型。细菌侵入机体能否引起感染主要取决于细菌的致病性与机体的免疫力;细菌的致病性与细菌的毒力、侵入的数量及途径密切相关。学习难点为细菌的毒力。构成细菌毒力的物质基础主要包括侵袭力和毒素等。毒素可分为外毒素和内毒素。感染的类型有隐性感染、显性感染和带菌状态。医院感染是指在医院环境内发生的感染。提高医务人员手卫生的质量,对预防和控制医院感染具有积极意义。

(周　园)

 思考与练习

一、名词解释

1. 毒血症
2. 败血症
3. 脓毒血症
4. 带菌状态

二、简答题

1. 与细菌致病性相关的因素有哪些?
2. 列表比较外毒素与内毒素的主要区别。

第七章 | 病毒概述

ER07 数字内容

  导入案例

患者,男,28岁。有血友病史多年,曾输注血液制品。近3个月低热、盗汗、全身乏力,伴食欲减退、腹泻和体重减轻来院就诊。T 37.9℃,两侧颌下、腋下及腹股沟淋巴结均增大,无压痛,能活动。血清抗–HIV(+)。

请思考:

1. 患者发病的原因是什么?
2. 导致其发生感染的途径是什么?

第一节 病毒的基本性状

病毒(virus)是一类个体微小、结构简单、只含单一类型核酸(RNA或DNA)且必须在活细胞内寄生以复制方式增殖的非细胞型微生物。

病毒在自然界中分布广泛,人类传染病中约70%~80%由病毒引起。常见的病毒性疾病如流行性感冒、病毒性肝炎、狂犬病等。病毒性疾病具有传染性强，流行广泛，可引起持续性感染，死亡率高等特点，目前尚缺乏有效药物。

一、病毒的大小与形态

病毒个体微小，必须借助电子显微镜放大才能观察到，病毒的大小以纳米（nm，1nm=1/1 000μm）为测量单位。各种病毒大小差别很大，介于20~300nm之间。病毒的形态因种类不同而异，导致人和动物致病的病毒多数为球形，少数为砖形（如痘类病毒）、弹头状（如弹状病毒），感染细菌的病毒呈蝌蚪状（即噬菌体）；植物病毒多呈杆形（如烟草花叶病毒）（图7-1）。

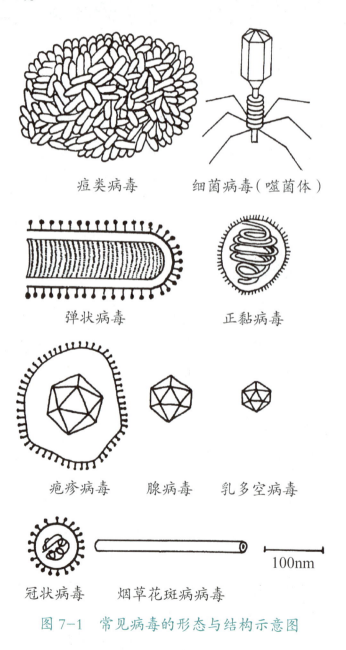

图7-1　常见病毒的形态与结构示意图

二、病毒的结构与化学组成

（一）病毒的化学组成

病毒的主要化学成分是核酸（RNA 或 DNA）和蛋白质，有的还含有少量的脂类和糖类。

（二）病毒的结构

病毒的基本结构由核心和衣壳构成，称为核衣壳，即裸露病毒（无包膜病毒）；有些病毒在核衣壳外还有一层包膜，称包膜病毒（图7-2）。两者都是结构完整的、具有感染性的病毒颗粒，统称为病毒粒体（virion）。

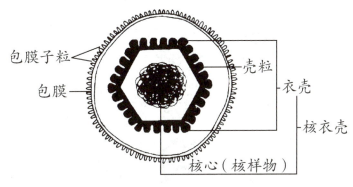

图 7-2 病毒的结构示意图

1. 核心 病毒的中心结构为核心，由一种核酸（RNA 或 DNA）组成。根据核酸类型不同可将病毒分为 RNA 病毒或 DNA 病毒两大类。核酸即病毒的基因组，控制着病毒的增殖、遗传、变异和传染等生物学性状。

2. 衣壳 衣壳是指包围在核心外面的蛋白质结构。衣壳由许多壳粒（即蛋白质亚单位）组成，排列成不同的立体构型，如二十面体立体对称型、螺旋对称型和复合对称型。衣壳的功能：①保护作用，使病毒核酸免受核酸酶或其他理化因素的破坏；②吸附作用，与病毒吸附、穿入易感宿主细胞密切相关；③具有免疫原性，可诱导机体产生特异性免疫应答。

3. 病毒包膜 包膜为病毒成熟过程中以出芽方式穿过宿主细胞膜或核膜时获得的膜状结构，主要含有类脂、蛋白质和糖类。包膜上由病毒编码产生的糖蛋白镶嵌成钉状突起，称为刺突。包膜的作用：①保护核衣壳；②与病毒的吸附、穿入易感宿主细胞有关；③病毒刺突（糖蛋白）具有免疫原性，可诱导机体产生免疫应答。

三、病毒的干扰现象

（一）病毒的复制

病毒因缺乏完整酶系统和细胞结构，故不能独立生存，必须借助于易感宿主细胞提供酶系统、原料及能量等,在病毒核酸控制下,使宿主细胞复制病毒的子代核酸及合成病毒的蛋白质,然后在宿主细胞质或细胞核内装配为成熟的有感染性的病毒,再以不同的方式释放到细胞外,这种增殖方式称为复制。其过程可分为吸附、穿入、脱壳、生物合成及成熟释放等步骤(图7-3)。

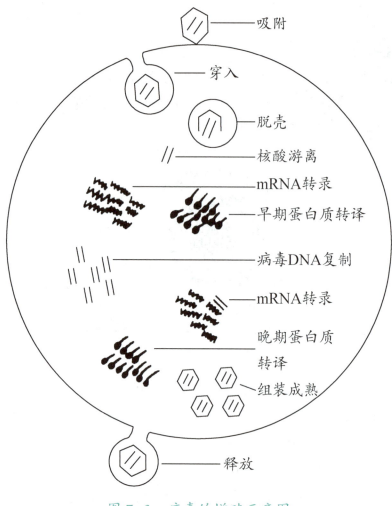

图 7-3　病毒的增殖示意图

(二)包涵体

某些病毒在宿主细胞内增殖,在细胞质或细胞核内会形成一种圆形或椭圆形的斑块结构,称为包涵体。包涵体在普通光学显微镜下即可观察到,病毒不同其特征各异,检查病毒的包涵体可辅助诊断某些病毒性疾病。如狂犬病毒的包涵体(即内氏小体)可辅助诊断狂犬病。

(三)病毒的干扰现象

两种病毒感染同一宿主细胞时,可发生一种病毒抑制另一种病毒增殖的现象,称为病毒的干扰现象。干扰现象在同种、异种、同型或同株病毒之间均可发生;既可发生在活病毒之间,也可发生在活病毒与灭活病毒之间,甚至灭活病毒也可干扰活病毒。在预防病毒性疾病的疫苗应用时,应避免同时使用有干扰现象的两种病毒疫苗,以防止降低疫苗的免疫效果;对感染病毒性疾病者应暂缓疫苗接种。

四、病毒的抵抗力与变异性

（一）病毒的抵抗力

病毒受理化因素的作用而失去传染性,称为病毒的灭活。大多数病毒耐冷不耐热,加热 50~60℃ 30min,其他病毒均可被灭活(肝炎病毒除外,需 100℃ 10min)。温度越低病毒保存活力越久,在 −20℃ 以下或应用冷冻真空干燥可保存病毒数月或数年。病毒核酸对射线较敏感,如 X 射线、γ 射线和紫外线能使病毒灭活。

多数病毒在 pH 值 6~8 较稳定,而在 pH 值 5 以下或 pH 值 9 以上容易被灭活。甲醛能破坏病毒的感染性而对其免疫原性影响不大,故常用于制备灭活疫苗。有包膜的病毒对脂溶剂(乙醚、氯仿等)敏感。过氧化氢、高锰酸钾、漂白粉、碘和碘化物、70% 乙醇能使大多数病毒灭活;过氧乙酸、次氯酸盐等对肝炎病毒有较好的消毒作用。病毒对抗生素不敏感,但对干扰素敏感。某些中药如板蓝根、大青叶、大黄等对病毒有抑制作用。

（二）病毒的变异性

1. 抗原结构变异 大多数病毒的抗原结构比较稳定,不容易发生变异。少数病毒(如甲型流行性感冒病毒)的血凝素(HA)和神经氨酸酶(NA)易发生变异,可造成流行性感冒的流行,也增加了预防的难度。

2. 毒力变异 指病毒对宿主致病能力的变异。通常在自然条件下或采用人工的方法使病毒的毒力减弱或消失,制备活疫苗用于病毒性疾病的预防,如目前已在临床使用的甲型肝炎减毒活疫苗、麻疹减毒活疫苗、乙型脑炎减毒活疫苗等。病毒的毒力也能由弱变强发生变异,从而导致感染者病情加重。

第二节 病毒的致病性与免疫性

一、病毒感染方式和类型

（一）病毒的感染途径和方式

1. 水平传播 指病毒在不同个体之间的传播。其常见的传播途径包括:①经呼吸道传播,如流行性感冒病毒;②经消化道传播,如甲型肝炎病毒;③经皮肤传播,如乙脑病毒经蚊的叮咬、狂犬病毒由患病动物咬伤自皮肤侵入;④性接触途径传播,如人类免疫缺陷病毒(HIV);⑤血源传播,病毒通过输血、注射、手术等方式直接入血造成感染,如乙型肝炎病毒(HBV)、HIV;⑥多种途径传播,有些病毒可经多种途径侵入人体,如 HIV、HBV。

2. 垂直传播 指病毒通过胎盘或产道由母体传播给胎儿的方式,如风疹病毒、HBV、

HIV 等病毒的传播。此传播方式对胎儿危害极大且很难控制,可导致胎儿畸形、早产,甚至造成死胎。

(二)病毒的感染类型

1. 隐性感染 病毒侵入机体后不出现临床症状,称为隐性感染或亚临床感染。通过隐性感染可使机体获得针对某些疾病的特异性免疫力,如脊髓灰质炎、甲型肝炎等。病毒隐性感染较常见,因未表现明显临床症状,往往造成漏诊和误诊,但病毒仍可在体内增殖并向外界播散,成为重要的传染源。进行健康体检或普查时常发现隐性感染者,故在流行病学上具有重要意义。

2. 显性感染 病毒侵入机体引起明显的临床症状,称为显性感染,包括以下两种类型:

(1)急性感染:一般潜伏期较短,发病急,病程数日至数周,病愈后机体内不再有病毒存在,如流行性感冒、甲型肝炎等。

(2)持续性感染:一般病程较长,病毒可持续存在体内数月、数年或终身携带病毒,机体可出现或不出现临床症状,但病毒可不断排出体外,成为重要的传染源。持续性感染包括:

1)慢性感染:病毒在显性感染或隐性感染后未被完全清除,仍在体内持续增殖,临床症状反复发作、迁延不愈,病程可达数月或数年之久,如慢性乙型肝炎等。

2)潜伏感染:急性或慢性感染后,病毒长期潜伏于某些特定组织细胞中,与机体处于相对平衡状态,不出现临床症状。一旦平衡被破坏,病毒可大量增殖,引起临床症状,如水痘–带状疱疹病毒、单纯疱疹病毒等。

3)慢发病毒感染:为慢性发展且进行性加重的病毒感染,较为少见但后果严重。其潜伏期长,可达数月、数年甚至数十年,一旦发病出现症状,即表现为进行性加重,最终导致死亡,又称迟发病毒感染。如儿童期感染麻疹病毒后引起的亚急性硬化性全脑炎(SSPE)。

二、病毒的致病性

(一)病毒对宿主细胞的直接作用

病毒对宿主细胞的损害方式因病毒种类不同而异,常见的有以下四种:

1. 杀细胞效应 病毒在细胞内增殖引起细胞溶解死亡的作用。某些病毒在宿主细胞中增殖时,利用细胞内物质合成病毒蛋白质,从而干扰宿主细胞蛋白质的合成和核酸代谢,导致细胞死亡;也可引起宿主细胞溶酶体膜功能改变,释放溶酶体酶,导致细胞自溶。其多见于无包膜病毒(如脊髓灰质炎病毒、柯萨奇病毒等)的感染。

2. 细胞膜改变 某些病毒感染宿主细胞后虽不引起细胞溶解死亡,但能使宿主细胞膜发生改变:①引起感染细胞与未感染细胞融合,病毒从感染细胞进入邻近正常细胞,形成多核巨细胞,有利于病毒的扩散;②引起感染细胞膜出现新抗原;③引起细胞膜通透性异常。

3. 细胞转化　某些病毒感染细胞后,可将其核酸整合到宿主细胞的染色体中,使宿主细胞遗传性改变,甚至发生恶性转化,与肿瘤的形成有关。

4. 包涵体的形成　某些病毒感染宿主细胞后,在细胞质或细胞核内可形成圆形或椭圆形的斑块状结构,称为包涵体。病毒种类不同所形成包涵体的位置、形状及染色性也有所不同,可协助诊断某些病毒性疾病。

（二）病毒对机体的免疫病理损伤

病毒感染宿主细胞后,可使宿主细胞膜上出现新抗原或发生自身抗原改变,均可刺激机体产生特异性免疫应答,从而导致免疫病理损伤。

三、抗病毒免疫

机体抗病毒感染的免疫应答包括非特异性免疫应答与特异性免疫应答。前者指在特异性免疫产生之前,机体对病毒初次感染的天然抵抗力,主要为自然杀伤细胞(简称 NK 细胞)、单核吞噬细胞及干扰素等的作用。后者指抗体及 T 细胞介导的抗病毒免疫。

（一）非特异性免疫的抗病毒作用

1. 屏障作用　非特异性免疫也称为先天免疫。皮肤、黏膜是阻止病毒感染的第一道屏障;胎盘屏障能有效保护胎儿免受来自母体的病毒感染;血－脑屏障能阻止病毒侵入中枢神经系统。

2. 自然杀伤细胞和单核吞噬细胞　NK 细胞在无抗原刺激的情况下,即能杀伤携带病毒抗原的靶细胞;单核吞噬细胞能吞噬并消化入侵的病毒。

3. 干扰素的作用　干扰素(IFN)是病毒或干扰素诱生剂作用下,由宿主细胞产生的一组特殊糖蛋白,具有抗病毒、抗肿瘤和免疫调节等多种生物学活性。

干扰素可分为 α、β 和 γ 三种:α 干扰素主要由人类白细胞产生,β 干扰素主要由成纤维细胞产生。α 和 β 干扰素属于 I 型干扰素。γ 干扰素由 T 细胞产生,属于 II 型干扰素。

干扰素具有广谱抗病毒作用,通过诱导受染细胞产生抗病毒蛋白质来抑制多种病毒的增殖(图 7-4),此外干扰素还有抗肿瘤和免疫调节作用。干扰素的作用特点:

（1）广谱性:一种病毒诱导细胞产生的干扰素能抑制其他病毒的增殖。

（2）间接性:干扰素不能直接干扰病毒的复制,而是通过诱导受染细胞产生抗病毒蛋白间接发挥抑制病毒增殖的作用。

（3）特异性:干扰素的抗病毒作用具有高度的种属特异性,即人类细胞产生的干扰素只能保护人类细胞,对动物细胞则无效。

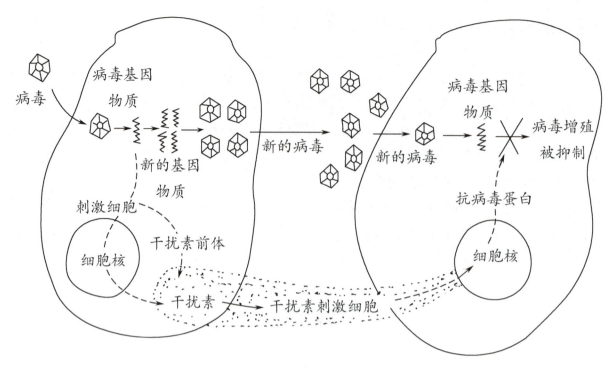

图 7-4 干扰素的产生及抗病毒作用

（二）特异性免疫的抗病毒作用

特异性免疫又称获得性免疫。病毒具有较强的免疫原性,可诱导机体产生有效的特异性免疫（体液免疫和细胞免疫）。细胞外游离的病毒,通过抗体的中和作用、ADCC 使病毒不能吸附易感细胞,或通过激活补体等途径清除病毒。因抗体很难进入细胞,清除已侵入细胞内的病毒则主要依赖细胞免疫发挥作用,主要由细胞毒型 T 细胞（Tc 细胞）和迟发型超敏反应 T 细胞（Th1）参与。

第三节　病毒感染的检查与防治原则

一、病毒感染的检查方法

（一）标本的采取与送检

病毒感染早期或患者用药之前根据临床症状和感染部位不同,分别采取鼻咽分泌液、痰液、血液、粪便、脑脊液等。

病毒在室温下易灭活,标本应立即送检;若不能立即送检的标本应冷藏或置于 50% 甘油盐水中保存;若采集的标本被细菌污染,可加适量抗生素处理后送检;若做血清学检查,则应分别采取早期和恢复期两份血清标本,以对照检查抗体效价的变化。

（二）形态学检查

1. 光学显微镜检查　仅用于病毒包涵体的检查及某些体积较大病毒颗粒（痘类病

毒）的检查。

2. 电子显微镜检查　观察病毒的形态、结构可协助早期诊断；也可于电镜下观察病毒标本与特异性抗体混合后的凝集现象，即免疫电镜法，可提高病毒的检出率。

（三）病毒的分离培养

病毒只能在活的易感细胞内才能增殖，所以培养病毒必须提供活的易感细胞，常用方法有动物接种、鸡胚培养和组织细胞培养。

（四）免疫学检查

应用抗原抗体反应的原理，用已知病毒抗原检测患者血清中的相应抗体，以确诊某些病毒性疾病或进行流行病学调查；也可用已知抗体检测未知病毒抗原，以鉴定病毒或快速诊断病毒性疾病。这类方法有免疫荧光技术、酶联免疫吸附试验（ELISA）、放射免疫法、免疫电泳、补体结合试验、反向间接血凝试验等，具有操作简便、反应迅速、敏感度高、特异性强等特点。常用方法有以下几种：

1. 中和试验　即病毒在活体内或在细胞培养中被特异性抗体中和而失去感染性的试验。

2. 血凝抑制试验　某些病毒（流行性感冒病毒）能凝集人或动物的红细胞，称为血凝现象。这种现象能被相应的抗体所抑制，称为血凝抑制试验。

3. 酶联免疫吸附试验（ELISA）　该试验方法特异性高、敏感、快速、简便，目前已广泛应用于多种病毒性疾病的快速诊断与流行病学调查。

（五）病毒核酸的检查

1. DNA探针技术　是指核酸分子杂交技术，由于核酸具有在一定条件下可双链解离和重新组合的性质，故以标记同位素单链核酸作探针，可检测标本中同源或部分同源的病毒核酸。

2. 聚合酶链反应（PCR）　是一种快速体外扩增特异性DNA片段的技术，当标本中核酸含量甚微不易测出时，利用该技术通过简单的酶促反应能在数小时内使待测DNA扩增至数百万倍，然后将反应物进行琼脂糖凝胶电泳，即可观察到核酸条带。目前该技术因敏感度高、特异性强、快速、简便等优点，已广泛应用于病毒、细菌等所致疾病的诊断。

二、病毒感染的防治原则

（一）特异性预防

1. 人工主动免疫　接种病毒疫苗可使机体产生特异性免疫，是预防和控制病毒性疾病的最有效措施。目前常用的疫苗：①减毒活疫苗，如脊髓灰质炎疫苗、麻疹疫苗、流行性腮腺炎疫苗、风疹疫苗、流行性感冒疫苗及甲型肝炎疫苗等；②灭活疫苗（死疫苗），如乙型脑炎疫苗、狂犬病疫苗等；③基因工程疫苗，如乙型肝炎疫苗等。此外还有亚单位疫苗、多肽疫苗等。

2. 人工被动免疫　主要用于某些病毒性疾病的紧急预防,如甲型肝炎、麻疹等。常用的生物制剂有胎盘球蛋白、丙种球蛋白、转移因子、抗病毒免疫血清等。

（二）病毒感染的治疗

1. 化学疗剂　由于病毒只能在活细胞内增殖,故对病毒有效的化学疗剂应选择性地抑制病毒增殖而又不损伤宿主细胞,目前尚无十分理想的药物。临床对某些病毒有明显抑制作用的药物和制剂有盐酸金刚烷胺、阿昔洛韦、阿糖腺苷等。

2. 干扰素及干扰素诱生剂　干扰素具有广谱抗病毒作用,用于某些病毒性疾病的防治,如单纯疱疹性角膜炎、带状疱疹等。

3. 中草药　常用的有大青叶、板蓝根、黄芪、贯众等对某些病毒性疾病有一定作用。

 知识拓展

手 足 口 病

手足口病是由肠道病毒引起的传染病,可由多种肠道病毒感染。最常见的是柯萨奇病毒A16型和肠道病毒71型,主要经消化道、呼吸道及接触途径传播,多发于五岁以下儿童,表现为口痛,厌食,低热,手足、口腔等部位出现小疱疹或小溃疡。多数患儿一周左右自愈,少数患儿可引起心肌炎、肺水肿、无菌性脑膜脑炎等严重并发症。预防关键环节为积极加强锻炼,增强体质;及时隔离患儿,保护易感儿童;注意饮食卫生,切断传播途径。

第四节　病毒与疾病

一、常　见　病　毒

（一）呼吸道病毒

呼吸道病毒是指由呼吸道侵入,引起呼吸道或其他组织器官病变的病毒。临床发生的急性呼吸道感染90%以上由病毒引起,具有传染性强,传播快,起病急,可反复感染等特点。常见的呼吸道病毒见表7-1。

（二）肝炎病毒

肝炎病毒是引起病毒性肝炎的病原体。病毒性肝炎是人类的一种常见病、多发病,它是当前严重危害人类健康的疾病之一。目前已确定的肝炎病毒主要有五型,即甲型、乙型、丙型、丁型、戊型肝炎病毒。其中乙型肝炎病毒对人类健康的危害最大。

表 7-1　呼吸道病毒

病毒	形态结构	所致疾病	防治原则
流行性感冒病毒	有包膜RNA病毒,结构包括核心、基质蛋白和脂质双层膜,其上镶嵌有血凝素(HA)和神经氨酸酶(NA),具有免疫原性,容易发生抗原变异,引起流行性感冒大流行	流行性感冒。传染源是急性期患者,经飞沫直接传播。患者出现发热、头痛、肌痛、鼻塞、流涕、乏力、肌肉关节酸痛等全身表现	加强身体锻炼,提高机体抵抗力;患者要早发现、早隔离、早治疗。预防流行性感冒最有效的方法是接种流行性感冒疫苗
麻疹病毒	有包膜RNA病毒,球形,包膜上有刺突	麻疹。传染源为急性期患儿,经患儿鼻咽、眼分泌物经飞沫或污染物品传播。患者出现发热、畏光、眼结膜炎、鼻炎、咳嗽等表现。患儿口颊黏膜处出现科氏斑;全身皮肤相继出现红色斑丘疹。极个别病例出现亚急性硬化性全脑炎	病后可获终身免疫,新生儿可从母体获得被动免疫,维持6个月。接种麻疹减毒活疫苗是最有效的预防措施。根据我国儿童计划免疫程序,小儿8个月龄时初次接种,7岁时再次强化免疫
流行性腮腺炎病毒	球形,有包膜RNA病毒	流行性腮腺炎。并发睾丸炎、卵巢炎,病后可获牢固免疫力	接种减毒活疫苗或麻疹-流行性腮腺炎-风疹活疫苗
风疹病毒	球形,有包膜RNA病毒	风疹,孕妇感染后可引起先天性风疹综合征,造成胎儿畸形、流产、死胎等。病后可获牢固免疫力	接种风疹减毒活疫苗

1. 甲型肝炎病毒

(1)生物学特性:甲型肝炎病毒(hepatitis A virus, HAV)呈球形,直径约27nm~32nm,衣壳呈二十面体立体对称结构,无包膜,为RNA型病毒。仅有一个血清型。HAV抵抗力较强,对热、酸、碱、乙醚等耐受性强。加热100℃ 5min或70%乙醇、过氧乙酸、甲醛等可使病毒灭活。

(2)致病性与免疫性:甲型肝炎的传染源是患者或无症状病毒携带者,主要经粪-口途径传播。病毒随患者的粪便排出,污染水源、食物、用具、海产品等可引起流行或暴发流行。

甲型肝炎潜伏期为15~50d(平均30d),在转氨酶升高前5~6d,HAV已存在于患者的血液及粪便中,此时传染性极强。人对HAV普遍易感,但大多表现为隐性感染。病毒侵入人体后,在肠黏膜及局部淋巴组织中增殖,然后经血流到肝细胞内增殖而致病。患者出现全身不适、乏力、食欲缺乏、厌油、发热、皮肤及巩膜黄染、肝大、压痛和肝功能损害等表现。2~4周可恢复,为自限性疾病,预后良好,不转为慢性肝炎。

患病或隐性感染后,机体均可产生较强的特异性免疫,如抗-HAV的IgM和IgG,对病毒的再感染有保护作用。目前常用ELISA法检查患者血清中的抗-HAV IgM以协助早期诊断。

(3)防治原则:加强卫生宣教,隔离患者,做好"三管一灭"及相关物品的消毒处理。接种甲型肝炎减毒活疫苗进行有效预防,对有接触史的高危人群尽早注射丙种球蛋白或胎盘球蛋白进行紧急预防。

2. 乙型肝炎病毒 乙型肝炎病毒(HBV)是引起乙型肝炎的病原体。目前全世界约有乙型肝炎患者及无症状HBV携带者达3.5亿人。我国HBV感染率大约在10%以上,自我国实行针对新生儿乙型肝炎疫苗计划免疫措施和普及乙型肝炎基本知识以来,HBV感染率显著下降。

(1)生物学特性

1)形态与结构:电镜下可见HBV感染者的血清中有三种不同形态的颗粒(图7-5)。①大球形颗粒[亦称为戴恩(Dane)颗粒]:1970年由戴恩发现,戴恩颗粒是完整的乙肝病毒颗粒,具有传染性,为球形,直径42nm,具有双层衣壳。外衣壳相当于一般病毒的包膜,其上有乙型肝炎病毒表面抗原(HBsAg)和前S抗原(Pre-S)。内衣壳呈二十面体立体对称,直径约为27nm,其上有乙型肝炎病毒核心抗原(HBcAg)和乙型肝炎病毒e抗原(HBeAg)。核心含环状双股DNA和DNA聚合酶。②小球形颗粒:由病毒合成中过剩的外衣壳组成,直径约22nm,含HBsAg,不含DNA和DNA聚合酶,无感染性。③管形颗粒:直径为22nm,长50~700nm不等,由小球形颗粒串连而成,无感染性。

2)抗原组成:①表面抗原(HBsAg),存在于戴恩颗粒、小球形颗粒、管形颗粒表面。血清中检出HBsAg是人体感染乙肝病毒的重要标志之一。HBsAg具有免疫原性,能诱导机体产生中和抗体(抗-HBs),该抗体能防御HBV感染,对机体有保护作用。②核心抗原(HBcAg),存在于戴恩颗粒内衣壳上及受

图7-5 乙型肝炎病毒三种颗粒形态示意图

管形颗粒

Dane颗粒

球形颗粒

染肝细胞核内,因而血清中不易检出。HBcAg 能刺激机体产生抗 –HBc,为非保护性抗体。若检测到抗 –HBc IgM,提示 HBV 正处于复制状态。③e 抗原(HBeAg),是 HBcAg 完整肽链上的一部分,当 HBcAg 被胰蛋白酶裂解后即可产生可溶性 HBeAg 游离于血清中。HBeAg 与戴恩颗粒及 DNA 聚合酶在血中的消长动态基本一致,故血清中检出 HBeAg 可作为 HBV 复制及血清具有强感染性的指标。HBeAg 亦能刺激机体产生抗 –HBe,对 HBV 感染有一定保护作用。

3)抵抗力:HBV 对外界的抵抗力较强。对低温、干燥、紫外线及化学消毒剂均有很强耐受性。采用高压蒸汽灭菌法、加热 100℃ 10min、0.5% 过氧乙酸、3% 漂白粉溶液、5% 的次氯酸钠可灭活病毒。

(2)致病性与免疫性:乙型肝炎的传染源主要是患者或无症状 HBV 携带者。乙型肝炎的潜伏期较长,30~160d。无论在潜伏期、急性期或慢性活动期,患者的血清均有传染性。无症状的 HBV 携带者是危险的隐性传染源。HBV 传播方式多样,主要通过以下方式传播:

1)血液传播:输血、血液制品、注射、外科或牙科手术、针刺、公用剃刀、外伤等。

2)密切接触:性接触和日常生活密切接触,常出现家族聚集感染现象。

3)母婴垂直传播。

乙型肝炎病毒的传染性很强,极微量含病毒的血液侵入机体,即可引起感染。

HBV 病毒在肝细胞内增殖,肝细胞的损伤程度取决于机体免疫应答的强弱。其临床表现呈多样性,可有无症状 HBV 携带者及急性肝炎、重症肝炎、慢性肝炎。急性乙型肝炎比甲型肝炎危害更大,易转为慢性肝炎,部分患者可演变为肝硬化或原发性肝癌。

乙型肝炎病毒感染机体后,可获得特异性免疫力,保护性抗体为抗 –HBs,抗 –HBe 也有一定的保护作用。

(3)免疫学检查

1)HBV 抗原抗体系统的检测:采用血清学方法检测,包括 HBsAg、HBsAb、HBeAg、HBeAb、HBcAb 五项,简称"乙肝五项"或"乙肝两对半"(表 7-2)。结果需根据临床综合分析各项指标,方可明确诊断。

表 7-2　HBV 抗原抗体检测结果的临床分析

HBsAg	抗 –HBs	HBeAg	抗 –HBe	抗 –HBc	结果分析
+	–	–	–	–	HBV 感染或无症状携带者
+	–	+	–	–	急性或慢性乙型肝炎,或无症状携带者
+	–	+	–	+	急性或慢性乙型肝炎(传染性强,"大三阳")
+	–	–	+	+	急性感染趋向恢复或慢性肝炎("小三阳")
–	+	–	+	+/–	感染恢复期
–	+	–	–	–	既往感染或接种过疫苗,有免疫力

2）血清 HBV-DNA 检测：常用 PCR 或核酸杂交技术进行检测。血清中 HBV-DNA 阳性是诊断 HBV 感染的最直接证据，说明血清中存在完整的 HBV 颗粒，HBV 正在复制，传染性强。

（4）防治原则：预防乙型肝炎应采取切断传播途径、保护易感人群为主的综合性措施。严格筛选献血人员，严格监管血制品，严格消毒医疗器械，杜绝医源性感染。坚持开展人群普查，加强对无症状 HBsAg 携带者的检出及治疗。注射乙型肝炎疫苗是预防乙型肝炎最有效的措施，经常接触血液及传染病院的医务人员也应进行疫苗接种。使用高效价人乙肝免疫球蛋白（HBIg）对易感者进行紧急预防和阻断垂直传播。

乙肝的治疗尚无特效方法，一般采用广谱抗病毒药、中草药和调节机体免疫功能的药物（如干扰素）进行综合治疗。

3. 其他肝炎病毒 　其他肝炎病毒见表 7-3。

表 7-3　其他肝炎病毒

病毒	主要特性	所致疾病	防治原则
HCV	30~60nm，RNA 型	丙型肝炎，通过输血传播，易发展成慢性肝炎，部分患者转为肝硬化	严格筛选献血员，切断传播途径
HDV	35~37nm，RNA 型	丁型肝炎，潜伏期 4~8 周，传播方式同乙肝	预防措施同乙肝，接种乙肝疫苗可预防
HEV	27~34nm，RNA 型	戊型肝炎，潜伏期 2~11 周，传播方式同甲型肝炎	无特效防治方法，预防以切断传播途径为主

（三）人类免疫缺陷病毒

人类免疫缺陷病毒（HIV）是引起获得性免疫缺陷综合征（AIDS，简称艾滋病）的病原体。HIV 主要有两型：HIV-1 和 HIV-2，前者流行于全球，后者流行只局限于非洲西部。自 1981 年美国发现世界首例艾滋病病例以来，艾滋病迅速蔓延成为一种全球性疾病，全球约有数千万人感染 HIV，目前已成为全球关注的重大公共卫生和社会问题。我国自 1985 年发现首例病例以来，截止到 2021 年底，累计报告艾滋病感染者和患者约 114 万例，我国已将艾滋病列入乙类法定传染病，并作为国境卫生检疫监测的传染病之一。艾滋病至今尚无防治的有效药物和疗法。

1. 生物学特性

（1）形态与结构：病毒呈球形，直径约 100~120nm。电镜下病毒的核心含有两条单股正链 RNA、逆转录酶、整合酶、蛋白酶，其外包被圆锥状衣壳蛋白（P24），构成核衣壳；病毒最外层为脂蛋白包膜，包膜表面镶嵌有 gp120（病毒包膜表面的刺突）和 gp41（跨膜蛋白）两种病毒特异性糖蛋白；包膜与核衣壳之间有一层内膜蛋白（P17）。

（2）抵抗力：HIV对理化因素的抵抗力较弱，56℃加热30min可被灭活。在室温下（20~22℃）可存活7d，在冷冻血制品中，需68℃加热72h才能保证灭活病毒。使用化学消毒剂如0.2%次氯酸钠、0.1%漂白粉、0.3%过氧化氢、70%乙醇、50%乙醚、0.5%来苏处理5min均可灭活病毒。HIV对紫外线、γ射线有较强抵抗力。

2. 致病性与免疫性

（1）致病性

1）传染源与传播途径：艾滋病的传染源主要是艾滋病患者及HIV携带者。其血液、精液、阴道分泌液、乳汁、唾液、脑脊液、骨髓等标本中均可分离到HIV。传播方式有三种：①性传播，通过同性或异性间的性接触感染，是最常见的传播途径；②血液传播，输注含有HIV的血液或血液制品、器官或骨髓移植、人工授精、静脉药瘾者共用污染的注射器和针头等均可感染；③垂直传播，通过胎盘、产道或哺乳等方式传播。

2）致病机制：HIV侵入机体后选择性地侵犯CD4$^+$细胞（主要是CD4$^+$T细胞、单核巨噬细胞等），引起以CD4$^+$T细胞缺损和功能障碍为主的严重免疫缺陷。病毒通过包膜糖蛋白刺突gp120与宿主细胞表面的受体（CD4分子）结合，引起gp41构型改变，使病毒包膜与宿主细胞膜发生融合，病毒侵入宿主细胞内大量复制，引起CD4$^+$细胞大量破坏，CD8$^+$T细胞相对增多，CD4$^+$T与CD8$^+$T比例倒置，造成机体的免疫功能全面低下，从而表现出一系列的临床症状。

3）临床表现：艾滋病的潜伏期很长，从HIV感染到发病大约需10年。HIV感染的不同时期具有不同的临床特点，可分为四期：①急性感染期，即原发感染期。HIV进入机体后即开始大量增殖和释放，感染2~4周后多数感染者出现发热、咽炎、淋巴结肿大、皮肤斑丘疹和黏膜溃疡等自限症状，数周后转入无症状感染期。②无症状感染期，此期可持续2~10年。感染者可不出现任何临床症状，血中病毒数量明显下降，但在被染细胞内病毒可持续进行复制。③AIDS相关综合征期，伴随感染时间的延长，病毒在体内大量增殖，机体的免疫功能被严重破坏，感染者可出现持续性发热、疲乏、体重下降、慢性腹泻及全身淋巴结肿大等症状。④典型AIDS期，由于患者的免疫功能全面低下，可出现全身多系统多器官的严重综合病变，导致各种致命性机会感染、恶性肿瘤和中枢神经系统损害，如EB病毒、巨细胞病毒、结核分枝杆菌、白念珠菌、卡氏肺孢菌等引起的感染，或并发卡波西（Kaposi）肉瘤和恶性淋巴瘤等。神经系统异常可出现头痛、癫痫、进行性痴呆等。如果未能获得及时治疗，患者通常在临床症状出现后2年内死亡。

（2）免疫性：HIV感染后机体可产生特异性细胞和体液免疫应答，但不能彻底清除体内潜伏感染的病毒，HIV仍可在体内不断进行增殖，形成长时期的慢性感染状态。

3. 微生物学检查　检测HIV感染主要用于AIDS的诊断、指导药物治疗和筛查HIV携带者。临床常用ELISA法检测感染者血清中的抗HIV抗体，作为HIV感染的初步筛查，若抗HIV抗体阳性，经免疫印迹法证实检测HIV糖蛋白gp120和gp41抗体、衣壳蛋白 P24 抗体等特异性抗体即可确诊。采用 PCR 等方法定量检测感染者血浆、体液中病毒的 RNA,可作为诊断 HIV 感染、监测病情发展、评价抗 HIV 药物治疗效果的指标。

4. 防治原则　目前治疗艾滋病尚无理想的药物,有效的控制措施是预防感染的发生。包括建立 HIV 感染的监测系统,掌握流行动态;加强宣传教育力度,普及疾病预防知识;严格筛选献血员,加强捐献器官人员的筛选管理,确保血液、血制品和移植器官的安全性;加强国境检疫工作,严防传入。

(四)狂犬病毒

狂犬病毒是引起狂犬病的病原体,是一种嗜神经性病毒,主要在野生动物及家畜中传播。人被病兽或携带病毒的动物咬伤而感染。狂犬病是病死率最高的急性传染病,一旦发病,病死率达 100%。

1. 生物学性状　狂犬病毒为外形似子弹状,大小约 75nm×180nm,有包膜的 RNA 病毒,包膜上的糖蛋白刺突,与病毒的致病性有关。狂犬病毒具有嗜神经细胞性,在易感动物或人的中枢神经细胞内增殖,可在胞质内形成圆形或椭圆形嗜酸性包涵体,称为内氏小体,有诊断价值。病毒抵抗力弱,对热、干燥、紫外线、日光、强酸、强碱、肥皂水均较敏感,室温下病毒传染性可保持 1~2 周。

2. 致病性　狂犬病是一种侵害中枢神经系统的急性传染病,也是人畜共患的自然疫源性疾病。传染源为患病的动物,人患狂犬病主要是被患病的动物咬伤所致,亦可因破损皮肤、黏膜接触含病毒的器具而感染。从动物发病前 5d 开始,其唾液中可携带大量病毒。人被患病动物咬伤或抓伤后,病毒经伤口进入体内,潜伏期一般为 1~3 个月,也有短至一周或长达数年才出现症状者,其长短取决于被咬伤的部位距离头部的远近及伤口感染的病毒量。进入机体的病毒先在伤口局部的肌纤维细胞中增殖,然后沿神经末梢上行至中枢神经系统,在神经细胞内大量增殖,造成中枢神经系统病理性损伤,继而病毒再沿传出神经扩散至唾液腺及其他组织,使唾液具有传染性。

患者早期症状有乏力、不安、发热、头痛,伤口周围有刺痛或蚁行感。大约 2~4d 后,出现发作期典型临床表现,即神经兴奋性增高,躁动不安,吞咽或饮水时喉肌发生痉挛,闻水声或其他轻微刺激均可引起痉挛发作,故又称为"恐水病"。典型症状持续 3~5d 后,患者转入麻痹期,最后因昏迷、呼吸循环衰竭而死亡。

3. 防治原则　狂犬病死亡率极高,关键是做好预防工作。加强家犬管理,接种犬用疫苗,捕杀野犬、病犬。如果人被病犬咬伤或抓伤后,应立即采取以下措施:

(1)伤口处理原则:迅速用 20% 的肥皂水或清水反复冲洗伤口;再用 75% 乙醇及 2% 碘液涂擦;对咬伤较严重者使用狂犬病毒免疫血清在伤口局部浸润注射(血清使用前须做药敏试验,阳性者采用脱敏疗法)。

(2)及早接种疫苗:因狂犬病潜伏期长,被咬伤后及早接种疫苗可有效预防发病。目前我国制成的人用狂犬病纯化疫苗于伤后第 1d、3d、7d、14d、28d 各肌内注射一次,已取得良好效果。

（五）疱疹病毒

疱疹病毒是一群中等大小、有包膜的 DNA 病毒。引起人类疾病有关的疱疹病毒包括 EB 病毒（EBV）、单纯疱疹病毒（HSV）、水痘－带状疱疹病毒（VZV）、巨细胞病毒（CMV）。人类常见的疱疹病毒所致疾病和防治原则见表 7-4。

表 7-4　人类常见的疱疹病毒和防治原则

病毒	所致疾病	防治原则
EB 病毒	传染性单核细胞增多症、淋巴瘤、鼻咽癌等	疫苗正在研制中
水痘－带状疱疹病毒	原发：水痘（儿童），多分布于躯干，出现斑丘疹、水疱疹；复发：带状疱疹（成人），沿神经分布	减毒活疫苗预防。治疗用阿糖腺苷、阿昔洛韦、干扰素
单纯疱疹病毒－Ⅰ型	生殖器以外的皮肤、黏膜和器官感染，如齿龈口炎、唇疱疹、疱疹性脑炎、角膜炎	无特异性预防。治疗用阿昔洛韦、阿糖胞苷，但不能清除潜伏病毒
单纯疱疹病毒－Ⅱ型	生殖器疱疹、新生儿疱疹	同上
巨细胞病毒	巨细胞包涵体病，输血后单核细胞增多症和肝炎、先天畸形等	疫苗正在研制中

二、其他病毒

其他病毒见表 7-5。

表 7-5　其他病毒

病毒	生物学特性	致病性	防治原则
乙脑病毒	球形 RNA 病毒，有包膜，有刺突	流行性乙型脑炎。幼猪是传染源和主要储存宿主；三带喙库蚊为传播媒介；流行季节为夏秋季。多为隐性感染，极少数出现中枢神经系统症状	防蚊灭蚊；乙脑疫苗接种，是预防乙脑的有效措施；流行区猪接种疫苗，可降低猪和人发病率
轮状病毒	球形、无包膜 RNA 型病毒	婴幼儿急性胃肠炎。传染源是患者或无症状病毒携带者，经粪－口途径传播，多发于秋冬季	及时输液，纠正电解质失衡，防止脱水及酸中毒发生

病毒	生物学特性	致病性	防治原则
脊髓灰质炎病毒	球形、无包膜 RNA 型病毒	脊髓灰质炎。传染源是患者或无症状病毒携带者，经粪-口途径传播，多为隐性感染，极少数出现中枢神经系统症状	5 岁以下儿童口服脊髓灰质炎灭活疫苗
柯萨奇病毒	球形、无包膜 RNA 型病毒	引起疱疹性咽峡炎、手足口病、流行性胸痛、心肌炎、类脊髓灰质炎、普通感冒等	目前尚无理想疫苗
埃可病毒	球形、无包膜 RNA 型病毒	引起病毒性脑膜炎、婴幼儿腹泻、儿童皮疹等	目前尚无理想疫苗

 导入案例分析

　　患者有血友病史并曾经输注血液制品，出现低热、盗汗、全身乏力，伴食欲减退、腹泻和体重减轻的原因是感染了 HIV。导致其发生感染的途径是 HIV 经血液途径侵入机体。

本章小结　　本章学习重点是病毒的生物学特性；病毒的感染与抗病毒免疫。学习难点为常见病毒引发传染病的预防措施。常见病毒包括呼吸道病毒、肠道病毒、肝炎病毒、人类免疫缺陷病毒及其他病毒，除可引起急性感染外，还可引起持续性感染，某些病毒还与肿瘤、发育异常、自身免疫性疾病、老年性痴呆等密切相关。特别是近年来新出现和再次出现的病毒感染如禽流感、艾滋病等以播散范围广，病情进展快，致死率高而成为全球关注的热点，期待寻求预防及治疗的有效方法。

（张晓红）

 思考与练习

一、名词解释

1. 病毒

2. 包涵体

二、填空题

1. 病毒的基本结构是由_____和_____构成,称为_____。

2. 病毒的复制包括_____、_____、_____、_____和_____ 五个阶段。

3. 病毒的感染方式有_____和_____。

4. 麻疹患儿发病初期口颊黏膜可出现_____斑,有诊断意义。

5. 肝炎病毒主要有_____、_____、_____、_____和_____。

6. 甲型肝炎多为隐性感染,少数为_____感染,一般不转为_____肝炎。

7. 肝炎病毒中,由粪－口途径传播的有_____、_____。

第八章 | 免疫学概论

ER08 数字内容

 导入案例

　　每年秋冬季节是流行性感冒流行季节。流行性感冒病毒经呼吸道飞沫传播,传染性强。呼吸科有关医生建议:"第一,接种流行性感冒疫苗;第二,养成良好卫生习惯,做好个人防护;第三,加强锻炼,提高免疫力。做到以上三点可以有效地预防流行性感冒。"

请思考:

1. 免疫是什么? 在疾病的发生发展过程中,免疫起到什么作用?
2. 人体的免疫系统是如何构成的?

第一节　免 疫 概 述

一、免疫的概念

　　免疫在传统医学中是"免除瘟疫"之意。现代免疫的概念是指机体识别和排除抗原性异物,从而维持机体的生理平衡和稳定的功能。正常情况下,对机体是有利的;但在异常情况下,则对机体是有害的。

二、免疫的功能

根据识别和排除抗原性异物的不同,免疫功能的分类和主要表现在以下三个方面(表 8-1)。

表 8-1　免疫功能的分类和表现

功能	正常表现	异常表现
免疫防御	抗感染	超敏反应、免疫缺陷病
免疫稳定	生理稳定	自身免疫病
免疫监视	抗肿瘤、抗病毒感染	肿瘤、病毒持续感染

1. 免疫防御　阻止和清除入侵的病原体及其他有害物质等,即具有抗感染免疫的作用。如果该功能低下或缺失,则导致机体发生病原微生物的反复感染或免疫缺陷病;如果该功能过强,则引发超敏反应。

2. 免疫稳定　清除体内损伤、衰老、死亡的细胞,维持机体内环境稳定的功能。如果该功能发生异常,则会导致自身免疫病。

3. 免疫监视　及时发现并清除体内突变的细胞和病毒感染细胞。若免疫监视功能发生异常,可引发肿瘤或病毒持续感染。

三、免疫应答的种类

免疫应答是指机体的免疫系统识别和清除抗原性异物的全过程。免疫应答可分为固有免疫应答和适应性免疫应答。固有免疫应答是个体在长期进化过程中逐渐形成的天然防御功能,又称为先天免疫或非特异性免疫。适应性免疫应答是指个体在后天活动中,与抗原物质接触后获得的,只针对该特定抗原的免疫,故又称获得性免疫或特异性免疫。

第二节　人体免疫系统的组成和作用

人体免疫系统是机体执行免疫功能的物质基础,由免疫器官、免疫细胞和免疫分子组成(图 8-1)。

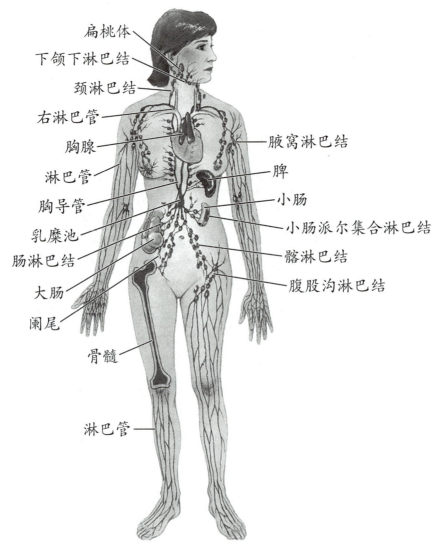

图 8-1　人体的免疫器官和组织

扁桃体
下颌下淋巴结
颈淋巴结
右淋巴管
胸腺
淋巴管
胸导管
乳糜池
肠淋巴结
大肠
阑尾
骨髓
淋巴管

腋窝淋巴结
脾
小肠
小肠派尔集合淋巴结
髂淋巴结
腹股沟淋巴结

一、免 疫 器 官

根据免疫功能不同,免疫器官可分为中枢免疫器官和外周免疫器官。

（一）中枢免疫器官

中枢免疫器官是免疫细胞发生、分化、发育与成熟的场所。人类及其他哺乳动物的中枢免疫器官包括骨髓和胸腺。

1. 骨髓　骨髓是人和其他哺乳动物的造血器官,是各种血细胞和免疫细胞的发源地（图 8-2）。骨髓中的造血干细胞具有多能分化潜力,最初分化为髓样干细胞和淋巴样干细胞。前者最终分化为红细胞、血小板、粒细胞等;后者分化为祖 B 细胞和原 T 细胞。祖 B 细胞在骨髓微环境中继续分化为成熟的 B 淋巴细胞（简称 B 细胞,又称骨髓依赖性淋巴细胞）;原 T 细胞随血液循环进入胸腺。

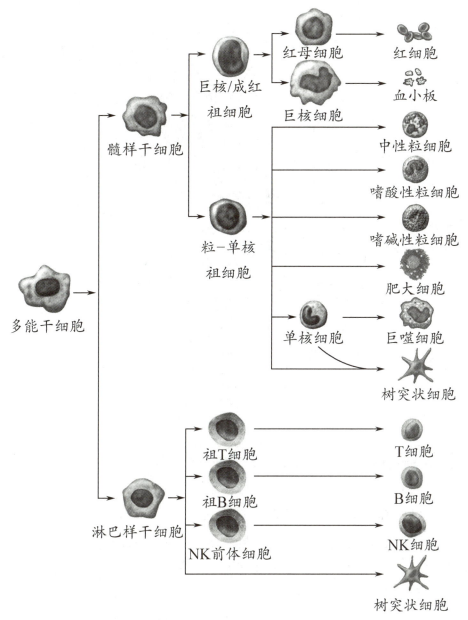

图 8-2 骨髓造血干细胞的分化与发育

2. 胸腺 胸腺位于胸腔上纵隔的前部,胸骨柄后方,是 T 细胞分化、发育和成熟的中枢免疫器官。来自骨髓的原 T 细胞进入胸腺后,在胸腺微环境内发育为成熟的 T 淋巴细胞(简称 T 细胞,又称胸腺依赖性淋巴细胞)。

(二)外周免疫器官

外周免疫器官是免疫细胞定居和发生免疫应答的场所,主要包括淋巴结、脾脏和黏膜相关淋巴组织等。

1. 淋巴结 淋巴结遍布全身各处,广泛分布于非黏膜部位的淋巴通道汇集处。组织或器官的淋巴液均引流至局部淋巴结。局部淋巴结肿大或疼痛,通常提示引流区域内的器官或组织发生炎症或其他病变。淋巴结的实质分为皮质区和髓质区两个部分,皮质区分为浅皮质区和副皮质区(图 8-3)。

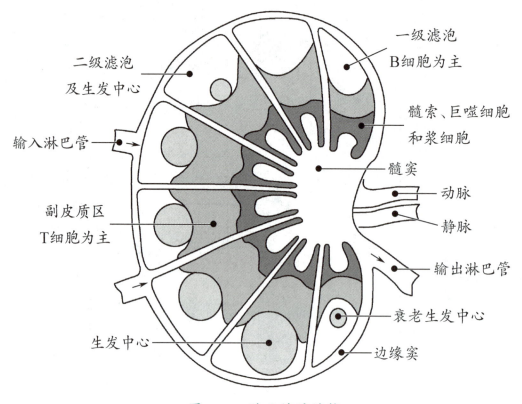

图 8-3 淋巴结的结构

淋巴结的功能：①成熟 B 细胞和成熟 T 细胞的定居场所。淋巴结的浅皮质区是 B 细胞的定居场所，B 细胞约占淋巴结内淋巴细胞总数的 25%；副皮质区为 T 细胞的定居场所，T 细胞约占淋巴结内淋巴细胞总数的 75%。②过滤淋巴液，存在于淋巴结内的巨噬细胞、树突状细胞等免疫细胞能有效地吞噬和清除病原微生物等异物，从而发挥对淋巴液的过滤作用。③免疫应答发生的场所。巨噬细胞和树突状细胞能摄取、加工和处理外来的抗原性异物，并把抗原提呈给 T 细胞，使其活化、增殖、分化成效应 T 细胞，发挥细胞免疫的作用；通过 T-B 细胞的相互作用，B 细胞活化、增殖、分化为浆细胞，浆细胞进而合成、分泌抗体，参与体液免疫。细胞免疫和体液免疫统称为特异性免疫应答。

2. 脾脏　脾位于左季肋区，胃底与膈之间，是人体最大的免疫器官。脾的实质分为白髓与红髓。白髓由动脉周围淋巴鞘、脾小结和边缘区组成，其中动脉周围淋巴鞘为 T 细胞聚集区，脾小结内含有大量 B 细胞，边缘区内含 T 细胞、B 细胞和较多的巨噬细胞。红髓包括脾索和脾血窦，脾索含大量 B 细胞、浆细胞、巨噬细胞等。

脾脏的功能：①T 细胞和 B 细胞定居的场所。脾脏中 B 细胞约占淋巴细胞总数的 60%，T 细胞约占 40%。②T 细胞和 B 细胞受到抗原刺激，进而发生特异性免疫应答的场所。③过滤血液。脾内的巨噬细胞和树突状细胞能有效清除流经脾脏的血液中的病原微生物、衰老死亡的细胞等，从而达到净化血液的作用。④合成某些生物活性物质。脾脏可合成并分泌一些细胞因子和补体成分。

3. 黏膜相关淋巴组织　黏膜相关淋巴组织主要指呼吸道、胃肠道及泌尿生殖道黏膜固有层和上皮细胞下散在的无被膜淋巴组织,以及扁桃体、阑尾等。

皮肤黏膜屏障是阻挡病原微生物入侵机体的第一道防线。黏膜相关淋巴组织是发生黏膜免疫应答的主要部位,在局部抗感染免疫中发挥重要作用。

二、免 疫 细 胞

免疫细胞是指所有直接或间接参与免疫应答的细胞,主要包括造血干细胞、淋巴细胞、单核巨噬细胞、树突状细胞、粒细胞、肥大细胞和红细胞等。其中 T 细胞和 B 细胞受到抗原刺激后能活化、增殖、分化,发挥特异性免疫应答作用。因此,又将 T 细胞和 B 细胞称为免疫活性细胞。

所有的免疫细胞都来源于骨髓中的造血干细胞。在不同的发育阶段,免疫细胞的细胞表面会出现或消失不同的表面分子,来帮助细胞接受外界信号的刺激和发挥对其他细胞的细胞膜上某结构的黏附作用。这些配体能被相应抗体所鉴定,被称为分化群抗原即 CD 分子。淋巴细胞在分化成熟过程中不同发育阶段和不同亚类的淋巴细胞表面均可表达不同的 CD 分子,这是区分淋巴细胞的重要标志。

（一）T 淋巴细胞

成熟 T 细胞离开胸腺,经血液循环和淋巴循环到外周免疫器官定居,主要介导细胞免疫。

1. 表面分子　T 细胞表面有许多重要的膜分子,它们参与 T 细胞识别抗原和 T 细胞的活化、增殖、分化及效应功能的发挥(图 8-4)。

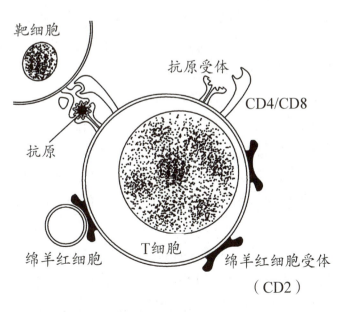

图 8-4　T 细胞表面分子(一部分)

（1）T细胞抗原受体（TCR）：TCR是T细胞特异性识别和结合抗原的结构，表达于所有成熟T细胞的表面，是T细胞特有的表面标志。TCR识别抗原所产生的活化信号由CD3转导至T细胞体内。

（2）CD3分子：可表达于所有成熟T细胞表面。CD3与TCR紧密结合形成TCR-CD3复合物，将TCR与抗原结合所产生的活化信号转导到T细胞内，并激活T细胞。

（3）CD4和CD8分子：成熟T细胞表面只表达CD4或CD8一种分子，借此可将T细胞分成CD4$^+$和CD8$^+$亚群。外周淋巴组织中，CD4$^+$T细胞约占65%，CD8$^+$T细胞约占35%。CD4分子能与抗原提呈细胞表面MHC-Ⅱ类分子结合，协助T细胞对抗原的特异性识别。CD8分子能与靶细胞表面的MHC-Ⅰ类分子结合，辅助TCR识别抗原。

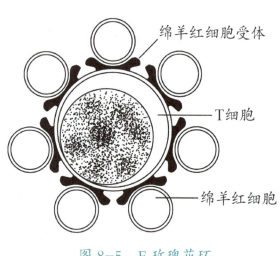

图8-5　E玫瑰花环

（4）CD2分子：为绵羊红细胞受体（E受体），能与绵羊红细胞结合。在一定条件下，CD2分子在体外能与绵羊红细胞结合形成E玫瑰花环（图8-5）。E玫瑰花环试验可以测定外周血T细胞所占比例及数量。CD2分子还可与抗原提呈细胞表面配体结合，为T细胞活化提供协同信号。

（5）CD40L：为协同刺激分子CD40的配体，表达于活化的T细胞表面，与B细胞表面的CD40结合后形成协同信号分子，能促使B细胞充分活化。

（6）CD28：为T细胞最重要的黏附因子，也是协同刺激分子受体。CD28能与抗原提呈细胞（APC）表面的B7结合后形成协同信号分子，促进B细胞进一步活化。

（7）有丝分裂原受体：有丝分裂原可刺激静止的T细胞活化和增殖。刀豆蛋白A和植物血凝素是最常用的T细胞有丝分裂原。

2. 分类　根据成熟T细胞表面表达CD4分子和CD8分子的不同，将成熟的T细胞分成CD4$^+$和CD8$^+$亚群。

（1）CD4$^+$T细胞：细胞表面只表达CD4分子而不表达CD8分子。这类细胞能够通过分泌各种细胞因子来辅助B细胞产生抗体和放大免疫效应，因此又称为辅助性T细胞（简称Th细胞）。Th细胞根据其分泌的细胞因子的不同，分为Th1和Th2两类。

（2）CD8$^+$T细胞：细胞表面只表达CD8分子而不表达CD4分子。CD8$^+$T细胞包括细胞毒性T细胞（Tc细胞或CTL）和抑制性T细胞（Ts细胞）。Tc细胞特异性识别靶细胞表面的抗原后，释放穿孔素和颗粒酶，特异性的杀伤靶细胞。Ts细胞通过释放抑制性细胞因子，抑制特异性免疫应答。

（二）B淋巴细胞

成熟的B细胞随血流进入到外周免疫器官,发挥体液免疫作用。

1. 表面分子　B细胞表面有很多的膜分子,它们在B细胞识别抗原、B细胞活化发挥体液免疫作用及B细胞发挥抗原提呈作用中都具有重要作用。

（1）B细胞抗原受体（BCR）:BCR是B细胞特异性识别抗原的主要结构,其本质是B细胞受体（SmIg,又称膜表面免疫球蛋白）,是B细胞的特征性表面标志。每个B细胞表面只含一种抗原受体,只能识别并结合相应的抗原决定基,从而产生只针对该抗原决定基的抗体。

（2）CD40:该分子是抗原提呈细胞所共有的表面分子。CD40能与T细胞表面的CD40L结合形成协同信号分子,具有第二刺激信号的作用,促使B细胞活化形成浆细胞并分泌抗体。

（3）有丝分裂原受体:B细胞表面的有丝分裂原受体和有丝分裂原结合后,可刺激B细胞活化、增殖分化为淋巴母细胞。

2. 分类　B细胞分为B1和B2两个亚群。B1细胞可直接介导免疫应答,不需要T细胞辅助,产生低亲和力的IgM类抗体,不产生记忆细胞。B2细胞介导免疫应答时需要Th细胞的辅助,产生高亲和力的IgG类抗体和记忆细胞。

（三）自然杀伤细胞

自然杀伤（NK）细胞来源于骨髓的造血干细胞,在骨髓微环境中发育成熟,主要分布于骨髓、外周血、淋巴结及脾脏。NK细胞表面带有IgG的Fc受体,不需要抗原刺激,不经活化即能杀伤靶细胞。

IgG与靶细胞表面的抗原结合后,NK细胞借助Fc受体与IgG结合定向杀伤靶细胞。这种杀伤作用以抗体为"桥梁"作用,就称为抗体依赖细胞介导的细胞毒作用（ADCC）。NK细胞定向杀伤的靶细胞包括肿瘤细胞、病原体及细菌感染的细胞,所以NK细胞具有抗肿瘤、抗感染、免疫调节等功能（图8-6）。

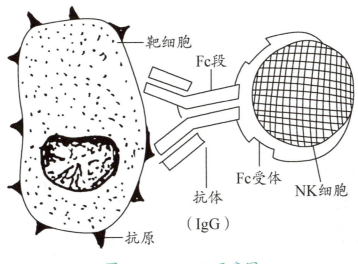

图8-6　ADCC示意图

（四）抗原提呈细胞

抗原提呈细胞（APC）是能够摄取、加工、处理抗原，并把处理好的抗原提呈给 T 细胞的一类免疫细胞（图 8-7）。专职性抗原提呈细胞包括树突状细胞（DC）、单核巨噬细胞、B 细胞。

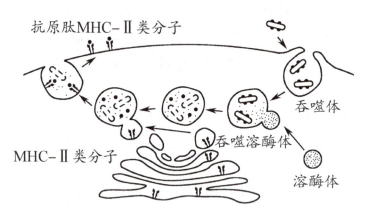

图 8-7　抗原提呈细胞提呈抗原的过程

1. 树突状细胞　树突状细胞是一类成熟时具有许多树突样突起的抗原提呈细胞。

2. 单核巨噬细胞　单核细胞来源于骨髓的造血干细胞，成熟的单核细胞在血液中停留 12~24h 后，进入组织器官分化为巨噬细胞。巨噬细胞分为定居和游走两类细胞。定居在不同组织中的巨噬细胞有不同的名称，如肝脏中的库普弗细胞、骨组织中的破骨细胞、脑组织中的小胶质细胞。游走巨噬细胞广泛分布于结缔组织中，寿命较长，可存活数月。

巨噬细胞的主要功能：①吞噬杀伤作用。巨噬细胞可吞噬杀伤多种病原体、胞内寄生菌和肿瘤细胞，在机体的非特异性免疫中发挥重要作用。②抗原提呈作用。巨噬细胞是重要的抗原提呈细胞，可以将摄取的外源性抗原加工处理为具有免疫原性的小分子肽段提呈给 T 细胞，从而启动特异性免疫应答。③免疫调节作用。活化的巨噬细胞能分泌多种细胞因子发挥免疫调节作用。

（五）其他免疫相关细胞

机体内各种粒细胞、肥大细胞、血小板和红细胞等也参与免疫应答过程，也属于免疫细胞。其中中性粒细胞具有很强的趋化和吞噬能力，是体内重要的小吞噬细胞。

三、免 疫 分 子

免疫分子包括膜性免疫分子和分泌性免疫分子。膜性免疫分子是表达在免疫细胞膜表面的分子，包括 TCR、BCR、MHC 分子、CD 分子等。分泌性免疫分子是免疫细胞分泌的可溶性分子，包括免疫球蛋白、补体和细胞因子等。

导入案例分析

　　免疫系统是我们生命的"长城",通过识别和清除抗原性异物,维持身体的生理平衡和稳定。免疫系统就如同人体的军队,忠诚地守护着人类身体的健康,时时刻刻在同病原生物做斗争。由于有免疫系统的作用,我们才能在有着形形色色病原生物的大自然中生存下来。那么免疫系统是如何发挥作用的?作用效果怎么样?请同学们带着这些问题,继续探索免疫系统的奥秘!

本章小结

　　本章学习重点是免疫的概念及其功能、人体免疫系统的组成。免疫是指机体识别和排除抗原性异物,从而维持机体的生理平衡和稳定的功能。免疫功能主要有免疫防御、免疫稳定和免疫监视。免疫应答是把双刃剑,异常免疫应答可导致多种免疫相关疾病。免疫系统包括免疫器官、免疫细胞和免疫分子。中枢免疫器官包括骨髓和胸腺,是免疫细胞发生、分化和成熟的场所。外周免疫器官是免疫细胞定居和发生免疫应答的场所,由淋巴结、脾和黏膜相关淋巴组织组成。免疫细胞是指直接或间接参与免疫应答的细胞,其中 T 细胞和 B 细胞受到抗原刺激后能活化、增殖、分化,发挥特异性免疫应答作用。因此,又将 T 细胞和 B 细胞称为免疫活性细胞。学习难点是免疫细胞的表面分子。

（王　荣）

? 思考与练习

一、名词解释

1. 免疫
2. 免疫系统
3. 免疫活性细胞

二、简答题

1. 列出机体的免疫功能及其表现。
2. 简述免疫系统的组成和功能。

第九章 | 抗原

ER09 数字内容

学习目标

1. 培养学生分析问题、解决问题的能力。
2. 掌握抗原的概念和特性。
3. 熟悉抗原的特异性与交叉反应。
4. 了解决定抗原的免疫原性的因素。
5. 学会医学上重要的抗原。

 导入案例

　　张某,男,23岁。训练中右脚跟不慎被铁钉扎伤。2h后就诊。既往无青霉素、头孢类抗生素过敏史,无破伤风抗毒素注射史。清创包扎后,常规行破伤风抗毒素过敏试验,结果呈阴性,给予注射破伤风抗毒素预防破伤风感染。

请思考:

1. 该患者可能感染了什么细菌?
2. 为什么注射前要进行皮试?

第一节　抗原的概念、特性和分类

一、抗原的概念

　　抗原(Ag),是一类能刺激机体免疫系统发生免疫应答,产生抗体或致敏淋巴细胞,并能与相应的抗体或致敏淋巴细胞在体内外特异性结合的物质。

二、抗原的种类

根据诱生抗体时是否需要 Th 细胞参与,抗原可分为胸腺依赖性抗原(TD-Ag)和胸腺非依赖性抗原(TI-Ag)。绝大多数蛋白质抗原如病原微生物、大分子化合物、血清蛋白等刺激 B 细胞产生抗体时,必须依赖 Th 细胞的辅助,属于 TD-Ag;细菌脂多糖、链球菌荚膜多糖等属于 TI-Ag。

根据抗原与机体的亲缘关系,抗原可分为嗜异性抗原、异种抗原、同种异型抗原、自身抗原。

根据抗原是否在抗原递呈细胞内合成,抗原可分为内源性抗原和外源性抗原。

三、抗原的特性

抗原具备两个重要特性:免疫原性与免疫反应性(图 9-1)。

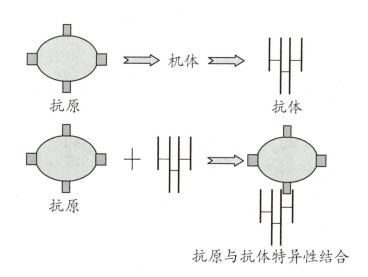

图 9-1 抗原的特性示意图

1. 免疫原性 指抗原刺激机体免疫系统发生特异性免疫应答,从而产生抗体或致敏淋巴细胞的性能。

2. 免疫反应性 指抗原能与相应的抗体或致敏淋巴细胞特异性结合发生免疫反应的性能。

同时具有免疫原性和免疫反应性的抗原称为完全抗原。结构复杂的蛋白质大分子通常为完全抗原,如异种蛋白质、微生物、外毒素等。不具备免疫原性但有免疫反应性的物质称为半抗原,又称不完全抗原。半抗原多为简单小分子物质,如多糖、类脂和某些药物等。半抗原与蛋白质载体结合后可获得免疫原性,成为完全抗原。

四、决定抗原免疫原性的因素

免疫原性是区别完全抗原和半抗原的关键,抗原具有免疫原性才能成为免疫应答的启动因子,所以免疫原性是抗原最重要的性能。这里重点讲述决定抗原免疫原性的因素。

1. 异物性　免疫是机体识别"自己"和"非己"并只清除"非己"物质,所以异物性是构成免疫原性的首要条件。异物性并不是一般意义上的"非己"物质,而是以体内的免疫细胞是否认识为标准,只有在胚胎发育期间没有和免疫细胞接触过的物质才会被免疫细胞当作异物。根据来源不同,异物性的物质分为三类:

(1)异种物质:抗原与机体之间亲缘关系越远,组织结构差异越大,其免疫原性就越强,如各种病原体、动物蛋白制剂等。

(2)同种异体物质:由于遗传基因不同,同一种属不同个体之间也存在异物性,如人的红细胞血型抗原和组织相容性抗原等。

(3)改变和隐蔽的自身物质:如在外伤、感染、电离辐射或药物等作用下自身成分结构发生改变或胚胎期处于隐蔽位置的自身物质(如甲状腺球蛋白、脑组织、眼晶体蛋白等)释放,可成为自身抗原。

2. 理化性质

(1)分子量:抗原的相对分子量一般在 10kD 以上,且分子量越大,免疫原性越强。这可能与大分子物质化学结构稳定,不易被分解,在体内停留时间较长,可持续刺激淋巴细胞有关。但分子量 10kD 不是一个界限,例如明胶分子量高达 100kD,因其是无分支的直链结构,在体内易被降解,所以免疫原性极弱;而胰岛素,分子量仅仅 5.7kD,但其结构中含有芳香族氨基酸,故有免疫原性。

(2)化学组成和结构:抗原的化学组成和结构越复杂,其免疫原性越强。含大量芳香族氨基酸的蛋白质,免疫原性强,而以非芳香族氨基酸为主的蛋白质免疫原性弱。多糖分子的免疫原性主要取决于单糖的数目和类型,通常结构复杂的多糖免疫原性较强,反之则较弱。

明胶免疫原性原本很弱,若在明胶上连接 2% 酪氨酸以增加其化学结构的复杂性,则免疫原性显著增强。

(3)物理状态:一般聚合状态的蛋白质较单体的免疫原性强;颗粒性抗原的免疫原性比可溶性抗原强。根据这一原理,对一些免疫原性弱的抗原,可采用使其聚合或吸附在某些大颗粒物质表面的方法,以增强其免疫原性。

一般而言,抗原的分子量越大,含有抗原决定基越多,结构越复杂,则免疫原性越强。

3. 其他因素

(1)机体因素:机体的遗传因素、年龄、生理、心理状态都能显著影响免疫应答。

(2)免疫方式:抗原进入机体的途径、剂量和次数等也影响免疫应答。

第二节　抗原的特异性与交叉反应

特异性指两种物质之间所具有的专一性或针对性。抗原的特异性表现在免疫原性上,T细胞、B细胞通过其表面的特异性抗原受体(TCR/BCR)识别抗原;也表现在免疫反应性上,抗原和活化的T细胞、B细胞产生的致敏淋巴细胞及抗体的结合也呈高度特异性。例如接种破伤风类毒素仅能刺激机体产生相应的抗体(破伤风抗毒素),而且这种抗体仅能特异性地与破伤风外毒素结合,而不能与白喉外毒素结合。

一、抗原特异性的物质基础

抗原特异性的物质基础是存在于抗原分子表面的特殊化学基团,即抗原决定基又称表位。抗原通过抗原决定基与免疫活性细胞结合刺激其活化诱导免疫应答,也通过抗原决定基与相应的抗体或致敏淋巴细胞结合发生免疫反应。

抗原决定基的形成与抗原的化学组成、空间构象等相关。其特异性主要取决于抗原分子表面5~8个氨基酸残基组成的特殊序列及其空间结构;这些结构能被免疫细胞识别,启动免疫应答或与抗体结合称为功能性抗原决定基。有很多类似结构被掩盖在抗原内部,称隐蔽性决定基。一个抗原决定基能结合一个抗体分子上的一个抗原结合点,因此抗原功能性决定基的总数称抗原结合价。

一般来说,半抗原为单价抗原,而大多数天然抗原(如细菌、病毒等)分子结构复杂,表面常有多个相同或不同的抗原决定基,是多价抗原。

二、共同抗原和交叉反应

一般来说,不同的抗原物质因具有不同的抗原决定基而刺激机体产生不同的抗体或致敏淋巴细胞。但天然抗原表面常带有多个抗原决定基,有时同一抗原决定基会出现在不同的抗原上。这种具有相同抗原决定基的不同抗原就互为共同抗原。而两种抗原物质各自独有的抗原决定基称为特异性抗原。例如伤寒沙门菌有菌体抗原O9和O12,甲型副伤寒沙门菌有菌体抗原O1和O12。两者共有的菌体抗原O12为共同抗原,O9和O1分别为伤寒沙门菌和甲型副伤寒沙门菌的特异性抗原。共同抗原可存在于亲缘关系很近的生物之间,也可存在于无种属关系的生物之间。前者称为类属抗原,如伤寒沙门菌和甲型副伤寒沙门菌;后者称为嗜异性抗原,这是医学上非常重要的一类抗原。

一种抗原刺激机体产生的抗体,除可与该抗原发生特异性结合外,还可与其共同抗原发生免疫应答反应。抗体或致敏淋巴细胞对共同抗原的反应,称为交叉反应。交叉反应不仅可在两种抗原决定基完全相同时发生,也可在两种抗原决定基相似的情况下发生,但结合力较弱(图9-2)。

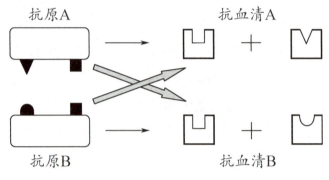

图9-2 共同抗原和交叉反应示意图

第三节　医学上重要的抗原物质

一、异　种　抗　原

异种抗原是指来自另一物种的抗原物质,如各种微生物及其代谢产物、异种动物血清、植物花粉等均是良好的异种抗原。

1. 各种病原微生物　微生物的个体结构虽然简单,但其化学组成却很复杂,是多种抗原的复合体,有很强的免疫原性。例如,细菌就有菌体抗原、鞭毛抗原、荚膜抗原、菌毛抗原等。

2. 细菌的外毒素　细菌的外毒素是细菌合成并分泌到菌体外的蛋白质,毒性很强,具有很强的免疫原性,能刺激机体产生相应的抗体即抗毒素。外毒素经甲醛处理后,失去毒性,但保留其免疫原性成为类毒素。注射类毒素,可使机体产生相应抗毒素,预防由外毒素引起的疾病。常用的类毒素有白喉类毒素和破伤风类毒素等。

3. 动物免疫血清　将类毒素注射到动物体内(如马),获得的动物免疫血清中即含有相应的抗毒素抗体。动物免疫血清对人具有双重作用:一方面可提供特异性抗毒素抗体,中和相应外毒素,防治疾病;另一方面,作为异种蛋白质又可刺激机体产生免疫应答,诱导超敏反应。因此,在使用此类生物制剂前,必须做皮肤过敏试验。

4. 药物　青霉素、磺胺类药物属于半抗原。它们进入机体与体内的蛋白质结合后可以具有免疫原性,成为完全抗原,能够引起某些过敏体质者发生超敏反应。所以,应用此类药物前也必须做皮肤过敏试验。

二、同种异型抗原

同种异型抗原是指存在于同一种属不同个体之间相同组织器官或细胞表面的不同抗原成分。常见的人类同种异型抗原包括红细胞血型抗原和人类白细胞抗原。

1. ABO 血型抗原　根据人类红细胞表面所含有的 A 抗原、B 抗原的不同,将人类血型分为 A、B、AB、O 四种血型(表 9-1)。红细胞表面只有 A 抗原者是 A 血型,其血清中含抗 B 抗体;红细胞表面只有 B 抗原者是 B 血型,血清中含抗 A 抗体;红细胞表面有 A、B 两种抗原而血清中不含抗 A 和抗 B 抗体者为 AB 血型;O 血型红细胞上不含 A、B 两种抗原,但血清中含抗 A 和抗 B 两种抗体。因此,不同血型个体间相互输血,可出现输血反应。

表 9-1　人类 ABO 血型系统

	A 型血	B 型血	AB 型血	O 型血
红细胞膜抗原	A	B	A 和 B	无
血清中的抗体	抗 B	抗 A	无	抗 A 和抗 B

2. Rh 血型抗原　1940 年,科学家研究发现人类红细胞和恒河猴红细胞有共同的抗原,称之为 Rh 抗原。人类红细胞表面具有 Rh 抗原者称为 Rh 阳性,缺乏 Rh 抗原者为 Rh 阴性。大多数人为 Rh 阳性血。正常情况下,人体血清中不存在 Rh 抗原的天然抗体。

Rh 血型不合者之间输血,也会发生输血反应。Rh 阴性妇女第二次怀有 Rh 阳性胎儿时,容易发生新生儿溶血反应。这是因为 Rh 阴性妇女第一次怀有 Rh 阳性胎儿时,胎儿 Rh 阳性的红细胞某个时间会进入母体内,刺激母体产生相应的 Rh 抗体。当母体再次妊娠且胎儿仍为 Rh 阳性时,该 Rh 抗体则可通过胎盘与胎儿体内红细胞表面 Rh 抗原特异性结合,进而激活补体使红细胞溶解破坏,引起胎儿流产或发生新生儿溶血症。

3. 人类白细胞抗原　人类白细胞抗原(HLA)为同种异型抗原,除单卵双生者外,个体之间 HLA 完全不同。在器官移植时,如果供者移植物上存在着受者所没有的 HLA,该 HLA 会刺激受者产生免疫应答,引起移植排斥反应。

三、自 身 抗 原

正常情况下,免疫系统对自身物质无应答即自身耐受,但在某些特殊的情况下,自身物质也可被当成抗原,诱发免疫应答。

1. 隐蔽的自身抗原　机体某些组织成分如眼晶状体蛋白、甲状腺球蛋白和精子等，在正常情况下与免疫系统隔绝称为隐蔽抗原。由于外伤、手术、感染等原因，若这些隐蔽抗原进入血流，则成为自身抗原，引起自身免疫应答，发生自身免疫疾病，如晶状体过敏性眼内膜炎、男性不育等。

2. 修饰的自身抗原　自身组织如果受到感染、电离辐射和药物等因素，使其分子结构发生改变，形成新的抗原决定基或暴露内部的隐蔽性决定基，即可刺激机体产生免疫应答，重者可引起自身免疫性疾病。

四、嗜异性抗原

嗜异性抗原是一类与种属特异性无关的，存在于人、动物、植物和微生物之间的共同抗原。它们之间可以发生交叉反应，故有重要的医学意义：①通过交叉反应导致免疫病理损伤。某些病原微生物与人体某些组织间存在着嗜异性抗原，人体感染这些病原微生物后，引起宿主发生相应器官的自身免疫性疾病。例如乙型溶血性链球菌的细胞壁与人肾小球基底膜及心肌组织有共同抗原。故链球菌感染后，可能引起肾小球肾炎、心肌炎等。大肠埃希菌 O14 型的脂多糖与人结肠黏膜有共同抗原存在，故其感染后可能导致溃疡性结肠炎的发生。②借助嗜异性抗原的有关检测进行某些疾病的辅助诊断。辅助检测立克次体病（斑疹伤寒）的外斐反应就是利用立克次体和某些变形杆菌的菌体之间有共同抗原。

五、肿瘤抗原

肿瘤抗原是细胞在癌变过程中出现的新抗原及过度表达的抗原物质的总称。肿瘤抗原分为肿瘤特异性抗原和肿瘤相关抗原。

1. 肿瘤特异性抗原　只存在于某种肿瘤细胞表面而正常细胞不表达的新抗原。例如在黑色素瘤、结肠癌和乳腺癌等肿瘤细胞表面已经检测到此类抗原。

2. 肿瘤相关抗原　这种抗原不仅存在于肿瘤细胞表面，也可在正常细胞表面表达。但在细胞发生癌变时，这类抗原的含量有明显的增高。例如甲胎蛋白（AFP）在胚胎期含量很高，出生后直至成年在血清中含量极微，但在原发性肝癌患者的血清中可检测到高含量的甲胎蛋白。故通过检测肿瘤患者血清中的 AFP，有助于原发性肝癌的诊断。

该患者可能感染了破伤风梭菌。破伤风梭菌的芽孢可能随铁钉进入伤口,造成感染。由于破伤风抗毒素是从动物(主要是马)的血清中提取的,对人来说具有双重作用。一方面可提供特异性抗毒素抗体,中和相应外毒素,防治疾病;另一方面,作为异种蛋白质又可刺激机体产生免疫应答,诱导超敏反应。因此,在使用此类生物制剂前,必须做皮肤过敏试验。

本章小结

本章学习重点是抗原的概念及抗原的特性。抗原,是一类能刺激机体免疫系统发生免疫应答,产生抗体或致敏淋巴细胞,并能与相应的抗体或致敏淋巴细胞在体内外特异性结合的物质。抗原具有免疫原性和免疫反应性。免疫原性是完全抗原区别于半抗原的主要特征,它的首要决定因素是异物性。抗原最大的特点就是其特异性。抗原的特异性既表现在免疫原性上也表现在免疫反应性上。抗原特异性的物质基础是抗原决定基。医学上重要的抗原有异种抗原、同种异型抗原、自身抗原、嗜异性抗原、肿瘤抗原。这些抗原和临床上某些疾病的发生、诊断和防治有紧密联系。学习难点是共同抗原和交叉反应。具有相同抗原决定基的抗原互为共同抗原。共同抗原之间可以发生交叉反应。

(王 荣)

思考与练习

一、名词解释

1. 抗原
2. 免疫原性
3. 免疫反应性
4. 抗原决定基
5. 交叉反应

二、简答题

1. 列出决定抗原免疫原性的条件。
2. 如何理解抗原抗体结合的特异性和交叉反应?
3. 对人来说,动物免疫血清为什么既是抗原又是抗体?

第十章 │ 非特异性免疫

ER10 数字内容

 导入案例

　　患者小李,女,23岁。口唇上方长了一个小疖子,红肿间可见一小脓点。认为影响美观,将小脓疖不断搔抓和挤压后,出现面部红肿,伴有寒战、发热来院就诊。经医生检查,诊断为化脓性感染。通过消毒、抗感染治疗,病情得到有效控制。

　　请思考:

1. 患者发病的原因是什么?
2. 机体通过怎样的机制抵抗病原微生物感染?

　　机体在生活过程中,每时每刻都接触病原微生物,在机体抵抗微生物感染的早期过程中非特异性免疫发挥重要的作用。

第一节　非特异性免疫的概念及特点

一、非特异性免疫的概念

非特异性免疫是机体在长期种系进化过程中逐渐形成的一系列天然防御功能。

二、非特异性免疫的特点

1. 生来就有　受遗传基因控制,可稳定传给下一代。
2. 无特异性　对各种病原生物均有一定的防御功能。
3. 差异性　具有种的差异性。

第二节　非特异性免疫的组成

非特异性免疫由组织屏障、吞噬细胞及正常体液中的抗微生物物质构成。

一、组　织　屏　障

（一）皮肤和黏膜屏障

1. 物理屏障　健康完整的皮肤和黏膜是阻挡病原生物入侵的第一道防线。在正常情况下皮肤和黏膜组织可有效阻挡病原体侵入机体。此外,黏膜上皮细胞的迅速更新、呼吸道黏膜上皮细胞纤毛的定向摆动及黏膜表面分泌液的冲洗作用,均有利于清除黏膜表面的病原体。

2. 化学屏障　皮肤和黏膜分泌物中含有多种杀菌、抑菌物质,如汗液的乳酸,皮脂腺分泌物中的不饱和脂肪酸,胃液中的胃酸以及唾液、泪液、呼吸道、消化道及泌尿生殖道腺体分泌的溶菌酶、乳铁蛋白等均有杀菌作用。

3. 生物屏障　寄居在皮肤黏膜表面的正常菌群对病原微生物也具有生物拮抗作用。如口腔唾液中的变形链球菌能产生过氧化氢(H_2O_2),对白喉棒状杆菌和脑膜炎奈瑟菌具有杀伤作用。

（二）血－脑屏障

由软脑膜、脉络丛毛细血管壁和壁外的星状胶质细胞构成。其结构致密,能阻止病原微生物及其有害代谢产物从血液进入脑组织,对中枢神经系统具有保护作用。婴幼儿时期的血－脑屏障尚未发育完善,易发生脑膜炎、脑炎等中枢神经系统感染。

（三）胎盘屏障

由母体子宫内膜的基蜕膜和胎儿绒毛膜滋养层细胞共同构成。在正常情况下,其不妨碍母胎之间营养及代谢物质的交换,但能阻止母体内的病原微生物和有害物质进入胎儿体内,从而保护胎儿免遭感染。妊娠早期(3个月内)胎盘屏障尚未发育完善,此时孕妇若感染风疹病毒、巨细胞病毒等,可导致胎儿畸形、流产或死胎等。

 知识拓展

人体的卫士

在我们生活的环境中会接触到各种微生物,其中包括一些病原微生物如病毒、细菌等。机体免疫系统发挥一系列的防御功能,确保机体健康安全。

免疫系统能够筑起高效防护的屏障,在体内以极短的时间调动庞大数量的免疫队伍,从事极其复杂精细的抵抗过程,抵抗外来病原微生物的侵入,像忠实的卫士一样时时刻刻保护我们的机体安全。如果没有免疫系统的保护,任何病原微生物都会对人体造成致命的伤害。

二、吞噬细胞

当病原微生物突破体表防御屏障进入机体后,吞噬细胞通过发挥吞噬、杀伤作用,及时清除进入体内的病原微生物。

（一）吞噬细胞的种类

人体内吞噬细胞有两类:一类是大吞噬细胞,即单核巨噬细胞系统,包括血液中的单核细胞和组织中的巨噬细胞;另一类是小吞噬细胞,即外周血中的中性粒细胞。吞噬细胞膜上有 IgG Fc 受体、补体 C3b 受体,细胞内有杀灭病原体的溶菌酶等,以及时清除侵入体内的病原体。

单核细胞占血液中白细胞总数的 3%~8%,在血液中短暂停留(12~24h),进入组织器官分化为巨噬细胞。定居在不同组织中的巨噬细胞有不同的名称,如肝脏中的库普弗细胞,中枢神经系统中的小胶质细胞,骨组织中的破骨细胞等。中性粒细胞占白细胞总数的 50%~70%,其产生快,存活期仅 2~3d,中性粒细胞胞质颗粒中含有髓过氧化物酶、酸性磷酸酶、碱性磷酸酶、溶菌酶和防御素等杀菌物质。

（二）吞噬杀菌过程

吞噬细胞吞噬杀菌过程一般分为三个阶段(图 10-1)。

1. 吞噬细胞与病原体接触　这种接触可以是两者随机相遇,也可以通过趋化因子的吸引。如补体裂解产物 C3a、C5a 或细胞因子 IL-8 等,使吞噬细胞向感染部位移动聚集,称之为趋化作用。

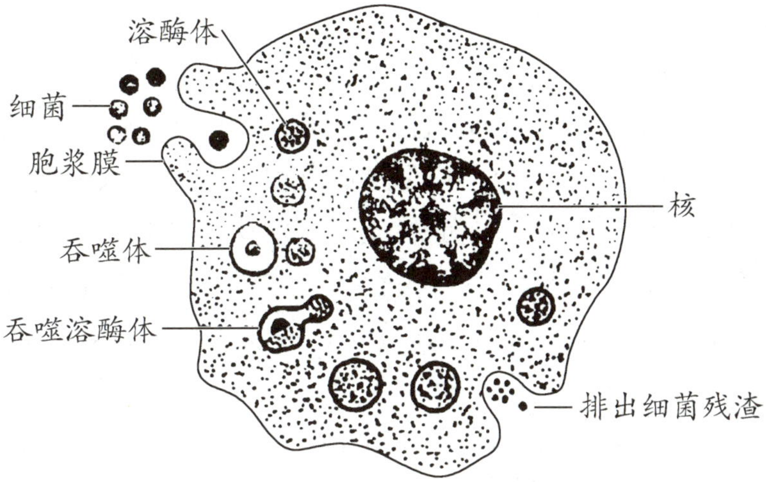
溶酶体
细菌
胞浆膜
吞噬体
吞噬溶酶体
核
排出细菌残渣
图 10-1 吞噬细胞的吞噬过程

2. 吞入病原体　有两种方式：一种是吞噬作用，即对较大的颗粒物质如细菌等，由吞噬细胞伸出伪足将细菌包围并将其摄入细胞内，形成吞噬体；另一种是吞饮作用，即对病毒等小分子物质，吞噬细胞膜向内凹陷直接将其吞入细胞中，形成吞饮体。

3. 杀死、破坏病原体　当吞噬体形成后，吞噬细胞内的溶酶体移向吞噬体，融合形成吞噬溶酶体，在溶酶体内的溶菌酶、H_2O_2、碱性磷酸酶及髓过氧化物酶等杀菌物质的作用下可杀死病原体，而蛋白酶、多糖酶、核酸酶、脂酶等将病原体消化降解，不能消化的残渣排出吞噬细胞外。

（三）吞噬结果

由于病原体的种类、毒力和机体的免疫状况不同，吞噬细胞吞噬病原体后可出现不同的吞噬结果：

1. 完全吞噬　病原体被吞噬后可完全被杀死、消化。如化脓性球菌被吞噬后，5~10min 被杀死，30~60min 被消化。

2. 不完全吞噬　某些胞内寄生菌，如结核分枝杆菌、伤寒沙门菌、布鲁氏菌、军团菌等，虽然被吞噬但不能被杀死，反而在吞噬细胞内生长繁殖，引起吞噬细胞死亡破裂；或以吞噬细胞作为保护体，避免药物及血清中抗菌物质的杀伤作用；亦可随游走的吞噬细胞经淋巴液和血液进行扩散，导致机体多部位病变。

此外，吞噬细胞在吞噬过程中可向细胞外释放溶酶体酶，破坏邻近组织细胞，造成组织损伤。

三、正常体液中的抗微生物物质

正常体液中含有多种杀伤或抑制微生物的物质，主要有补体、溶菌酶、乙型溶素、干扰素等。

（一）补体

1. **补体的概念** 补体（Complement，C）是存在于正常人和动物血清及体液中一组具有酶活性的蛋白质。包括 30 余种可溶性蛋白和膜结合蛋白，故称为补体系统。

2. **补体系统的组成** 补体系统由 30 多种蛋白质组成，化学成分均为糖蛋白，补体各成分主要由肝细胞和巨噬细胞合成。补体系统根据生物学功能不同分为三类：

（1）补体固有成分：指存在于体液中，参与补体激活及反应的补体成分，包括 C1、C2……C9（其中 C1 由 C1q、C1r、C1s 三个亚单位组成）以及 B 因子、D 因子、甘露聚糖结合凝集素（MBL）等。

（2）补体调节蛋白：指参与调节补体活化和效应的一类蛋白质分子，以可溶性或膜结合形式存在，如 C1 抑制物、I 因子等。

（3）补体受体：存在于细胞膜上，能与补体激活后所形成的活性片段相结合而介导生物学效应。

补体系统的命名原则为参与补体经典激活途径的固有成分，按其被发现的先后顺序分别命名为 C1、C2……C9；其他成分以英文大写字母表示，如 B 因子、D 因子等；补体活化后的裂解片段在该成分的符号后面附加小写英文字母表示，如 C3a、C3b 等；具有酶活性的成分或复合物，在其符号上加一横线表示，如 $\overline{C1}$、$\overline{C4b2b}$ 等；灭活的补体成分在符号前加英文小写字母 i 表示，如 iC3b 等。

3. **补体的理化性质** 补体性质很不稳定，多种理化因素均可破坏补体。加热 56℃ 30min 可使补体失去活性，称为灭活。在室温下补体活性亦可减弱甚至灭活。紫外线、机械振荡及化学物质等均可使补体破坏，故检查补体活性时应用新鲜血清。

4. **补体系统的激活** 在生理情况下，血清中的补体成分均以无活性的酶原状态存在。只有在某些激活物的作用下补体各成分才被依次激活，产生具有生物学活性的产物，发挥各种生物学效应。

补体系统的激活过程主要有三条途径：经典激活途径、MBL 途径和旁路激活途径。三条途径的激活物质、激活顺序、参与成分、发生免疫作用的特点都有不同，但无论通过哪条途径激活，最后均能在靶细胞膜上形成膜攻击复合物（MAC），使靶细胞膜穿孔，导致细胞溶解、死亡。

（1）经典激活途径：指激活物与 C1q 结合，依次活化 C1r、C1s、C4、C2、C3，形成 C3 转化酶（$\overline{C4b2b}$）和 C5 转化酶（$\overline{C4b2b3b}$）的级联酶促反应过程。整个激活过程分为三个阶段：识别阶段、活化阶段和膜攻击阶段。

1）识别阶段：抗原与抗体（IgG 和 IgM）复合物是经典途径的主要激活物。当抗原与相应的抗体特异性结合后抗体构象改变，暴露出 Fc 段的补体结合点，C1q 与之结合并被激活，在 Ca^{2+} 存在下，活化与之结合的 C1r，随之激活 C1s 的丝氨酸蛋白酶活性。

2）活化阶段：$\overline{C1s}$ 具有蛋白酶活性，在 Mg^{2+} 存在下，依次裂解 C4 为 C4a 与 C4b，裂解 C2 为 C2a 与 C2b。C4b 结合到抗原抗体所在的靶细胞膜上，C2b 与 C4b 结合形

成 $\overline{C4b2b}$，即 C3 转化酶，裂解 C3 为 C3a 与 C3b。C3b 与细胞膜上的 $\overline{C4b2b}$ 结合，形成 $\overline{C4b2b3b}$，即 C5 转化酶。

3）膜攻击阶段：C5 转化酶裂解 C5 形成 C5a 与 C5b，C5b 与 C6、C7 结合形成 C5b67，暴露膜结合位点，与细胞膜结合，继而与 C8 结合，C8 是 C9 的结合部位，通常与 12~15 分子的 C9 结合，形成 C5b6789n 复合物，即攻膜复合物（MAC）。MAC 嵌入细胞膜形成"渗漏斑"或形成穿膜孔道，使胞质成分外逸，水进入细胞内，导致细胞溶解。

（2）MBL 途径：病原微生物感染的急性期，可由肝细胞合成与分泌一种急性期蛋白 MBL 和 C 反应蛋白。MBL 是一种糖蛋白，在感染急性期水平升高。MBL 直接识别细菌表面甘露糖残基，然后与丝氨酸蛋白酶结合形成 MBL 相关的丝氨酸蛋白酶（甘露糖结合凝集素相关丝氨酸蛋白酶，MASP）。MASP 具有与 $\overline{C1s}$ 相同的生物学活性，可依次裂解 C4 和 C2 形成 $\overline{C4b2b}$，即 C3 转化酶。其后的过程与经典激活途径相同，此补体激活途径称为 MBL 途径。

（3）旁路途径：又称替代途径，其直接激活 C3，在 B 因子、D 因子、P 因子参与下，形成 C3 转化酶和 C5 转化酶，启动级联酶促反应。

1）激活物：旁路途径的激活物主要是细菌脂多糖、酵母多糖、葡聚糖等，它们实际上是为补体激活提供保护性环境和接触的表面。

2）活化过程：该途径不依赖于抗体，越过 C1、C4、C2，直接活化 C3。在生理条件下，血清 C3 可发生缓慢而持久的水解，产生低水平的 C3b。C3b 可与 B 因子结合，在 Mg^{2+} 存在下，结合的 B 因子可被 D 因子裂解为 Ba 和 Bb，Bb 与 C3b 结合形成 $\overline{C3bBb}$，即旁路途径 C3 转化酶。C3bBb 极不稳定，但与 P 因子结合可防止被降解，形成稳定的 C3 转化酶。C3 转化酶裂解 C3 为 C3a 和 C3b，部分新生的 C3b 又可与 Bb 结合为新的 C3bBb，形成旁路途径的正反馈放大效应。部分 C3b 可与 C3bBb 复合物结合为 C3bBb3b，即旁路途径的 C5 转化酶。其后的活化过程与经典途径相同。

（4）补体系统三条激活途径的特点：在生物进化过程中，三条补体激活途径出现的先后顺序为：旁路途径→MBL 途径→经典途径。三条途径起点各异，但存在相互交叉，并具有共同的末端通路（图 10-2）。

5. 补体系统的生物学作用　补体系统激活后可发挥多种生物学作用。

（1）溶细胞作用：补体系统被激活后，可在靶细胞膜表面形成 C5b6789n 攻膜复合物，导致靶细胞溶解，由补体介导的细胞溶解作用是机体抵抗微生物感染的重要防御机制。在某些异常情况下，补体系统可引起红细胞、白细胞及血小板的溶解。

（2）调理作用：C3b、C4b 与细菌或其他颗粒结合，可促进吞噬细胞对病原体的吞噬。

（3）免疫黏附作用：C3b、C4b 一端与靶细胞或免疫复合物结合，另一端与具有 C3b、C4b 受体的红细胞、血小板结合，形成较大聚合物，有利于吞噬细胞的吞噬清除。

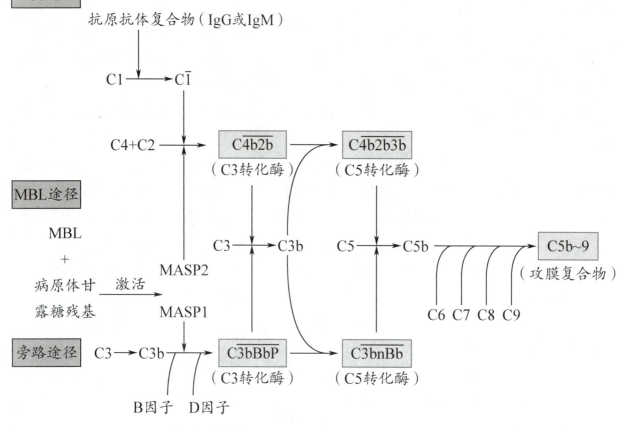

图 10-2　补体系统三条激活途径间的关系

此外,补体成分可参与循环免疫复合物的清除;补体活化后的裂解产物 C3a、C5a 具有趋化作用,能吸引中性粒细胞到达感染部位发挥吞噬杀菌作用;C3a、C4a、C5a 具有过敏毒素作用,可引起毛细血管扩张,通透性增加、平滑肌收缩、局部水肿等炎症反应。

(二)溶菌酶

溶菌酶是广泛存在于血清、乳汁、唾液、泪液等多种分泌液和吞噬细胞溶酶体中的一种不耐热碱性蛋白质,能裂解革兰氏阳性菌细胞壁的肽聚糖,使细胞壁受损,导致细菌溶解。革兰氏阴性菌对溶菌酶不敏感,但在特异性抗体参与下,溶菌酶也能破坏某些革兰氏阴性菌。

(三)乙型溶素

乙型溶素是血浆中一种对热较稳定的碱性多肽,在血浆凝固时由血小板释放,故血清中浓度显著高于血浆水平。乙型溶素可作用于革兰氏阳性菌细胞膜,产生非酶性破坏作用,但对革兰氏阴性菌无效。

(四)干扰素(IFN)

干扰素是由病毒或干扰素诱生剂诱导人或动物细胞产生的一类具有多种生物学活性的糖蛋白。具有抗病毒、抗肿瘤、免疫调节等生物学作用。干扰素不能直接灭活病毒,而是通过与具有相应受体的细胞结合后诱导细胞合成抗病毒蛋白,抑制病毒的复制,限制病毒的扩散。干扰素具有广谱抗病毒作用,但具有种属特异性,即只在产生干扰素的同一种属动物中才能发挥作用。干扰素亦可增强 NK 细胞、CTL 细胞和单核吞噬细胞活性,调节癌基因的表达,发挥免疫调节和抗肿瘤作用。

 导入案例分析

　　患者小李发病的原因是化脓性球菌因局部疖肿搔抓和挤压后引发的感染。正常情况下,机体可通过非特异性免疫抵抗病原微生物感染。机体的非特异性免疫由组织屏障、吞噬细胞及正常体液中的抗微生物物质等组成。组织屏障包括皮肤黏膜屏障、血-脑屏障、胎盘屏障;吞噬细胞包括单核细胞、中性粒细胞、巨噬细胞等;体液中的抗微生物物质主要包括补体、干扰素、溶菌酶等。

本章小结

　　本章学习重点是非特异性免疫组成。非特异性免疫为机体在长期种系进化过程中逐渐形成的一系列天然防御功能,具有可遗传、无特异性等特点;由组织屏障、吞噬细胞、体液中的抗微生物物质组成。组织屏障包括皮肤黏膜屏障、血-脑屏障、胎盘屏障。学习难点为吞噬细胞吞噬杀菌过程。其大致分为三个阶段:和病原体接触、吞入病原体、杀死病原体。吞噬结果有完全吞噬和不完全吞噬。体液中的抗微生物物质包括补体、溶菌酶、乙型溶素、干扰素等,补体激活途径有三条:经典途径、旁路途径和 MBL 途径,补体激活后可发挥溶细胞作用、调理作用等多种生物学效应。

(周　园)

 思考与练习

一、名词解释

1. 非特异性免疫

2. 补体

二、简答题

1. 简述吞噬细胞的吞噬过程和结果。

2. 简述非特异性免疫的特点和组成。

第十一章 | 特异性免疫

ER11 数字内容

学习目标

1. 培养学生良好的职业素养及团队意识。
2. 掌握免疫球蛋白、抗体和免疫应答的概念；免疫应答的基本过程与意义。
3. 熟悉五类免疫球蛋白的特性；免疫球蛋白的结构及功能。
4. 了解体液免疫应答和细胞免疫应答过程及抗体制备方法。
5. 学会正确应用特异性免疫知识。

导入案例

患者,男,22岁,15d前在烧烤摊吃过炭烤生蚝。近日因发热、乏力、食欲缺乏、厌油、肝区疼痛,巩膜黄染就诊。血清学检测抗 HAV-IgM(＋)。诊断为甲型肝炎。

请思考:

1. 该患者感染的病原体是什么?
2. 确诊的依据是什么? 如何预防此疾病?

第一节 抗体和免疫球蛋白

一、抗体与免疫球蛋白的概念

抗体(Ab)是 B 细胞识别抗原后增殖分化为浆细胞所产生的能与相应抗原特异性结合的球蛋白。抗体主要存在于血清中,也分布于体液、外分泌液及某些组织细胞表面。研究表明,在骨髓瘤、巨球蛋白血症等患者血清中还存在与抗体结构相似而不具有抗体活性的球蛋白。1968 年和 1972 年世界卫生组织和国际免疫学会联合会专业委员会决定,将具有抗体活性或化学结构与抗体相似的球蛋白统称为免疫球蛋白(Ig)。免疫球蛋白分为分泌型和膜型,前者主要存在于血液及组织液中,后者构成 B 细胞膜上的抗原受体。

免疫球蛋白是化学结构的概念,抗体则是生物学功能的概念。所有的 Ab 都是 Ig,但 Ig 并非都具有 Ab 活性。

二、免疫球蛋白的结构

(一)免疫球蛋白的基本结构

免疫球蛋白的基本结构是由四条肽链通过二硫键连接构成的呈 "Y" 字形的单体(图 11-1)。

1. 重链和轻链　免疫球蛋白中两条较长且相同的多肽链,称为重链(H 链)。每条重链分子量为 50~75kD,由 450~550 个氨基酸残基组成,重链间由二硫键相连。另两条较短且相同的多肽链称为轻链(L 链),分子量约为 25kD,每条轻链约含 214 个氨基酸残基,以二硫键与重链相连,轻链分为 κ 型和 λ 型。根据 H 链抗原性的差异可将其分为 5 类:μ 链、γ 链、α 链、δ 链、ε 链,不同的重链和轻链组成完整的抗体分子,分别被称为 IgM、IgG、IgA、IgD、IgE。

2. 可变区和恒定区　免疫球蛋白的每条多肽链都有氨基端(N 端)和羧基端(C 端)。靠近 N 端 L 链 1/2 和 H 链的 1/4 处(约在 110 位前)氨基酸的种类和序列变化较大,称为可变区(V 区);靠近 C 端 L 链 1/2 和 H 链的 3/4 处,氨基酸的种类和顺序变化不大,称为恒定区(C 区)。在免疫球蛋白中 L 链分为 V_L 和 C_L 两区;H 链分为 V_H、C_H1、C_H2、C_H3,有些 Ig 有 C_H4。V_H 和 V_L 各有 3 个区域的氨基酸组成和排列顺序高度可变,称为高变区,该区域形成和抗原表位互补的空间构象,又被称为互补决定区。

3. 铰链区　位于 C_H1 与 C_H2 之间,该区域富含脯氨酸,富有弹性,因此易伸展弯曲,能改变 "Y" 形两个臂之间的距离,有利于抗体分子更好地与不同距离的抗原表位结合,也易使补体结合点暴露,有利于活化补体。

(二)免疫球蛋白的辅助成分

除了上述基本结构外,某些类别的

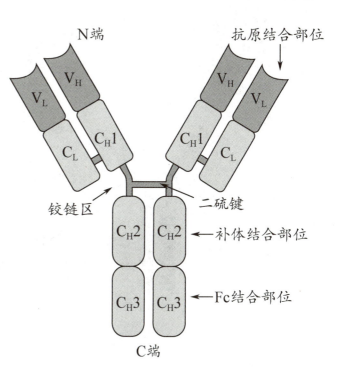

图 11-1　IgG 分子结构示意图

免疫球蛋白还含有其他辅助成分,如连接链(J链)和分泌片(SP)。

1. J链　是由浆细胞合成的124个氨基酸组成,富含有半胱氨酸的酸性糖蛋白,分子量约15kD。主要功能是将两个或两个以上的免疫球蛋白单体连接在一起。2个IgA单体经J链通过二硫键相互连接形成二聚体,IgM经J链通过二硫键将5个单体相互连接形成五聚体。

2. SP　是由黏膜上皮细胞合成和分泌的含糖的肽链,分子量约为75kD,是分泌型IgA分子上的辅助成分,与IgA二聚体结合使其成为分泌型IgA(sIgA)。SP的作用是介导sIgA二聚体从黏膜下通过黏膜上皮细胞转运到黏膜表面,并保护sIgA免受蛋白水解酶降解。

(三)免疫球蛋白的水解片段

在一定条件下,Ig分子的某些部分易被蛋白酶水解为各种片段。常用的蛋白酶有木瓜蛋白酶和胃蛋白酶,借此可研究Ig的结构与功能,分离和纯化特定的Ig多肽片段。

1. 木瓜蛋白酶水解片段　木瓜蛋白酶水解IgG的部位是在铰链区连接的2条重链的二硫键近N端,水解后可得到三个片段:2个完全相同的抗原结合片段(Fab段),和1个可结晶片段(Fc段),Fab段为单价,只与单个抗原表位结合,Fc段是抗体与细胞表面Fc受体相互作用的部位。

2. 胃蛋白酶水解片段　胃蛋白酶在铰链区连接两条重链的二硫键近C端水解IgG,获得1个F(ab')2片段和一些小片段pFc'段。由于水解后的F(ab')2片段具有两个抗原结合部位(双价),故可同时与两个抗原表位结合。而另一部分pFc'进一步被胃蛋白酶裂解为若干片段,失去生物学活性,避免了Fc段与相应细胞结合可能引起的副作用和超敏反应(图11-2)。

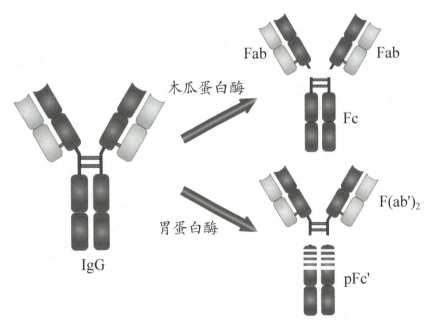

图 11-2　免疫球蛋白(IgG)酶解片段示意图

三、免疫球蛋白的生物学活性

免疫球蛋白的生物学活性，与其结构密切相关。免疫球蛋白分子的 V 区和 C 区的氨基酸组成和排列顺序的不同，决定了它们功能上的差异。与抗原特异性结合主要由 V 区完成，与抗原结合后激发的效应功能及其他功能则由 C 区完成。V 区和 C 区的作用，构成了免疫球蛋白的生物学活性。

1. 特异性结合抗原　免疫球蛋白通过 V 区识别并特异性结合抗原。免疫球蛋白与相应毒素结合后，毒素的毒性即被中和，中和病毒的抗体可阻止病毒进入细胞，为清除病毒发挥了关键作用。抗体分子有单体、二聚体和五聚体，因此结合抗原表位的数目也不相同。抗体结合抗原表位的个数称为抗原结合价。单体抗体可结合 2 个抗原表位，为双价；分泌型 IgA 为 4 价；五聚体 IgM 理论上为 10 价，但由于立体构型的空间位阻，一般只能结合 5 个抗原表位，故为 5 价。

2. 激活补体　抗体与相应抗原结合后，可因构型改变而使重链 C 区的补体结合点暴露，从而通过经典途径激活补体，产生多种效应。

3. 与细胞膜上 Fc 受体结合　IgG、IgA、IgE 通过 Fc 段与表面具有 Fc 受体的细胞结合，可产生不同的生物学作用。

（1）调理作用：IgG 的 Fc 段与吞噬细胞表面的 Fc 受体结合，借助 IgG 的"桥联"作用，可促进吞噬细胞对与 Fab 段结合的抗原的吞噬。

（2）抗体依赖的细胞介导的细胞毒作用（ADCC）：IgG 的 Fab 段与靶细胞膜上的抗原发生特异性结合后，Fc 段与杀伤细胞（NK 细胞、吞噬细胞等）表面的 Fc 受体结合，介导杀伤细胞对与 Fab 段结合的靶细胞的杀伤作用。NK 细胞是介导 ADCC 的主要细胞。

（3）介导 I 型超敏反应：IgE 的 Fc 段与肥大细胞或嗜碱性粒细胞表面 Fc 受体结合，Fab 段再结合抗原可引起 I 型超敏反应。

4. 穿过胎盘和黏膜　IgG 是唯一通过胎盘的免疫球蛋白，其 Fc 段能与胎盘滋养层细胞表面受体可逆性结合，使 IgG 进入胎儿体内，对新生儿抗感染具有重要意义。另外 sIgA 通过黏膜上皮，是呼吸道、消化道黏膜局部免疫的最主要因素。

四、五类免疫球蛋白的特性

1. IgG　IgG 有 IgG1、IgG2、IgG3 和 IgG4 四个亚类。IgG 于出生后 3 个月开始合成，3~5 岁接近成人水平，是血清中含量最高的 Ig，占血清总 Ig 的 75%~80%，其半衰期 20~23d，在体内广泛分布，是机体抗感染的"主力军"。IgG 是唯一能通过胎盘的免疫球蛋白，在新生儿抗感染免疫中起重要作用。IgG 能通过经典途径激活补体，并可与吞噬细胞、NK 细胞表面 Fc 受体结合，发挥调理作用、ADCC 等。某些自身抗体如抗甲状腺球蛋白抗体、抗核抗体也属于 IgG。IgG 还参与 Ⅱ 型超敏反应、Ⅲ 型超敏反应。

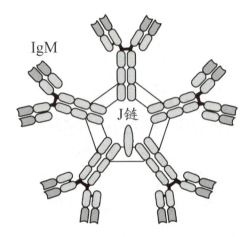

图 11-3　IgM 结构示意图

2. IgM　IgM 是由五个单体借 J 链连接而成的五聚体（图 11-3），分子量最大，故又称巨球蛋白。由于不易通过血管壁，故主要分布于血液中，占血清 Ig 总量的 5%~10%。IgM 含 5 个 Fc 段，比 IgG 更容易激活补体。IgM 是个体发育过程中最早合成和分泌的抗体，胚胎发育晚期的胎儿即能合成 IgM，由于其不能通过胎盘，故脐带血 IgM 增高提示胎儿有宫内感染。IgM 也是免疫应答过程中，在血清中最早出现的抗体，由于其半衰期短，约 5d，所以血清中检出 IgM 型特异性抗体，提示有近期感染，有助于感染的早期诊断。天然血型抗体为 IgM。IgM 也参与 Ⅱ 型超敏反应、Ⅲ 型超敏反应。

3. IgA　IgA 分血清型和分泌型两种。血清型 IgA 为单体，占血清 Ig 总量的 10%~15%。分泌型 IgA（sIgA）为二聚体，由 J 链和分泌片（SP）连接（图 11-4）。sIgA 主要由呼吸道、消化道及泌尿生殖道等腔道黏膜组织中的浆细胞产生，分布于胃肠道、支气管黏膜表面及各种分泌液中，如泪液、唾液和乳汁等，是黏膜局部抗感染的重要因素。sIgA 在黏膜表面也有中和毒素的作用。新生儿可从母亲初乳中获得 sIgA，是重要的自然被动免疫，对其抵抗呼吸道感染、消化道感染起到很重要的作用。

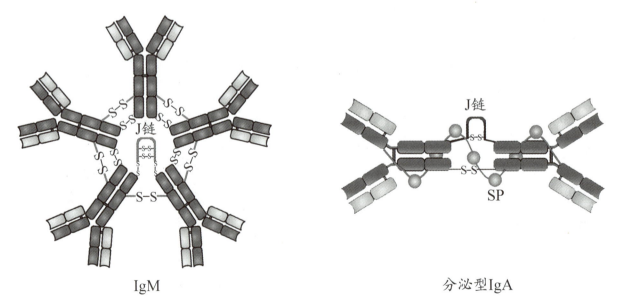

IgM　　　　　　　　　　　　　　　分泌型IgA

图 11-4　分泌型 IgA 结构示意图

4. IgD　正常人血清中含量较低，约占血清 Ig 总量的 1%，主要由扁桃体、脾等处浆细胞产生。IgD 可在个体发育的任何时间合成，其性能不稳定，极易被酶降解。IgD 分为两型：血清型 IgD 免疫功能尚不清楚；膜结合型 IgD（SmIgD）是 B 细胞分化、发育成熟的标志，未成熟 B 细胞仅表达 SmIgM，成熟 B 细胞可同时表达 SmIgM 和 SmIgD，B 细胞活化后表面的 SmIgD 逐渐消失。

5. IgE   IgE 是正常人血清中含量最少的 Ig,仅占血清 Ig 总量的 0.002%。IgE 在个体发育中合成较晚,主要由鼻咽部、扁桃体、支气管和胃肠黏膜固有层的浆细胞合成。IgE的重要特征在于它是一类亲细胞抗体,极易与组织中肥大细胞及血液中嗜碱性粒细胞膜上 IgE Fc 受体结合,引起 Ⅰ 型超敏反应。寄生虫感染或过敏反应发作时,局部的外分泌液和血清中 IgE 水平都明显升高。

五、人工制备的抗体

抗体是一种非常重要的生物活性物质,在疾病的诊断、预防和治疗过程中发挥着重要的作用,故人类对抗体的需求非常大,需要利用各种方法制备、获得抗体。

(一)多克隆抗体

由单一细胞增殖形成的细胞群体即为细胞克隆。大多数天然抗原分子具有多个抗原决定基,每一种抗原决定基均可刺激机体一个 B 细胞克隆产生一种特异性抗体。在含有多种抗原决定基的抗原物质刺激下,体内多种具有相应抗原受体的 B 细胞克隆被激活,因而可产生针对多种相应不同抗原决定基的抗体,这些由不同 B 细胞克隆产生的抗体混合物称为多克隆抗体。用抗原免疫动物获得的免疫血清(抗血清)是多克隆抗体。这种抗体制备方法的优点是来源广泛、制备容易,由于是混合抗体,免疫作用全面。缺点是特异性差,易出现交叉反应。

(二)单克隆抗体

单克隆抗体(McAb)通常是指由单一克隆 B 细胞杂交瘤细胞产生的,只识别一种抗原表位的具有高度特异性的抗体。杂交瘤细胞是由抗原免疫小鼠的脾细胞(B 细胞)与小鼠骨髓瘤细胞融合而成。此种杂交瘤细胞既保存了骨髓瘤细胞大量扩增和永生的特性,又具有免疫 B 细胞(浆细胞)合成和分泌某种特异性抗体的能力。将这种融合成功的杂交瘤细胞株体外培养扩增,或接种于小鼠腹腔,从而获得单克隆抗体。这种由单一杂交瘤细胞产生的只识别一种抗原表位的特异性抗体,称为单克隆抗体。单克隆抗体结构高度均一,纯度高,特异性强,少或无血清交叉反应,已广泛应用于医学、生物学的各个领域。①作为诊断试剂用于血清检测;②用于抑制同种异体移植排斥反应或治疗自身免疫病或与核素、毒素、化学药物偶联成导向药物,用于治疗肿瘤。然而研制成功的单克隆抗体几乎均为鼠源性,应用于人体可诱导人体产生人抗鼠抗体,不仅可降低鼠源性单克隆抗体的治疗作用,而且与鼠源性单克隆抗体结合可产生类似血清病的变态反应。

(三)基因工程抗体

基因工程抗体的原理是借助 DNA 重组技术,在基因水平上对编码免疫球蛋白分子的基因进行切割、拼接或修饰,构成新型的抗体分子。基因工程抗体既保持单克隆抗体均一性、特异性强的优点,又能克服其鼠源性的弊端,具有更广泛的应用前景。通过基因工程技术可以制备人－鼠嵌合抗体、人源化抗体、双特异性抗体等。

第二节　免疫应答

一、免疫应答的概念

免疫应答是指机体免疫系统受抗原刺激后,免疫细胞活化、增殖、分化及产生特异性免疫效应的过程。

免疫应答的生物学意义是及时清除体内抗原性异物,维持内环境的相对稳定,也可造成机体组织损伤。

二、免疫应答的类型

根据参与的免疫活性细胞的不同,分为 T 细胞介导的细胞免疫应答和 B 细胞介导的体液免疫应答。

根据发生免疫应答时与抗原接触的次数分为初次应答和再次应答;根据免疫反应的结果分正免疫应答和负免疫应答。机体通过一系列反应最终将抗原排除,称正免疫应答,对抗原无任何反应,为免疫耐受,属负免疫应答。

三、免疫应答的基本过程

免疫应答的发生、发展和最终产生免疫效应,是由多种免疫细胞相互作用、共同完成的复杂过程。基本过程可分为三个阶段,即抗原递呈与识别阶段,免疫细胞活化、增殖和分化阶段,效应阶段。

1. 抗原递呈与识别阶段　包括抗原递呈细胞(APC)对抗原的摄取、加工、处理、递呈以及免疫活性细胞(T 细胞和 B 细胞)对抗原的识别。

2. 免疫细胞活化、增殖和分化阶段　指 T、B 细胞接受抗原刺激后,活化、增殖、分化为效应淋巴细胞的阶段。在此阶段产生免疫记忆细胞。

3. 效应阶段　是 B 细胞分化的浆细胞分泌抗体发挥特异性体液免疫作用;效应 T 细胞与相应抗原发生特异性结合,并通过多种机制发挥特异性细胞免疫效应。

四、免疫应答的特点

免疫应答具有特异性、记忆性、MHC 限制性等特点。

1. 特异性　即免疫应答具有针对性。当机体受到某一抗原刺激后,只发生对该抗原的免疫应答,产生针对该抗原的抗体或效应淋巴细胞。

2. 记忆性　即免疫系统对抗原的刺激具有记忆性。机体初次受到某种抗原刺激后,可产生针对该抗原的记忆细胞,当机体再次接触同一抗原刺激时,可迅速产生免疫效应。

3. MHC 限制性　T 细胞通过抗原受体(TCR)识别 APC、靶细胞上的抗原肽时,也要同时识别与抗原肽结合的 MHC 分子,这一现象称为 MHC 限制性。

五、体液免疫应答

体液免疫应答是指 B 细胞介导的免疫应答。B 细胞接受抗原刺激后增殖、分化为浆细胞,合成分泌抗体,因抗体主要存在于血清等体液中,故将抗体介导的免疫应答称为体液免疫应答。刺激 B 细胞产生免疫应答的抗原有胸腺依赖性抗原(TD-Ag)和胸腺非依赖性抗原(TI-Ag),自然界绝大多数抗原属于 TD-Ag,B 细胞对 TD-Ag 的免疫应答需要 Th 细胞辅助。

（一）体液免疫应答的过程

1. B 细胞对 TD-Ag 的免疫应答　TD-Ag 在 Th 细胞及其产生的细胞因子辅助下,使 B 细胞活化、增殖、分化为浆细胞并产生抗体发挥免疫效应。其基本过程包括抗原递呈与识别阶段,免疫细胞活化、增殖、分化阶段和效应阶段。

（1）抗原递呈与识别阶段:TD-Ag 被 APC 捕获、加工、处理后,以抗原肽 -MHC-Ⅱ类分子复合物的形式表达于 APC 表面,CD4$^+$ T 细胞通过 TCR 识别特异性抗原肽,CD4 分子识别 MHC-Ⅱ类分子,即 T 细胞的双识别。Th 细胞必须活化后才具有辅助 B 细胞产生抗体的作用。B 细胞通过 B 细胞抗原受体(BCR)直接识别捕捉抗原,BCR 对抗原的识别不需要 APC 的加工和递呈,也无 MHC 限制性。

（2）活化、增殖、分化阶段:B 细胞接受抗原刺激后开始活化。B 细胞的活化需要两个信号的刺激:B 细胞通过 BCR 特异性结合抗原,产生第一活化信号;同时通过表面协同刺激分子如 CD40 与活化的 Th 细胞表面的 CD40L 结合,产生第二活化信号。在 B 细胞活化过程中,活化的 Th 细胞分泌的细胞因子诱导 B 细胞进一步增殖和分化,特别是在白细胞介素(IL)-2,IL-4,IL-5,IL-6 和干扰素(IFN)等细胞因子的作用下,B 细胞增殖、分化为浆细胞或记忆 B 细胞(Bm cell)。若再次接受相同抗原的刺激,记忆 B 细胞可直接活化、增殖、分化为浆细胞,产生大量抗体,这是再次应答的细胞学基础。

（3）效应阶段:浆细胞分泌抗体,发挥免疫效应。体液免疫的效应作用:

1）中和作用:IgG、sIgA 可中和细菌毒素的毒性,阻止微生物进入机体与易感细胞结合。

2）调理作用：IgG抗体的Fc段可与吞噬细胞上Fc受体结合，显著增强吞噬细胞的吞噬能力，这种作用称为调理作用。

3）激活补体：抗体与靶细胞上的抗原结合后可通过经典途径激活补体，导致靶细胞溶解。

4）ADCC：凡是具有IgG Fc段受体的细胞，如巨噬细胞、NK细胞，均可通过此方式杀伤靶细胞。

2. B细胞对TI-Ag的免疫应答　某些抗原，如细菌多糖、多聚蛋白质及脂多糖等，能直接活化B细胞，而不需要T细胞的辅助。这类抗原为胸腺非依赖性抗原（TI-Ag）。

TI-Ag诱导B细胞产生的体液免疫应答有两个特点：①能直接刺激B细胞活化，不需要APC加工处理，不需要Th细胞的辅助；②在免疫应答过程中不产生记忆B细胞，故只表现为初次应答而没有再次应答。

B细胞对TI-Ag的免疫应答在非特异性免疫阶段有着重要的生理意义。大多数胞外菌有胞壁多糖，能抵抗吞噬细胞的吞噬作用。在没有特异性T细胞辅助下，B细胞对TI-Ag的应答所产生的抗体，能通过免疫调理作用，使之易被吞噬杀灭。

（二）抗体产生的一般规律

1. 初次应答　是指机体初次接受抗原刺激发生的免疫应答。抗原第一次进入机体，需要经过较长潜伏期，一般5~10d才能在血液中检出抗体，2~3周达高峰，潜伏期长短与抗原性质有关。初次应答抗体产生的特点：①潜伏期长；②抗体浓度低；③在体内维持时间短；④与抗原亲和力低，抗体以IgM为主。

2. 再次应答　也称回忆反应，相同抗原再次进入机体后，刺激初次应答中形成的记忆细胞，产生迅速、高效、持久的免疫应答。再次应答抗体产生的特点：①潜伏期短，一般1~3d；②抗体浓度高；③在体内维持时间长；④与抗原亲和力高，抗体以IgG为主（图11-5）。

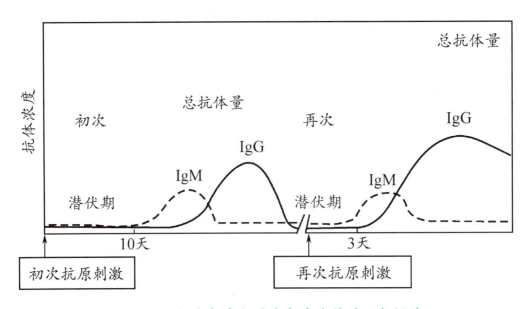

图11-5　初次免疫和再次免疫应答的一般规律

掌握抗体产生的一般规律,在医学实践中有重要的指导作用:①疫苗接种或制备免疫血清,应采用再次或多次加强免疫,以产生高滴度、高亲和力的抗体,获得良好的免疫效果;②在免疫应答中,IgM 产生早,消失快,因此,临床上检测特异性 IgM 作为病原微生物早期感染的诊断指标;③在辅助诊断某种病原微生物感染时,要在疾病的早期和恢复期抽取患者双份血清做抗体检测,如果抗体滴度增长 4 倍或以上有诊断意义。

六、细胞免疫应答

细胞免疫应答是指 T 细胞介导的免疫应答。细胞免疫应答通常由 TD-Ag 引起,是在多种免疫细胞协同作用下完成的。其中主要包括:①抗原递呈细胞;②效应 T 细胞,即 CD4$^+$ Th1 和 CD8$^+$ CTL。其过程与体液免疫应答过程基本相似,也分为抗原递呈与识别阶段,活化、增殖、分化阶段和效应阶段,以下重点叙述活化增殖分化阶段和效应阶段。

1. CD4$^+$ 效应 Th1 细胞的形成和作用 CD4$^+$ Th 细胞不能直接接受外来抗原,它必须依赖 APC 的加工、处理和递呈。巨噬细胞是最重要的 APC,能吞噬较大的抗原,将加工处理后的抗原肽与自己的 MHC-Ⅱ类分子结合形成抗原肽-MHC-Ⅱ类分子复合物转运到细胞膜上,Th 细胞依靠表面的 TCR 识别抗原肽,CD4 分子识别 MHC-Ⅱ类分子产生第一活化信号;进而通过表面黏附分子(CD28 与 B7 等)的相互作用产生协同刺激信号,即第二活化信号。在两种信号刺激下,CD4$^+$ Th 细胞活化,表达 IL-2、IL-4、IL-12 等受体,在 APC 释放的 IL-1、IL-12 等细胞因子作用下增殖分化为效应 Th1 细胞。CD4$^+$ 效应 Th1 细胞通过释放白细胞介素-2(IL-2)、β-肿瘤坏死因子(TNF-β)、γ-干扰素(IFN-γ)等细胞因子发挥细胞免疫效应,同时使局部组织产生以淋巴细胞和单核吞噬细胞浸润为主的慢性炎症反应或迟发型超敏反应。主要细胞因子的生物学作用简述如下:

(1)IFN-γ:①作用于巨噬细胞和内皮细胞,增强其表达 MHC-Ⅱ/Ⅰ类分子,提高抗原递呈能力。②活化单核巨噬细胞,增强其吞噬杀菌能力。③促使活化的巨噬细胞产生多种炎症介质,加剧炎症反应,甚至引起局部组织损伤坏死。④活化 NK 细胞,增强其杀肿瘤和抗病毒作用,提高机体免疫监视功能。

(2)IL-2:①促进 CD8$^+$ CTL 分化为效应 CTL 细胞。②刺激 CD4$^+$ Th 细胞增殖分化,分泌 IL-2、TNF-β 和 IFN-γ。③增强 NK 细胞、巨噬细胞杀伤活性。④诱导 LAK 细胞的抗肿瘤活性。

(3)TNF-β:①作用于血管内皮细胞使之表达黏附分子,趋化中性粒细胞、淋巴细胞、单核细胞等作用,迁移和外渗至局部组织,引起慢性炎症反应。②激活中性粒细胞、巨噬细胞,释放 IL-1,IL-6,IL-8 等细胞因子,增强其吞噬杀菌能力。③局部产生高浓度 TNF-β,引起周围组织损伤坏死。

2. CD8$^+$ 效应 CTL 的形成和作用 CD8$^+$ T 细胞具有杀伤靶细胞的功能,故被称为细胞毒 T 细胞（CTL）。靶细胞的抗原（病毒抗原或肿瘤抗原）首先被胞浆内的蛋白酶降解成肽段，经加工修饰成为具有免疫原性的抗原肽，与 MHC-Ⅰ类分子结合形成抗原肽 -MHC-Ⅰ类分子复合物后，被运送到靶细胞表面。CTL 细胞通过 TCR 识别靶细胞表面的抗原肽，CD8 分子识别 MHC-Ⅰ类分子，获得活化的第一信号，并通过表面黏附分子（主要是 CD28 与 B7）的相互作用产生协同刺激信号，在抗原刺激和共刺激分子以及细胞因子的作用下，CTL 增殖并分化成效应 CTL，部分细胞转变成记忆性 T 细胞。

$CD8^+CTL$ 细胞通过分泌细胞毒性物质使靶细胞溶解破坏或发生细胞凋亡。

（1）使靶细胞溶解：效应 CTL 和靶细胞紧密接触相互作用后，激发 CTL 细胞脱颗粒，释放穿孔素。在 Ca^{2+} 存在下，穿孔素插入靶细胞膜内，在靶细胞膜上形成穿膜管状通道，使水分子进入细胞内，而 K^+ 和大分子物质（如蛋白质、核酸）从胞内流出，导致靶细胞溶解破坏。

（2）使靶细胞凋亡：CTL 细胞活化脱颗粒时随穿孔素还一起释放颗粒酶，当穿孔素在靶细胞膜上形成"孔道"后，颗粒酶才能进入靶细胞内，激活内源性 DNA 内切酶，使 DNA 断裂，导致靶细胞凋亡。此外 CTL 细胞活化后大量表达 Fas 配体（FasL），和靶细胞表面的 Fas 分子结合后，引发死亡信号的逐级转导，最终诱导靶细胞凋亡。

效应 CTL 杀伤靶细胞后本身不受损伤，它们与溶解的靶细胞分离后，可继续攻击杀伤其他表达相应抗原的靶细胞。通常一个效应 CTL 在几小时内可连续杀伤数十个靶细胞。

 导入案例分析

患者感染的病原体是甲型肝炎病毒。确诊的依据是发热、乏力、食欲缺乏、厌油、肝区疼痛，巩膜黄染就诊，血清学检测抗 HAV-IgM（+）。预防措施为加强卫生宣教，隔离患者，做好"三管一灭"及相关物品的消毒处理。接种甲型肝炎减毒活疫苗进行有效预防，对有接触史的高危人群尽早注射丙种球蛋白或胎盘球蛋白进行紧急预防。

本章小结

本章学习重点为抗体、免疫球蛋白和免疫应答的概念；免疫球蛋白的特性；免疫球蛋白的结构及功能；免疫应答的基本过程及抗体产生规律与意义。学习难点为体液免疫应答和细胞免疫应答过程。免疫应答分为细胞免疫应答和体液免疫应答。基本过程分三个阶段：抗原递呈与识别阶段，免疫细胞活化、增殖和分化阶段和效应阶段。细胞免疫由 T 细胞介导，效应 T 细胞主要有两种：$CD4^+$ Th1 细胞和 $CD8^+$ CTL 细胞。体液免疫主要由 B 细胞介导。

（张晓红）

思考与练习

一、名词解释

1. 抗体

2. 免疫球蛋白

二、简答题

1. 简述抗体和免疫球蛋白的关系。

2. 比较初次免疫应答和再次免疫应答抗体产生的规律,并简述其意义。

第十二章 | 超敏反应

ER12 数字内容

 导入案例

患者,男,28 岁,近两年来反复出现阵发性呼气性呼吸困难,多在春季发作,严重时不能平卧呼吸。听诊双肺有干性啰音,发作停止后啰音完全消失。注射肾上腺素可缓解症状。发作期间检测血清 IgE 水平升高。

请思考:

1. 该患者最可能的诊断是什么?
2. 如何进行防治?

第一节　超敏反应的概念与特点

一、超敏反应的概念

超敏反应又称变态反应,是指机体受到某些抗原刺激时,出现以生理功能紊乱或组织细胞损伤为主的异常特异性免疫应答。

引起超敏反应的抗原称为变应原。根据超敏反应的发生机制和临床特点不同,将超敏反应分为四型:Ⅰ型超敏反应、Ⅱ型超敏反应、Ⅲ型超敏反应和Ⅳ型超敏反应。其中Ⅰ型、Ⅱ型、Ⅲ型均由抗体介导,Ⅳ型由效应T细胞介导。

二、超敏反应的特点

超敏反应具有特异性和记忆性的特点。其发生原因非常复杂,主要取决于以下两方面因素:一是抗原的刺激,引起超敏反应的抗原可以是完全抗原,也可以是半抗原;二是遗传与环境因素,某些人接触环境中的普通抗原物质刺激后易发生Ⅰ型超敏反应,这类个体多有家族遗传特性,临床上称之为特应性个体。Ⅰ型超敏反应的发生与个体的遗传因素及所处的外界环境密切相关。

第二节　各型超敏反应的发生机制及常见疾病

一、Ⅰ型超敏反应

Ⅰ型超敏反应又称速发型超敏反应。是临床上最常见的一类超敏反应,可以发生于局部或全身。其特点:①反应发生快,消退也快;②由结合在肥大细胞和嗜碱性粒细胞上的IgE抗体介导;③具有明显的个体差异和遗传倾向;④以生理功能紊乱为主,极少引起组织细胞损伤。

 知识拓展

面包师的痛苦遭遇

19世纪,欧洲一个小镇来了一位名叫格林的面包师,他烤出的面包颜色金黄,香味浓郁,深受居民喜爱。但是过了不久,格林不烤面包了。镇上的人们很奇怪,纷纷询问为什么?格林说,他一接触面粉就哮喘,而脱离与面粉的接触后,哮喘就会好转。因此,他不敢再烤面包了。现在人们清楚了,格林患哮喘病是因为他对面粉产生了过敏反应。

(一) 发生机制

1. 参与反应的成分　参与Ⅰ型超敏反应的成分主要有变应原、抗体和细胞。

(1) 变应原:引起Ⅰ型超敏反应的变应原主要有:

1) 吸入性变应原:如花粉、真菌菌丝及孢子、尘螨或其排泄物、昆虫毒液、动物皮毛等。

2）食物变应原：如牛奶、鸡蛋、鱼、虾、蟹、贝等。

3）药物或化学性变应原：多为半抗原，进入体内后与载体蛋白结合后成为完全抗原，如青霉素、链霉素、普鲁卡因、有机碘等。

4）近年来还发现有些酶类物质可作为变应原引起Ⅰ型超敏反应，如尘螨中的半胱氨酸蛋白可引起呼吸道过敏反应或者细菌酶类物质（如枯草菌溶素）可引起支气管哮喘。

（2）IgE抗体：针对某种变应原的特异性IgE是引起Ⅰ型超敏反应的主要因素。IgE主要由鼻咽、扁桃体、气管和胃肠道黏膜下固有层淋巴组织中的浆细胞产生，这些部位也是变应原易侵入并引发Ⅰ型超敏反应的部位。正常人血清中IgE含量极低，过敏患者或寄生虫病患者体内IgE含量显著增高。IgE具有亲细胞性，它可在不结合抗原的情况下，通过Fc段与肥大细胞、嗜碱性粒细胞表面的Fc受体结合，使机体处于致敏状态。

（3）细胞：参与Ⅰ型超敏反应的细胞主要有：

1）肥大细胞和嗜碱性粒细胞：肥大细胞主要分布于呼吸道、胃肠道和泌尿生殖道的黏膜上皮及皮下结缔组织中的小血管周围，嗜碱性粒细胞主要分布于外周血中。两种细胞表面均具有高亲和力的IgE的Fc受体，胞浆中含有大量嗜碱性颗粒，颗粒中含有多种参与超敏反应的生物活性物质，如组胺、激肽原酶等。

2）嗜酸性粒细胞：主要分布于呼吸道、消化道等黏膜下层结缔组织中，外周血中有少量存在。活化后可产生具有毒性作用的颗粒蛋白和酶类物质，如嗜酸性粒细胞阳离子蛋白、嗜酸性粒细胞过氧化物酶和嗜酸性粒细胞胶原酶等，这些物质可杀伤寄生虫和病原微生物。还可以释放白三烯（LTs）、血小板活化因子（PAF）等生物活性介质，参与Ⅰ型超敏反应的发生。此外，嗜酸性粒细胞还可以释放组胺酶灭活组胺，释放芳基硫酸酯酶灭活白三烯，释放磷脂酶D灭活血小板活化因子，对Ⅰ型超敏反应起到一定抑制作用。

2. 发生机制　Ⅰ型超敏反应的发生过程可分为三个阶段：致敏阶段、发敏阶段和效应阶段（图12-1）。

（1）致敏阶段：变应原通过呼吸道、消化道或皮肤进入机体后，刺激机体产生特异性IgE抗体。IgE通过Fc段与肥大细胞、嗜碱性粒细胞表面的Fc受体结合，使机体处于致敏状态。致敏状态可维持数月或更长时间，如长期不接触相同变应原，致敏状态将逐渐消失。

（2）发敏阶段：当相同变应原再次进入处于致敏状态的机体时，即与结合在肥大细胞和嗜碱性粒细胞表面的IgE特异性结合。单个IgE结合Fc受体，并不能刺激细胞活化；只有变应原同时与致敏细胞上两个或两个以上相邻的IgE分子结合，使IgE分子发生"桥联"才能导致细胞活化、脱颗粒，释放出组胺、激肽原酶等生物活性介质，同时新合成白三烯、前列腺素D_2、血小板活化因子等生物活性介质。

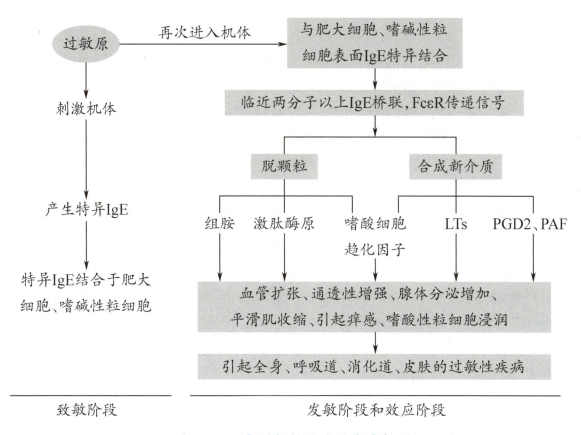

图 12-1　Ⅰ型超敏反应的发生机制

各种介质的作用大致相似,均可引起平滑肌收缩、腺体分泌增加、小血管及毛细血管扩张、通透性增加,但又各有其特点:如组胺释放快(数分钟)、维持时间短(≤2h),扩张血管作用强,是引起痒感的唯一介质;而白三烯释放及发挥作用缓慢(4~6h),但持续时间长(1~2d),可使支气管平滑肌强烈而持久的收缩,是引起过敏性哮喘的主要介质。

(3)效应阶段:生物活性介质作用于效应器官、组织,引起局部或全身性的过敏反应。如呼吸道平滑肌收缩和腺体分泌增加,引起呼吸困难、流涕、痰多;胃肠道平滑肌收缩和腺体分泌增加,引起腹痛、腹泻;毛细血管扩张和通透性增加引起组织水肿,血压下降甚至休克。

根据反应发生的快慢和持续时间的长短,超敏反应可分为速发相反应和迟发相反应两种类型。速发相反应通常在接触变应原后数秒内发生,可持续数小时,主要由组胺、前列腺素等引起,表现为毛细血管扩张,血管通透性增加,平滑肌收缩,腺体分泌增加。迟发相反应发生在变应原刺激后 4~6h,可持续数天以上,表现为局部以嗜酸性粒细胞、中性粒细胞、巨噬细胞和嗜碱性粒细胞浸润为特征的炎症反应。

(二)临床常见疾病

1. 过敏性休克　是最严重的Ⅰ型超敏反应性疾病。患者常在接触变应原后数分钟内出现胸闷、气急、呼吸困难、面色苍白、四肢冰冷、脉搏微弱。血压下降等临床表现,如抢救不及时可导致死亡。常见的过敏性休克有两类：

（1）药物过敏性休克：以青霉素过敏性休克最常见；此外，头孢菌素、链霉素、有机碘、普鲁卡因等药物也可引起。青霉素在弱碱性（pH值7.2~7.6）环境下能迅速降解产生青霉烯酸和青霉噻唑醛酸等半抗原物质，与机体组织蛋白结合成为完全抗原，从而刺激机体产生IgE抗体，使机体处于致敏状态。当再次接触青霉素时，即可诱发过敏反应。故临床上使用青霉素应临时配制。临床发现少数人在初次注射青霉素时也发生过敏性休克，这可能与其曾经使用过被青霉素污染的注射器等医疗器械或吸入空气中的青霉菌孢子使机体处于致敏状态有关。

（2）血清过敏性休克：临床上应用动物免疫血清如破伤风抗毒素、白喉抗毒素进行治疗或紧急预防时，有些患者可因曾经注射过相同的血清制剂已被致敏而发生过敏性休克，重者可在短时间内死亡。

2. 呼吸道过敏反应　常因吸入花粉、尘螨、真菌孢子等变应原或呼吸道病原微生物感染而引起。常见疾病有过敏性鼻炎和过敏性哮喘。过敏性鼻炎患者常表现为黏膜分泌物增多，流涕、打喷嚏等，由花粉引起的季节性过敏性鼻炎常伴有过敏性结膜炎、外耳道等黏膜瘙痒，称为花粉症。过敏性哮喘有速发相和迟发相两种类型：前者发生快，消退也快；后者发生慢，持续时间长，同时局部出现以嗜酸性粒细胞、中性粒细胞浸润为主的炎症反应。患者常表现为胸闷、哮喘、呼吸困难等症状。

3. 消化道过敏反应　少数人食入鱼、虾、蛋、奶等食物及服用某些药物后，可出现恶心、呕吐、腹痛、腹泻等症状，可能与胃肠道分泌型IgA含量明显减少及蛋白水解酶缺乏有关。

4. 皮肤过敏反应　以皮肤丘疹、荨麻疹、血管神经性水肿为主要表现，常伴剧烈瘙痒。可由药物、花粉、食物、肠道寄生虫及寒冷刺激等引起。

（三）防治原则

超敏反应的防治应遵循两条基本原则：一是尽可能查明变应原，避免再接触；二是根据超敏反应发生发展的不同环节，有针对性地采取阻断或干扰措施，从而达到防治目的。

1. 查明变应原，避免再次接触　可通过询问病史或皮肤试验查明变应原。

（1）询问病史：可通过询问患者及家庭成员有无过敏史，如已明确对某种物质过敏，则应避免再次接触。

（2）皮肤试验：是临床上检测变应原最常见的方法，以皮内试验应用最广泛。具体方法：将可疑变应原稀释后取0.1ml，在受试者前臂掌侧做皮内注射，15~20min后观察结果，若注射局部皮肤出现红晕、风团，且直径>1cm，则为阳性，说明该个体处于对该变应原的致敏状态。

2. 脱敏治疗或减敏治疗　是将特异性变应原稀释后给患者反复多次注射，剂量由小到大，浓度由稀到浓，以提高患者对该变应原的耐受能力。

（1）脱敏治疗：适用于抗毒素皮试阳性但又必须使用者，可采用小剂量、短间隔（20~30min）、多次注射抗毒素血清的方法进行脱敏治疗。其机制可能是小剂量抗毒素血清虽然可使致敏靶细胞脱颗粒，但释放的生物活性介质较少，不足以引起明显临床症状，而短时间小剂量多次注射抗毒素可使体内致敏靶细胞分期、分批脱敏，以致最终全部解除致敏状态，可以避免超敏反应的发生。但这种脱敏是暂时的，经过一段时间后机体可重新恢复致敏状态。

（2）减敏治疗：对于已查明变应原但又难以避免再接触的变应原，如花粉、尘螨等，可采用小剂量、间隔较长时间、反复多次皮下注射的方法进行减敏治疗。其作用机制：①通过改变抗原进入途径，诱导机体产生大量特异性 IgG 类抗体，降低 IgE 抗体应答；②IgG 类抗体通过与相应变应原结合，阻断变应原与致敏靶细胞上的 IgE 结合，从而阻断了 I 型超敏反应的发生，因此这种 IgG 类抗体又称封闭抗体。

3. 药物治疗　根据超敏反应的发生机制，用药物阻断或干扰其发生的某个环节，可防止或减轻超敏反应的发生。

（1）抑制生物活性介质合成和释放的药物：①色甘酸钠可稳定细胞膜，阻止肥大细胞等脱颗粒释放生物活性介质。②阿司匹林可抑制前列腺素 D_2 等介质生成。③肾上腺素、异丙肾上腺素和前列腺素 E 可通过激活腺苷酸环化酶促进 cAMP 合成，提高细胞内 cAMP 水平，从而抑制组胺等生物活性介质的释放。

（2）生物活性介质拮抗药：抗组胺药（苯海拉明、氯雷他啶、氯苯那敏、阿司咪唑等）可与组胺竞争结合效应器官细胞膜上的组胺受体，抑制组胺活性；孟鲁司特钠可拮抗白三烯的作用，减轻平滑肌痉挛等反应。

（3）改善效应器官反应性的药物：肾上腺素不仅可解除支气管痉挛，还可使外周毛细血管收缩升高血压，是抢救过敏性休克的首选药。葡萄糖酸钙、氯化钙、维生素 C 等可降低毛细血管通透性，减轻皮肤黏膜充血和渗出等炎症反应。

二、Ⅱ型超敏反应

Ⅱ型超敏反应是指 IgG 或 IgM 类抗体与靶细胞表面相应抗原结合后，在补体、巨噬细胞及 NK 细胞参与下，引起以细胞溶解或组织损伤为主的病理性免疫应答，故又称溶细胞型超敏反应或细胞毒型超敏反应。

（一）发生机制

1. 靶细胞及其表面抗原　正常组织细胞、改变了抗原性的自身组织细胞和被抗原结合而修饰的自身组织细胞，均可成为Ⅱ型超敏反应中被攻击的靶细胞。靶细胞表面的抗原主要包括：①靶细胞膜固有抗原，如 ABO 血型抗原、Rh 抗原、HLA 抗原。②吸附于组织细胞上的外来抗原或半抗原，如药物、细菌成分、病毒蛋白等。③改变的自身抗原，如由于微生物感染或理化因素导致自身成分的结构发生改变形成自身抗原。④嗜异性抗原，如链球菌细胞壁的成分与心脏瓣膜、关节组织之间的共同抗原。

2. 组织或细胞损伤的机制　参与Ⅱ型超敏反应的抗体主要是 IgG 和 IgM。当抗体与靶细胞表面相应抗原结合后,可通过三条途径溶解、破坏靶细胞:①激活补体,导致靶细胞溶解。抗体与靶细胞表面抗原结合后通过经典途径激活补体,形成攻膜复合物导致靶细胞溶解;另外补体活化过程中的裂解产物如 C5a,可吸引中性粒细胞向炎症部位聚集,发挥吞噬作用,释放溶酶体酶使靶细胞损伤。②激活吞噬细胞,发挥调理作用。当抗体与靶细胞表面抗原结合后,IgG 的 Fc 段与吞噬细胞表面的 Fc 受体结合,促进吞噬细胞的吞噬作用。也可通过补体裂解片段 C3b 的调理吞噬作用,介导吞噬细胞杀伤靶细胞。③激活 NK 细胞,通过 ADCC,杀伤靶细胞(图 12-2)。

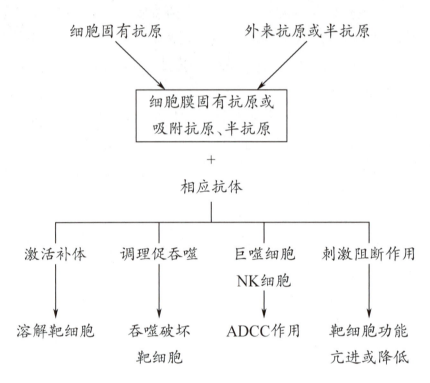

图 12-2　Ⅱ型超敏反应发生机制

(二)临床常见疾病

1. 输血反应　多发生于 ABO 血型不符的输血。供血者红细胞表面的血型抗原与受血者血清中天然血型抗体(IgM)结合,激活补体而引起溶血反应。常出现高热、寒战、胸闷、头痛、血红蛋白尿等症状,如不及时停止输血可导致死亡。反复输血可诱导机体产生抗血小板或抗白细胞抗体,引起非溶血性输血反应。

2. 新生儿溶血症　常因母子间 Rh 血型不符引起。Rh 阴性的母亲由于输血、妊娠后流产或分娩,胎儿 Rh 阳性红细胞进入母体而刺激产生抗 Rh 抗体(IgG 类抗体)。当母亲再次妊娠时,若胎儿仍为 Rh 阳性,母亲体内的抗 Rh 抗体可通过胎盘进入胎儿体内,与胎儿 Rh 阳性红细胞结合,激活补体,导致胎儿红细胞溶解,引起流产或新生儿溶血症。为防止新生儿溶血症发生,可在产后 72h 内给母体注射抗 Rh 抗体,以阻断 Rh 阳性红细胞对母体的致敏。

母子间 ABO 血型不符也可引起新生儿溶血症。常发生于 O 型血的母亲,在初次分娩时胎儿脐血或流产时的胎儿血可使母亲产生 IgG 类抗体,由于 A 血型、B 血型物质广泛存在于胎儿血清及组织中,可结合来自母体的 IgG 类抗体,所以溶血症状较轻。

3. 自身免疫性溶血性贫血　服用甲基多巴类药物,或某些病毒如流行性感冒病毒、EB 病毒感染及辐射可使红细胞膜抗原发生改变,成为自身抗原,刺激机体产生抗自身红细胞的抗体,与红细胞结合后激活补体可导致红细胞溶解,引起自身免疫性溶血性贫血。

4. 药物过敏性血细胞减少症　一些药物如青霉素、磺胺、奎尼丁等为半抗原,能与血细胞膜蛋白或血浆蛋白结合成为完全抗原,刺激机体产生相应抗体。该抗体与存在于红细胞、粒细胞、血小板表面的药物作用或与药物结合形成免疫复合物后再与具有 Fc 受体的血细胞结合,可导致血细胞破坏,引起药物性溶血性贫血、粒细胞减少症、血小板减少性紫癜。

5. 甲状腺功能亢进　简称甲亢,是一种特殊的 Ⅱ 型超敏反应。患者体内产生一种与甲状腺细胞表面促甲状腺素受体结合的自身抗体(长效甲状腺刺激素),自身抗体与受体结合后并不引起细胞溶解,而是导致细胞功能紊乱,刺激甲状腺细胞持续分泌大量甲状腺素,引起甲状腺功能亢进。

三、Ⅲ型超敏反应

Ⅲ型超敏反应又称免疫复合物型超敏反应。在一定条件下,可溶性抗原与相应抗体(IgG 和 IgM)结合形成中等大小的免疫复合物,沉积于局部或全身毛细血管壁基底膜或组织间隙,激活补体,吸引中性粒细胞和其他细胞,引起血管及其周围组织出现以充血水肿、局部坏死和中性粒细胞浸润为主的炎症反应和组织损伤。

(一)发生机制

1. 中等大小可溶性免疫复合物的形成和沉积　可溶性抗原与相应抗体结合可形成免疫复合物(IC,又称抗原抗体复合物)。IC 的大小与抗原的性质、抗原抗体的相对比例密切相关:①若是颗粒性抗原或抗原抗体比例合适时形成大分子 IC,可被吞噬细胞吞噬清除。②若是可溶性抗原,并且比例远远超过相应抗体时形成小分子 IC,通过肾脏时可被滤过清除。③当可溶性抗原量稍多于抗体时,形成中等大小可溶性 IC,可长期在血流中循环,极有可能沉积于毛细血管基底膜,引起Ⅲ型超敏反应。

中等大小可溶性 IC 的沉积与下列因素有关:①血管活性胺类物质的作用。血管活性介质,可使血管内皮细胞间隙增大,血管通透性增加,有利于 IC 的沉积和嵌入。②局部解剖和血流动力学因素的作用。循环 IC 易沉积于血压较高的毛细血管迂曲处,如肾小球基底膜和关节滑膜等处的毛细血管;或易产生涡流的动脉交叉口、脉络膜丛和眼睫状体等处。血管内高压与涡流均有助于 IC 沉积,引起Ⅲ型超敏反应。

2. 组织损伤的机制　在Ⅲ型超敏反应中,IC 激活补体系统,导致中性粒细胞浸润并释放溶酶体酶,是引起炎症反应和组织损伤的主要原因。IC 并不直接损伤组织,而是通过以下方式引起免疫损伤:①补体的作用。沉积的 IC 激活补体后产生 C3a、C5a,可与肥大细胞和嗜碱性粒细胞上的受体结合,使其脱颗粒释放组胺等活性介质,导致局部毛细血管通透性增加,渗出增多,出现水肿;C3a、C5a 同时可吸引中性粒细胞聚集到 IC 沉积部位。②中性粒细胞的作用。局部聚集的中性粒细胞在吞噬 IC 的过程中,释放多种溶酶体酶,包括蛋白水解酶、胶原酶和弹性纤维酶等,造成血管基底膜和周围组织损伤。③血小板、肥大细胞和嗜碱性粒细胞的作用。肥大细胞或嗜碱性粒细胞活化释放的血小板活化因子可促使血小板在局部聚集并活化凝血系统导致微血栓形成,造成局部缺血,进而出血、坏死。血小板活化还可释放血管活性胺类物质,进一步加重水肿(图 12-3)。

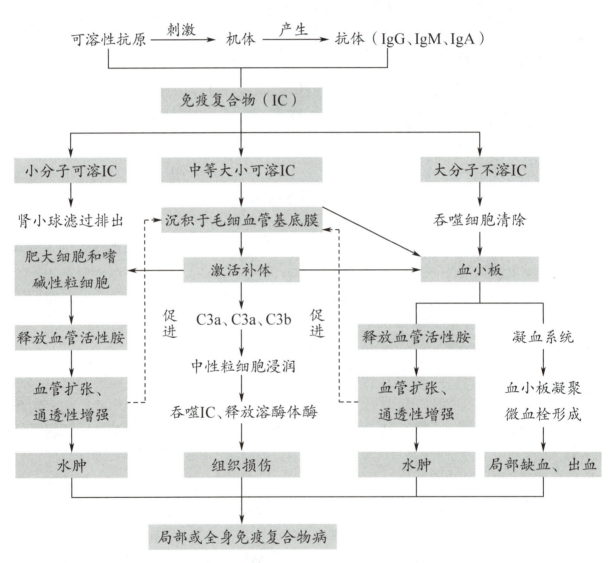

图 12-3 Ⅲ型超敏反应的发生机制

(二)临床常见疾病

1. 局部免疫复合物病 免疫复合物沉积于局部毛细血管壁基底膜所致。

(1)阿蒂斯(Arthus)反应:是阿蒂斯于 1903 年发现的实验性局部Ⅲ型超敏反应。

用马血清经皮下反复免疫家兔数周后,注射局部可出现红肿、出血和坏死等剧烈炎症反应。其机制为马血清反复免疫家兔可诱导家兔产生大量抗体,再次注射马血清后,与相应抗体在局部结合形成 IC 沉积在血管基底膜所致。

（2）类阿蒂斯反应:如胰岛素依赖型糖尿病患者,局部反复注射胰岛素后可刺激机体产生相应 IgG 类抗体,再次注射胰岛素时,注射局部可出现红肿、出血和坏死等类似阿蒂斯反应的炎症反应。某些特定人群长期吸入抗原性粉尘、真菌孢子等。再次吸入相同抗原后也能在肺泡间形成 IC,引起过敏性肺泡炎。

2. 全身免疫复合物病　免疫复合物随血流播散沉积于全身多部位所致。

（1）血清病:通常在初次大量注射抗毒素（异种动物免疫血清,如破伤风抗毒素和抗蛇毒血清）后 1~2 周发生,出现局部红肿、皮疹、淋巴结肿大、关节肿痛、发热、蛋白尿等症状,称为血清病。原因是患者体内产生的抗异种动物血清抗体与残余的动物血清结合形成免疫复合物所致。血清病具有自限性,随着抗体形成增多,抗原逐渐被清除,疾病可自行恢复。临床上长期使用青霉素、磺胺等药物,也可以通过类似机制出现血清病样反应,称为药物热。

（2）免疫复合物型肾小球型肾炎:多发生于 A 群链球菌感染后 2~3 周。这是由于链球菌抗原与相应抗体结合形成免疫复合物后沉积于肾小球基底膜所致。其他病原体如葡萄球菌、肺炎链球菌、乙型肝炎病毒或疟原虫等感染后也可引发类似的肾小球肾炎。

（3）类风湿关节炎:发病机制可能与病毒或支原体持续性感染有关。此类病原体感染机体后,可使患者体内 IgG 分子发生变性成为自身抗原,刺激机体产生抗变性 IgG 的自身抗体（IgM 为主）,临床上称为类风湿因子（RF）。患者自身变性 IgG 与类风湿因子结合形成免疫复合物,反复沉积于小关节滑膜,引起关节损伤。

（4）系统性红斑狼疮:患者体内出现多种自身抗体,如抗核抗体、抗线粒体抗体等,自身抗体与相应抗原结合形成免疫复合物,反复沉积在肾小球、关节、皮肤等处血管基底膜,引起肾小球肾炎、关节炎、皮肤红斑和多部位的脉管炎等全身多器官病变。

四、Ⅳ型超敏反应

Ⅳ型超敏反应是效应 T 细胞再次接触相同抗原后所介导的以单核细胞、淋巴细胞浸润为主的病理损伤。一般在机体再次接触抗原后 24~72h 出现,故又称迟发型超敏反应。其特点:①反应发生慢（24~72h）,消退也慢;②由 T 细胞介导,无抗体和补体参与;③病变特征是以单个核细胞浸润为主的炎症反应;④无明显的个体差异。

（一）发生机制

Ⅳ型超敏反应是由 T 细胞介导的免疫应答,其发生机制与细胞免疫应答相同,两者可以同时存在。一般来说,细胞免疫应答越强烈,炎症损伤越严重。

1. 抗原与细胞 引起Ⅳ型超敏反应的抗原主要有胞内寄生菌（如结核分枝杆菌）、病毒、寄生虫、真菌和化学物质。这些抗原物质经APC加工处理后以抗原肽–MHC–Ⅰ/Ⅱ类分子复合物形式表达于APC表面，递呈给T细胞识别，并使之活化、增殖、分化为效应T细胞。参与Ⅳ型超敏反应的效应T细胞主要是CD4$^+$Th1和CD8$^+$CTL。巨噬细胞除作为APC起作用外，在Ⅳ型超敏反应中也是重要的效应细胞。

2. 效应T细胞介导的炎症反应和组织损伤

（1）效应Th1细胞介导的炎症反应和组织损伤：效应Th1细胞再次接触相同抗原后可释放TNF-β、IL-2、IFN-γ等多种细胞因子，使抗原存在部位出现以单核细胞、淋巴细胞浸润为主的炎症反应和组织损伤。

（2）效应CTL介导的细胞毒作用：效应CTL与靶细胞上相应抗原结合后，通过释放穿孔素和颗粒酶，或通过其表面的FasL与靶细胞表面的Fas结合，导致靶细胞溶解或凋亡（图12-4）。

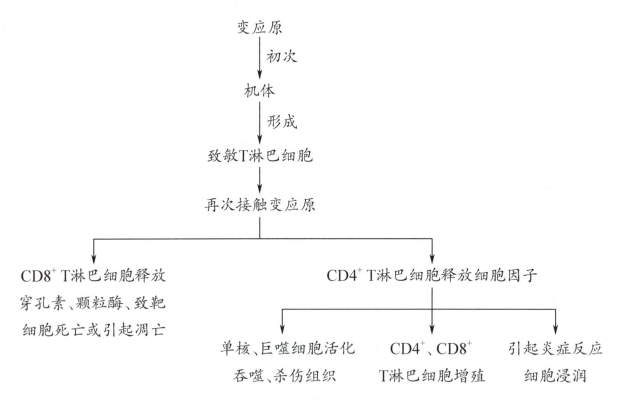

图 12-4 Ⅳ型超敏反应发生机制

（二）临床常见疾病

1. 传染性超敏反应 某些胞内寄生菌（如结核分枝杆菌、布鲁氏菌）、病毒或真菌感染后，机体通过细胞免疫清除病原体过程中，常伴随着迟发型超敏反应性炎症，且局部反应强烈。这种超敏反应是在传染过程中出现的，故称传染性超敏反应。结核患者的空洞形成、干酪样坏死以及结核菌素试验均与迟发型超敏反应有关。

2. 接触性皮炎　为典型的接触性迟发型超敏反应,是指机体再次接触某些药物、化妆品、农药、油漆、染料等变应原后所引起的以皮肤损伤为主要特征的迟发型超敏反应。一般在接触24h后可发生湿疹样皮炎,48~72h达高峰,表现为局部红斑、丘疹、水疱,严重者可发生剥脱性皮炎。

3. 移植排斥反应　在进行组织器官移植时,由于供体和受体之间的组织相容性抗原不同,供体移植物进入受体后,可刺激受体产生效应T细胞,引起Ⅳ型超敏反应,导致移植物被排斥,严重者会导致移植物坏死、脱落。

上述四型超敏反应各具特征,在临床实际中情况非常复杂:①一种变应原在不同条件下可引起不同类型的超敏反应,如青霉素在不同情况下可引起Ⅰ型超敏反应、Ⅱ型超敏反应、Ⅲ型超敏反应和Ⅳ型超敏反应。②临床上有些超敏反应性疾病可由多种免疫损伤机制引起,如链球菌感染后引起的肾小球肾炎可由Ⅱ型超敏反应引起,也可由Ⅲ型超敏反应引起,或者是两者共同参与的结果。

超敏反应根据发生机制的不同分四种类型:Ⅰ型、Ⅱ型、Ⅲ型和Ⅳ型。其中Ⅰ型超敏反应主要由IgE介导,肥大细胞和嗜碱性粒细胞起主要作用。Ⅱ型超敏反应主要由IgG和IgM介导,在补体、吞噬细胞和NK细胞参与下,引起细胞溶解或组织损伤。Ⅲ型超敏反应主要由IgG介导,补体、中性粒细胞、血小板、嗜碱性粒细胞等在炎症反应和组织损伤中起到主要作用。Ⅳ型超敏反应主要由T细胞介导,无抗体和补体参与,一般在机体再次接触抗原后24~72h出现,故又称迟发型超敏反应。

 导入案例分析

患者最可能的诊断是哮喘,多在春季发作,严重时不能平卧呼吸。听诊双肺有干性啰音,血清IgE水平升高。防治原则是查明变应原,避免再接触;脱敏治疗;药物治疗。注射肾上腺素可抑制生物活性物质释放,有效缓解症状。根据超敏反应发生发展的不同环节,有针对性地采取阻断或干扰措施,从而达到防治目的。

本章小结　本章学习重点是四型超敏反应的特点、常见疾病、防治原则。学习难点为超敏反应发生机制。Ⅰ型超敏反应、Ⅱ型超敏反应、Ⅲ型超敏反应由抗体介导,Ⅳ型超敏反应主要由T细胞介导,无抗体和补体参与。过敏性休克是最严重的Ⅰ型超敏反应性疾病。患者出现胸闷、气急、呼吸困难、面色苍白、四肢冰冷、脉搏微弱、血压下降等临床表现,如抢救不及时可导致死亡。常见的过敏性休克有药物过敏性休克和血清过敏性休克。

(张晓红)

思考与练习

一、名词解释

1. 超敏反应

2. 变应原

二、简答题

1. 注射青霉素引起的过敏性休克属于哪种类型的超敏反应?

2. 简述速发型超敏反应的防治原则。

3. 输血反应属于哪种类型的超敏反应? 简述其发生机制。

第十三章 | 免疫学应用

ER13 数字内容

学习目标

1. 培养学生应用免疫学知识防治疾病的能力；防止疾病传播的高度责任感。
2. 掌握人工主动免疫与人工被动免疫的概念、特点及用途。
3. 熟悉抗原抗体反应的特点、影响因素及常用检测方法。
4. 了解细胞免疫检测的方法及应用。
5. 学会正确应用人工主动免疫与人工被动免疫制剂。

导入案例

患者，男，26岁。去理发修面过程中被理发师使用公共剃刀划伤，来院就诊。医生为其处理伤口后，立即注射抗-HBs免疫球蛋白进行紧急预防。

请思考：

1. 为什么注射抗-HBs免疫球蛋白？
2. 预防HBV感染最有效的方法是什么？

免疫学理论和技术与临床实践紧密结合是现代免疫学发展的重要特征之一。免疫学在临床上的应用主要包括两个方面：一是应用免疫学理论阐明免疫相关疾病的发病机制和发展规律；二是应用免疫学原理和技术来诊断和防治疾病。本章主要介绍免疫学在疾病防治和诊断方面的应用。

第一节　免疫学防治

免疫学防治是指依据免疫学原理对疾病进行预防和治疗,包括免疫预防和免疫治疗。这里主要介绍免疫预防。

特异性免疫的获得方式有两种:自然免疫和人工免疫。自然免疫主要指机体感染病原体后建立的特异性免疫,也包括胎儿或新生儿经胎盘或乳汁从母体获得抗体而产生的免疫。人工免疫则是用人工方法给机体输入抗原或免疫效应物质,使机体获得某种特异性免疫力,以达到预防疾病的目的。根据输入机体的成分不同人工免疫可分为人工主动免疫和人工被动免疫。

一、人工主动免疫

人工主动免疫是应用人工方法给机体接种疫苗或类毒素等抗原物质,刺激机体产生特异性免疫力的方法。其特点是免疫力出现较晚,接种后1~4周才能产生,但维持时间较长,可达数月至数年。人工主动免疫主要用于疾病的特异性预防。国际上将用于人工主动免疫的生物制品如细菌性制剂、病毒性制剂及类毒素统称疫苗。

1. 灭活疫苗　又称死疫苗,是选用免疫原性强的病原微生物标准株经人工培养后,用理化方法灭活而制成的生物制品。死疫苗具有安全、稳定、易保存等优点。但死疫苗在体内不能增殖,对机体的免疫作用弱,故需较大剂量多次接种,有时会引起注射部位和全身较重的反应。死疫苗能够诱导机体产生体液免疫应答,而难以诱导产生细胞免疫应答,故免疫效果具有一定局限性。常用的死疫苗有伤寒、副伤寒、百日咳、霍乱、乙型脑炎、鼠疫、狂犬病疫苗等。

2. 减毒活疫苗　是用减毒或无毒的活病原微生物制成的生物制品。传统的制备方法是将病原体在培养基或动物细胞中反复传代,使其失去或明显降低毒力,但仍保留免疫原性。例如卡介苗是选用毒力较强的牛型结核分枝杆菌在人工培养基上多次传代制成的减毒活疫苗。活疫苗进入机体内有一定的生长繁殖能力,类似隐性感染,一般只需接种一次,免疫效果良好、持久,除诱导机体产生体液免疫应答外,还可产生细胞免疫应答。但活疫苗稳定性差,不易保存,且在体内存在回复突变的危险。免疫缺陷病患者和孕妇一般不宜接种活疫苗。常用的活疫苗有卡介苗、麻疹、风疹、脊髓灰质炎灭活疫苗等。灭活疫苗与活疫苗的比较见表13-1。

3. 类毒素　是将细菌的外毒素经0.3%~0.4%的甲醛处理,使其失去毒性保留免疫原性而制成的生物制品。类毒素接种机体后可诱导机体产生抗毒素。常用的类毒素有白喉类毒素和破伤风类毒素,百日咳疫苗与这两种类毒素混合制成百白破混合疫苗。

表 13-1　灭活疫苗与活疫苗的比较

	灭活疫苗	活疫苗
制剂特点	死,强毒株	活,无毒或弱毒株
接种次数	2~3 次	1 次
疫苗保存	易保存,1 年左右	不易保存,4℃保存数周
免疫效果	较差,维持数月至数年	较好,维持 3~5 年或更长

4. 新型疫苗　近年来,随着免疫学、生物化学、分子生物学技术的发展,研制出了许多高效、安全的新型疫苗。

（1）亚单位疫苗:是去除病原体中与激发保护性免疫无关的成分,保留有效抗原成分所制成的疫苗。如提取乙肝病毒表面抗原制成乙肝亚单位疫苗,提取百日咳杆菌的丝状血凝素（FHA）等保护性抗原成分,可制成百日咳亚单位疫苗。

（2）结合疫苗:是用化学方法将细菌荚膜多糖的水解物连接于其他抗原或类毒素,为细菌荚膜多糖提供蛋白质载体,使其由 TI-Ag 变为 TD-Ag,能引起 T 细胞、B 细胞联合识别,明显提高免疫效果。目前已获准使用的结合疫苗有流感嗜血杆菌 b 多糖疫苗、脑膜炎球菌多糖疫苗、肺炎球菌多糖疫苗等。

（3）合成肽疫苗:是根据有效免疫原的氨基酸序列,用人工方法合成能诱导保护性免疫的特异性多肽抗原,链接适当载体,加佐剂制成的疫苗。目前研究较多的是抗病毒感染和抗肿瘤的合成肽疫苗。

（4）基因工程疫苗:包括重组抗原疫苗、DNA 疫苗、重组载体疫苗、转基因植物疫苗等。如 DNA 疫苗,是将编码病原体有效免疫原的基因与细菌质粒构建成重组体,直接免疫机体,传染宿主细胞,通过其在体内的表达诱导机体产生特异性免疫。

二、人工被动免疫

人工被动免疫是应用人工方法给机体注射含特异性抗体的免疫血清或细胞因子等制剂,使机体被动获得特异性免疫力的方法。其特点是免疫力出现快,抗体进入机体后立即产生免疫力,但维持时间短,一般为 2~3 周。人工被动免疫多用于疾病的治疗或紧急预防。

1. 抗毒素　是用类毒素免疫动物制备的免疫血清,具有中和相应外毒素毒性的作用,多用于治疗或紧急预防外毒素所致的疾病。抗毒素对于人体而言属于异种蛋白,可诱发超敏反应,故使用前应进行皮肤过敏试验。常用的抗毒素有破伤风抗毒素、白喉抗毒素。

2. 人免疫球蛋白制剂 是从正常人血浆或健康产妇胎盘血中提取制成,分别称为人血浆丙种球蛋白和胎盘丙种球蛋白。由于不同地区及人群的免疫状况不同,免疫球蛋白制剂所含抗体的种类和效价也有所差异。其主要用于麻疹、甲型肝炎、脊髓灰质炎等病毒性疾病的预防,也可用于原发性和继发性免疫缺陷病的治疗。

3. 人特异性免疫球蛋白 来源于恢复期患者和含有高效价特异性抗体供者血浆,或接受疫苗和类毒素免疫者的血浆。其具有高效价、维持时间长、不易发生超敏反应等优点,故常用于特定微生物感染、过敏体质及丙种球蛋白疗效不佳的疾病,如高效价的人乙型肝炎免疫球蛋白(HBIg)。

4. 细胞因子与单克隆抗体 是近几年来研制的新型免疫治疗剂,用于肿瘤、感染、自身免疫性疾病等的治疗。

人工主动免疫与人工被动免疫的比较见表 13-2。

表 13-2　人工主动免疫与人工被动免疫的比较

	人工主动免疫	人工被动免疫
免疫物质	抗原	抗体、细胞因子
生效时间	慢,约 1~4 周	快,立即发挥作用
维持时间	数月至数年	2~3 周
主要用途	预防	治疗或紧急预防

第二节　免疫学诊断

免疫学诊断是应用免疫学原理及检测技术,对抗原、抗体、免疫细胞及其功能等进行测定,协助诊断免疫相关疾病,研究其发病机制,进行病情监测和疗效评价。

一、检测抗原抗体

抗原抗体反应是指抗原与相应抗体在体内或体外发生特异性结合的反应。在体外一定条件下(适宜的温度、电解质、酸碱度等)可出现肉眼可见的凝集、沉淀、细胞溶解和补体结合等现象。因此,临床上可用已知的抗原(或抗体)检测未知的抗体(或抗原),协助诊断某些疾病。

(一)抗原抗体反应的特点

1. 特异性 抗原抗体反应具有高度特异性,即一种抗原只能与由它刺激机体所产生的抗体结合。特异性是抗原抗体反应最重要的特征,亦是进行免疫学诊断和防治的重要理论依据。

2. 可逆性 抗原与抗体结合主要是氢键、范德华力、静电引力和疏水键等分子表面的化学基团之间的非共价键结合。这种非共价键容易受温度、酸碱度和离子强度的影响而解离，解离后抗原或抗体分子仍具有原有的理化性质与活性。

3. 比例性及可见性 抗原抗体结合能否出现肉眼可见反应，取决于二者的比例是否适当。若比例合适则抗原抗体结合形成较大的复合物，出现肉眼可见反应；反之，则不能出现肉眼可见反应。故在具体实验过程中要适当稀释抗原或抗体，使二者比例合适，避免出现假阴性。

4. 阶段性 抗原抗体反应可分为两个阶段：第一阶段是抗原抗体特异性结合阶段，仅几秒至几分钟，无可见反应；第二阶段为可见反应阶段，所需时间从数分、数小时至数日不等，且易受电解质、温度、酸碱度等条件影响。

（二）抗原抗体反应的影响因素

1. 电解质 抗原和抗体在中性或弱碱性环境中带负电荷，适当浓度的电解质会使它们失去一部分的负电荷而相互结合，出现肉眼可见反应。免疫学试验中常用生理盐水作为电解质溶液稀释抗原或抗体。

2. 温度 提高温度可增加抗原与抗体分子相互的碰撞机会，加速二者结合。在一定范围内，温度越高，形成可见反应速度越快。但温度过高可使抗原或抗体变性失活，影响实验结果。通常抗原抗体反应的最适温度为37℃。

3. 酸碱度 抗原抗体反应的最适 pH 值为 6~8，pH 值过高或过低均可影响抗原抗体的理化性质。当抗原抗体反应液的 pH 值接近抗原或抗体的等电点时，抗原抗体所带正、负电荷相等，由于自身吸引而导致凝集，出现假阳性反应。

（三）检测抗原抗体常用的方法

1. 凝集反应 颗粒性抗原（如细菌、细胞或表面包被抗原的颗粒）与相应抗体结合，在一定条件下出现肉眼可见的凝集现象，称为凝集反应。凝集反应主要分为直接凝集反应和间接凝集反应。

（1）直接凝集反应：颗粒性抗原与相应抗体直接结合出现的凝集现象，包括玻片法和试管法。

1）玻片法：为定性试验，常用已知抗体检测未知抗原，多用于细菌的鉴定和 ABO 血型鉴定。

2）试管法：为半定量试验，是用已知的抗原检测待检血清中相应抗体及其含量，以协助疾病的诊断，如诊断伤寒、副伤寒的肥达反应。

（2）间接凝集反应：是将可溶性抗原或抗体吸附于一种与免疫无关的载体颗粒表面，再与相应抗体或抗原进行反应，在一定条件下出现的凝集现象。常用的载体颗粒有红细胞、聚苯乙烯胶乳颗粒、活性炭等。根据载体不同，分别称为间接血凝试验、间接胶乳凝集试验及间接炭粒凝集试验等。间接凝集试验反应临床上可用于抗原的检测，如甲胎蛋白、乙肝表面抗原；亦可用于抗体的检测，如类风湿因子、抗链球菌 "O" 抗体等检测。

2. 沉淀反应 可溶性抗原与相应抗体结合,在一定条件下出现肉眼可见的沉淀物,称为沉淀反应。沉淀反应可在液体中进行,如沉淀反应和絮状沉淀反应;也可在半固体琼脂凝胶中进行,抗原抗体在琼脂凝胶中扩散,在比例合适处可形成白色沉淀。沉淀反应包括单向琼脂扩散试验和双向琼脂扩散试验等。

(1)单向琼脂扩散试验:将一定量已知的抗体混合于琼脂凝胶中制成琼脂板,按一定要求打孔并在孔中加入待测抗原,使抗原向孔周围自由扩散,在一定位置与琼脂中的抗体相遇形成以抗原孔为中心的沉淀环,环的直径与抗原含量呈正相关。该法可用于测定血清中 IgG、IgA、IgM 或 C3 等的含量。

(2)双向琼脂扩散试验:将抗原和抗体分别加入琼脂凝胶的不同小孔中,使两者同时在琼脂中扩散,若二者对应则在比例合适处形成白色沉淀线。该法常用于抗原或抗体的定性检测、纯度鉴定和两种抗原相关性分析。

(3)免疫电泳技术:是将琼脂内电泳与免疫扩散相结合的一种方法。该技术具有抗原抗体反应的高特异性及电泳技术的高灵敏性等特点。免疫电泳技术有免疫电泳、火箭免疫电泳、对流免疫电泳等。

3. 免疫标记技术 是用酶、荧光素、放射性核素、胶体金等标记抗原或抗体,对抗原或抗体进行测定的一类方法;是目前应用最广泛的免疫学检测技术,具有灵敏度高、快速、可定性、定量、定位等优点。常用的方法有酶免疫技术、荧光免疫技术、放射免疫技术、金标免疫技术等。目前临床应用较为广泛的是酶免疫技术中的酶联免疫吸附试验(ELISA)和金标免疫技术中的胶体金免疫层析试验(DICA)。

(1)酶联免疫吸附试验:是将已知的抗原或抗体吸附于固相载体(聚苯乙烯微量反应板)表面,使抗原抗体反应在固相表面进行,通过洗涤将液相中的游离成分去除,最后加入酶的相应底物,使之发生酶促反应而显色。常用的方法有双抗体夹心法和间接法,前者用于检测特异性抗原,后者用于检测特异性抗体。

(2)胶体金免疫层析试验:是以硝酸纤维素膜作为载体,利用微孔滤膜的毛细管作用,使加入膜条一端的液体标本向另一端渗移,如层析一般。胶体金标记物与标本中的抗原(或抗体)及固相抗原(或抗体)结合形成红色线条。目前临床根据此原理检测尿中绒毛膜促性腺激素(HCG)用于妊娠早期的诊断。

二、检测细胞免疫

检测免疫细胞的数量与功能是判断机体免疫功能状态的重要指标,有助于某些疾病的诊断、疗效观察及判断预后。免疫细胞数量和功能测定包括 T 细胞、B 细胞、吞噬细胞等多种免疫细胞,其中以 T 细胞测定最为重要,可根据其特有的表面标志加以鉴定。

（一）T细胞数量检测

1. 免疫荧光法　常用间接免疫荧光法，于荧光显微镜下观察荧光阳性细胞，计数200个淋巴细胞，根据阳性细胞确定T细胞及其亚群的百分率。

2. 酶免疫组织化学法　使用酶标记抗体与细胞涂片反应，通过酶对相应底物的催化显色来检测细胞的特异性表面标志，从而鉴定T细胞及其亚群。

3. E花环试验　T细胞表面有绵羊红细胞受体（又称E受体），能与绵羊红细胞结合形成E花环，镜检计数形成E花环细胞可计算T细胞的百分率。正常人外周血淋巴细胞中T细胞约占60%~80%。该试验影响因素较多，现逐渐被其他方法取代。

（二）T细胞功能测定

T细胞功能测定常用T细胞增殖试验，又称淋巴细胞转化试验。基本原理是T细胞在体外受到特异性抗原或植物血凝素（PHA）、刀豆蛋白A（ConA）等丝裂原刺激，可发生增殖，转化为体积较大的淋巴母细胞，通过计算T细胞转化为淋巴母细胞的转化率，可间接反映T细胞的功能。正常人T细胞的转化率为60%~80%。

 导入案例分析

患者受伤后注射抗-HBs免疫球蛋白属于人工被动免疫方法。将抗体输入机体，使机体立即获得抗乙型肝炎病毒的特异性免疫力，可防止患者感染乙型肝炎。预防HBV感染最有效的方法是接种乙肝疫苗，属于人工主动免疫。将乙肝疫苗（抗原）输入机体，通过免疫系统应答后机体可产生抗乙型肝炎的特异性免疫力。

本章小结

　　本章学习重点是免疫学防治。免疫预防的重要手段是人工免疫，包括人工主动免疫和人工被动免疫。学习难点为人工主动免疫。人工主动免疫接种疫苗后免疫力出现较晚，维持时间较长，多用于疾病的特异性预防；人工被动免疫输入抗体后立即生效，维持时间短，一般为2~3周，多用于疾病的治疗或紧急预防。根据抗原抗体能特异性结合的特点，临床上可用已知的抗原（或抗体）检测未知的抗体（或抗原），协助诊断某些疾病。检测方法有凝集反应、沉淀反应和免疫标记技术，后者是目前应用最广泛的免疫学检测技术，具有灵敏度高、快速、可定性、定量、定位等优点。

（周　园）

思考与练习

一、名词解释

1. 人工主动免疫

2. 人工被动免疫

二、填空题

1. 检测抗原抗体常用的方法有_____、_____、_____。

2. 免疫标记技术的优点是_____、_____、_____、_____、_____。

第十四章 | 疾病概论

ER14 数字内容

学习目标

1. 树立学生敬畏生命、珍爱健康、奉献医学的理想信念。
2. 掌握健康、疾病的概念。
3. 熟悉疾病的原因、经过和转归。
4. 了解疾病发生发展的一般规律,脑死亡概念、判断标准。
5. 能运用所学知识说出常见疾病的病因、典型症状及体征。

 导入案例

患者,男,45岁。因工厂失火导致双上肢Ⅱ度烧伤而入院,经住院治疗后康复,即将出院,但患者突然出现呼吸加快加深、发绀、休克,立即给予气管切开等措施进行抢救,30min后患者血压50/25mmHg,呈深昏迷状态。最终,抢救无效死亡。死亡诊断:肺动脉血栓栓塞。

请思考:

1. 哪些因素可以引起疾病?
2. 疾病的结局有哪些?
3. 判定脑死亡的标准是什么?

一、疾病的概念

人体可以处于健康、亚健康和疾病三种状态。为了更好地理解疾病的概念,在此对健康、亚健康简单加以阐述。

（一）健康

世界卫生组织（WHO）对健康的定义："健康不仅是没有疾病或病痛,而且是保持躯体上、心理上及社会适应上的完好状态,包括生理健康和心理健康。"也就是说健康不只是躯体没病,而是要有健全的心理和适应社会的能力。

躯体上的完好状态是指躯体的结构、功能和代谢正常。精神上的完好状态是指人的情绪、心理、学习、记忆及思维等处于正常状态。社会上的完好状态是指人的行为与社会道德规范相吻合,能保持良好的人际关系,能在社会中承担合适的角色。

躯体上的健康与心理上的健康是相互影响的。长期的躯体疾病可导致心理上的障碍,而不健康的心理也可引起躯体疾病。另外,健康的标准不是固定的,在不同地区、不同时期、不同年龄,健康的标准是不同的。

（二）亚健康

亚健康是指介于健康与疾病之间的一种生理功能低下状态。主观上会有许多不适,临床检查却无阳性指标。世界卫生组织（WHO）的调查显示人群中亚健康者约占75%,高发人群是中年人。

亚健康的表现形式有躯体性亚健康状态（疲乏无力、精神不振、工作效率低等）、心理性亚健康状态（焦虑、烦躁、易怒、睡眠不佳等）、人际交往性亚健康状态（与社会成员的关系不稳定、心理距离变大、产生孤独感）。导致亚健康的原因主要有生活及工作方式不科学、工作或学习负荷过重、家庭及个人的重大变故、环境污染、某些遗传因素等。

亚健康处于动态变化之中,可向健康转化,亦可向疾病转化。医务工作者应促使亚健康向健康转化。

（三）疾病

疾病是指机体在病因和条件的共同作用下,自稳调节紊乱而发生的异常生命活动。疾病时机体出现功能、代谢和形态结构的变化,表现出一系列临床症状和体征。

症状是指疾病过程中患者主观感觉到的异常现象,如头晕、头痛、恶心、胸闷等。体征是指通过体格检查所客观发现的病理状况,如体温升高、血压下降、心脏杂音、肝脾大、X射线检查发现的占位性病变等。

病理过程是指存在于不同疾病中的共同的、成套的病理变化。可以表现为局部的,也可以是全身的。多个不同的病理过程组成了一个疾病,同一病理过程可出现在不同的疾病中。

二、疾病的原因

疾病的发生是需要原因和条件的。疾病的原因（简称病因）是指引起疾病必不可少的、并决定疾病特异性的因素。疾病的条件是指能促进或减缓疾病发生的某种机体状态或自然环境。条件可影响病因对机体的作用,其中能够加强病因的作用而促进疾病发生发展的又称为诱因。如吸烟、高脂血症、高血压、糖尿病被认为是动脉粥样硬化的诱因。原因和条件在不同疾病中可互相转化。疾病的原因很多,一般可分为以下几类:

(一)生物性因素

生物性因素是最常见的病因,包括病原微生物(细菌、病毒、真菌、立克次体、支原体、衣原体、螺旋体等)和寄生虫(原虫、蠕虫等)。生物性因素可引起各种感染性疾病。其致病性取决于病原体的数量、毒性、侵袭力及机体的抵抗力。

致病特点:①病原体有一定的入侵门户和寄生部位;②机体只有感染了病原体才能引起疾病;③病原体常引起机体的免疫反应,其自身也可发生变异(如产生抗药性)。

(二)物理性因素

物理性因素包括机械力、温度、电流、电离辐射、噪声、气压等。

致病特点:①致病性取决于作用部位、强度及持续时间;②大多只发疾病但不影响疾病的发展;③一般潜伏期较短或无潜伏期;④对组织损伤无明显选择性。

(三)化学性因素

化学性因素包括化学物质(强酸、强碱等)、化学毒物(汞、氰化物、农药等)、生物毒物(蛇毒、蜂毒等)、药物等。

致病特点:①致病性与其性质、剂量、作用部位及机体的功能状态有关;②在疾病发生发展中都起作用,并可被机体稀释、中和或解毒;③潜伏期一般较短;④多数对组织、器官的损伤有一定选择性;⑤有蓄积作用,可致慢性中毒。

(四)营养性因素

营养性因素包括营养素(糖、脂肪、蛋白质、维生素、无机盐等)、微量元素(氟、碘、锌、硒等)等,其缺乏或过多均可引起疾病。例如,糖、脂肪、蛋白质等摄入过多可导致肥胖、高血脂等,摄入不足又可导致营养不良。维生素 A 缺乏引起夜盲症、维生素 D 缺乏引起佝偻病,维生素 A 或维生素 D 摄入过多又可导致中毒。缺碘可致甲状腺肿或克汀病。缺铁可导致缺铁性贫血。

(五)遗传性因素

遗传性因素包括染色体和基因等因素。遗传物质的改变(染色体畸变、基因突变)可导致疾病。有两种表现形式:

1. 直接致病 是指遗传物质的改变直接导致子代发病。如基因突变所致的血友病、白化病,染色体畸变所致的 21-三体综合征、两性畸形等。

2. 遗传易感性 是指由于遗传因素的影响或由于某种遗传缺陷使其后代的生理代

谢具有容易发生某些疾病的特性。遗传易感性受环境因素影响（在一定条件下发病），如高血压病、消化性溃疡、糖尿病、精神分裂症等。

（六）先天性因素

先天性因素是指能够损害胎儿发育的因素（化学物质、药物、病毒、放射线等）。由先天性因素引起的疾病称为先天性疾病。如孕妇妊娠早期感染风疹病毒，可使胎儿心脏发育畸形，导致先天性心脏病。先天性疾病一般不会遗传。

（七）免疫性因素

机体的免疫功能异常可导致疾病。有以下三种表现形式：

1. 超敏反应性疾病　机体的免疫系统对抗原发生异常强烈的反应，导致组织、细胞的损伤和生理功能障碍。例如：青霉素、破伤风抗毒素引起的过敏性休克；花粉引起的支气管哮喘；食物（虾、蛋、奶等）引起的荨麻疹。

2. 自身免疫性疾病　机体的免疫系统对自身抗原发生免疫反应，导致自身组织的损伤，如系统性红斑狼疮、类风湿关节炎等。

3. 免疫缺陷病　机体的免疫功能低下或缺陷（遗传性、先天性、后天性）。如先天性胸腺发育不全症及获得性免疫缺陷综合征（艾滋病）等。

（八）精神、心理和社会因素

随着医学模式的转变，精神、心理和社会因素越来越受到人们的重视。心理因素包括不良情绪（忧虑、紧张、悲伤、恐惧、沮丧、愤怒等）、精神创伤、变态心理等，可导致抑郁症、精神分裂症、溃疡病、高血压病等。社会因素包括社会环境（政治、经济、文化）、社交活动、家庭生活、自然灾害等，对疾病的发生发展有着重要的影响。心理因素和社会因素密切相关。

三、疾病发生发展的一般规律

疾病发生发展的一般规律是指各种疾病过程中一些普遍存在的共同的基本规律。主要有：

（一）因果交替

在疾病的发生发展过程中，原始病因（因）作用于机体引起某种变化（果），这种变化（果）又作为新的原因引起新的变化（果），而新的变化（果）会作为新的病因接着引起另一些变化（果）。依此类推，原因和结果交替出现，互相转化，形成一个链式的发展过程，因果交替规律推动着疾病的发展。某些疾病（机械性损伤、烫伤等）即使原始病因已去除，通过因果交替规律疾病仍继续向前发展。

在因果交替的链式发展过程中，某几种变化可互为因果形成环式运动，每一次循环都会使病情进一步加重，这种循环称为恶性循环。恶性循环会使疾病不断恶化，甚至死亡。

因此,医务工作者应掌握因果交替规律,抓住主导环节,及时阻断因果交替及恶性循环,建立良性循环,使疾病向康复的方向发展。以大出血导致组织血液灌流进行性下降的过程为例(图14-1),说明因果交替及恶性循环。

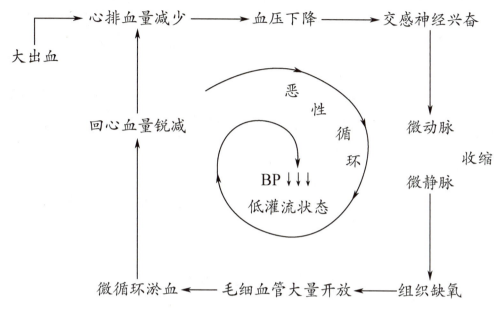

图 14-1　大出血时的恶性循环

(二)损伤与抗损伤

在疾病发生发展过程中出现的所有变化可分为两类:一类是对机体造成损害的称为损伤,另一类是对抗这些损害的称为抗损伤(防御、适应、代偿等)。以切割伤为例,皮肤及皮下组织的破坏、血管破裂、出血、血压下降等属于损伤,而用力按压伤口止血、血管收缩、血液凝固、心率加快、心肌收缩力增强等属于抗损伤。

损伤与抗损伤同时存在且不断变化,并贯穿于疾病全过程,是推动疾病发展的基本动力。损伤与抗损伤的强弱对比决定着疾病的发展方向和转归。当损伤占优势时,疾病就会恶化,甚至死亡;当抗损伤占优势时,疾病就会好转,直至康复。上述的切割伤例子,如果伤口小、出血少(损伤轻),通过机体的抗损伤反应和恰当的治疗,伤口停止出血、逐渐愈合,机体恢复健康;若伤口大、出血多(损伤重),又未得到及时、合理的治疗,患者会出现失血性休克,甚至死亡。在防治疾病时,应支持和加强抗损伤反应,减轻和消除损伤反应。

需要注意的是,损伤与抗损伤之间没有严格的界限,而且,在一定条件下抗损伤可以转化为损伤。例如,止血带在短时间内起到止血的作用,是抗损伤;超过一定时间会导致局部缺血、坏死,转化为损伤。又如,大出血时,动脉收缩有助于维持血压,但收缩时间过久,会导致组织缺血、缺氧,造成损伤。医护人员应正确识别损伤与抗损伤,并避免抗损伤转化为损伤。

（三）局部与整体

人体是由各个局部构成的一个统一的整体,在疾病过程中局部与整体是相互影响、相互转化的。也就是说,局部病变可影响整体,而整体的功能状态也影响局部病变的发展。另外,局部病变可引起全身性疾病,而全身性疾病也会表现为某些局部病变。正确认识疾病过程中局部和整体的关系,对于采取正确的治疗措施具有重要的意义。

咽喉炎是局部病变,咽喉局部有红、肿、痛等局部表现,但局部病变严重时也会影响全身,引起发热、血中白细胞总数增高、周身不适等全身反应。而反过来,整个机体通过调动免疫功能可以帮助消灭咽喉局部的病变。此例说明在疾病过程中局部与整体可相互影响;毛囊炎(疖)是局部病变,但如果局部病灶内的细菌侵入血液则可引起脓毒败血症(全身病变)。糖尿病是全身性疾病,患者可出现局部皮肤的感染——疖肿,此时,单纯的局部治疗而不控制糖尿病是不会得到预期效果的。由此说明在疾病过程中局部影响整体,整体决定局部。

四、疾病的经过与转归

（一）疾病的经过

典型疾病的发生、发展要经历一个复杂的过程,一般将此过程分为以下四期:

1. 潜伏期　是指病因作用于机体到机体出现最初症状前的时期。此期患者没有症状,有些疾病无潜伏期,如创伤、烧伤等。有潜伏期的疾病,潜伏期长短不一(数小时至数年),传染病及放射病的潜伏期较明显。在此期,机体调动各种防御功能(抗损伤)与病因(损伤)做斗争,若抗损伤战胜损伤,则疾病终止;否则将进入下一期。正确认识疾病的潜伏期,有利于疾病的诊断、治疗和传染病的隔离。

2. 前驱期　是指出现最初症状后到出现该疾病的典型症状前的一段时期。此期患者有症状,称为非特异性症状,如全身不适、食欲缺乏、头痛、乏力、发热等。前驱期及时就诊,有利于疾病的早期诊断和早期治疗。

3. 症状明显期　此期出现该疾病所特有的(典型的)症状和体征,是诊断疾病的重要依据。如急性阑尾炎的右下腹疼痛、压痛、反跳痛等。此期的长短取决于疾病的特异性及机体的反应性。

4. 转归期　是疾病的最后阶段,即疾病的结局。其主要取决于机体损伤与抗损伤强弱的对比,以及能否得到及时有效的治疗。

（二）疾病的转归

疾病的转归有康复和死亡两种形式。

1. 康复　分为完全康复和不完全康复两种。

(1)完全康复:是指疾病所致的损伤完全消失,机体的结构、功能及代谢完全恢复正常,所有的症状和体征完全消失。有些感染性疾病,康复后可使机体获得特异性免疫力。

（2）不完全康复:是指疾病所致的损伤得到控制,主要症状和体征消失,但基本病理变化尚未完全消失,机体的结构、功能及代谢未完全恢复正常,有时会留有后遗症,机体通过代偿来维持相对正常的生命活动。截肢、器官切除、烧伤等的康复均属于不完全康复。

2. 死亡　是生命活动的终结,也是生命最终的必然结果。死亡分为生理性死亡和病理性死亡两种。生理性死亡又称为自然死亡或老死,是机体自然衰老所致,极为少见。而绝大多数死亡是由疾病或意外事故所造成的,称为病理性死亡。

（1）传统的死亡观念:人们一直沿用心跳、呼吸的永久停止作为判断死亡的标志(即心肺死亡模式)。传统的死亡认为死亡是一个过程,包括三个阶段:

1）濒死期:又称临终状态。此时脑干以上的神经中枢处于深度抑制状态,表现为意识模糊、反应迟钝、呼吸与心跳微弱、血压下降等。慢性疾病导致的死亡此期较明显,猝死的患者此期不明显或无此期。

2）临床死亡期:此期脑干也处于深度抑制状态,主要标志是心跳、呼吸停止,反射消失。此期是可逆的,通过抢救有可能起死回生。但此期持续时间较短,一般为 5~6min,应争分夺秒地进行抢救(尤其是猝死的患者)。

3）生物学死亡期:此期不可逆。此时大脑及各器官的代谢活动相继停止,有机体变为尸体,逐渐出现尸冷、尸僵、尸斑等变化。

（2）新的认识:1968 年,美国正式提出用脑死亡作为人类个体死亡的判断标准。脑死亡是指全脑功能不可逆的永久性丧失,机体作为一个整体功能的永久性停止。

 知识拓展

脑死亡判定标准与技术规范(成人质控版)
国家卫生和计划生育委员会脑损伤质控评价中心
脑死亡判定标准

一、判定的先决条件

1. 昏迷原因明确。

2. 排除了各种原因的可逆性昏迷。

二、临床判定

1. 深昏迷。

2. 脑干反射消失。

3. 无自主呼吸　靠呼吸机维持通气，自主呼吸激发试验证实无自主呼吸。以上3项临床判定必须全部具备。

三、确认试验

1. 短潜伏期躯体感诱发电位（short-latency somatosensory evoked potential, SLSEP）正中神经 SLSEP 显示双侧 N9 和／或 N13 存在 P14N18 和 N2 消失。

2. 脑电图　脑电图显示电静息。

3. 经颅多普勒超声（transcranial Doppler, TCD）　TCD 显示颅内前循环和后循环血流呈振荡波、尖小收缩波或血流信号消失。

以上3项确认试验至少具备2项。

四、判定时间

临床判定和确认试验结果均符合脑死亡判定标准者可首次判定为脑死亡。首次判定12小时后再次复查，结果仍符合脑死亡判定标准者，方可最终确认为脑死亡。

 导入案例分析

引起疾病的因素有生物性、物理性、化学性、营养性、遗传性、先天性、免疫性及心理和社会因素，本案例的原因为物理性因素——烧伤。疾病的结局有康复（完全康复、不完全康复）和死亡（濒死期、临床死亡期、生物学死亡期），该患者结局是死亡。传统的观念用心跳、呼吸、反射的永久停止作为判断死亡的标志。新的认识用脑死亡作为死亡的判断标准。

本章小结

人体可处于健康、亚健康、疾病三种状态。健康是躯体、精神、社会上的完好状态，疾病是异常的生命活动过程，亚健康可转化为健康或疾病。健康和疾病的概念是本章的重点。疾病的原因有生物性、物理性、化学性、营养性、遗传性、先天性、免疫性、心理和社会因素，最常见的是生物性因素。疾病的共同规律有因果交替、损伤与抗损伤、局部和整体。疾病的经过包括潜伏期、前驱期、症状明显期和转归期，疾病的转归有康复和死亡两种。疾病的共同规律、疾病的经过及转归是本章的难点。传统的观念用心跳、呼吸的永久停止作为判断死亡的标志。死亡过程包括濒死期、临床死亡期、生物学死亡期。新的认识用脑死亡作为死亡的判断标准，脑死亡是全脑功能不可逆的永久性丧失。

（程贵芹）

思考与练习

一、名词解释

1. 健康

2. 疾病

二、简答题

1. 疾病发生的原因有哪些?

2. 疾病发生发展的一般规律有哪些?

3. 简述疾病的经过及转归

4. 简述脑死亡的判断标准。

第十五章 | 细胞和组织的适应、损伤与修复

ER15 数字内容

学习目标

1. 培养学生敬畏生命、珍爱健康的意识，树立救死扶伤、甘于奉献的理想信念。

2. 掌握萎缩的原因及分类；坏死的病理变化及类型；肉芽组织的形态特点及功能；影响再生修复的因素。

3. 熟悉萎缩、肥大、增生、化生、变性、坏死、肉芽组织的概念；变性的常见类型及病变特点；坏死的结局；各种组织的再生能力及再生过程。

4. 了解肥大、增生、化生的类型、对机体的影响和结局；变性对机体的影响与结局；坏死的原因；修复、再生的概念；创伤愈合的过程；骨折愈合的过程。

5. 能运用所学知识对患者进行正确的饮食和健康指导。

细胞是人体的基本结构单位，细胞的生命活动是在机体内环境、外环境的动态平衡过程中进行的。机体器官、组织和细胞不断地接受环境变化的刺激，并通过自身调整以适应环境条件的改变，抵御刺激因素的损害。若这种刺激超过组织、细胞的适应能力时，则引起损伤。机体对损伤造成的组织缺损具有修复能力，修复后完全或部分恢复其结构和功能。

第一节　细胞和组织的适应

 导入案例

患者,男性,56岁。1h前因车祸伤及左下肢急诊入院。外科查体:T 36.9℃,P 80次/min,R 20次/min,BP 120/80mmHg。神志清,痛苦貌,被动体位,双瞳孔等大等圆,对光反射存在。左小腿中段肿胀、畸形,压痛,约2cm创口出血,可及骨擦感及反常活动。X射线检查示:左胫腓骨中下段粉碎性骨折,对位对线差。入院诊断:胫腓骨粉碎性骨折(左、开放性)。入院完善检查后,行左胫腓骨清创、切开复位内固定术。术后给予石膏外固定2个月复查。拆除石膏见左下肢肌肉萎缩,左膝关节、踝关节粘连固定。X射线检查示:骨折线清晰,对位对线好,未见骨痂形成。左下肢血管B超示:左下肢深静脉血栓形成。

请思考:

1. 患肢发生了什么适应性变化?

2. 分析可能的原因?

细胞和由其构成的组织、器官对于内环境、外环境中的持续性刺激和各种有害因子而产生的非损伤性应答反应,称为适应。适应在形态学上一般表现为萎缩、肥大、增生和化生。

一、萎　　缩

萎缩是指已发育正常的细胞、组织或器官的体积缩小。组织或器官发生萎缩时,除了其自身实质细胞体积缩小外,还可以伴有数量的减少。组织、器官没有发育或发育不良则不属于萎缩范畴。

(一)萎缩的原因和分类

萎缩可分为生理性萎缩和病理性萎缩两类。

1. 生理性萎缩　见于青春期后胸腺萎缩、更年期后女性卵巢和子宫的萎缩等。

2. 病理性萎缩　按其发生原因分为:

(1)营养不良性萎缩:可由全身性或局部因素引起。全身营养不良性萎缩见于长期饥饿、消化系统疾病、慢性消耗性疾病等。局部营养不良性萎缩常因局部血液供应不足引起,如脑动脉粥样硬化后,血管腔变窄,脑组织供血减少,引起脑萎缩(图15-1)。

（2）压迫性萎缩：组织与器官长期受压可导致萎缩。如尿路梗阻引起肾盂积水，肾实质长期受压而萎缩（图15-2）。

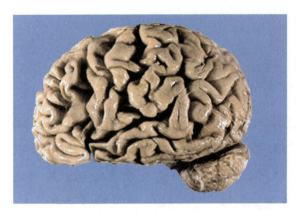

图 15-1　脑萎缩
脑回变窄，脑沟变宽。

图 15-2　肾压迫性萎缩
肾盂积水、扩张，肾实质萎缩。

（3）失用性萎缩：是由于器官组织长期工作负荷减少和功能代谢减弱而引起的萎缩。如四肢骨折后久卧不动，可引起患肢肌肉萎缩。

（4）去神经性萎缩：是由于运动神经元或轴突损伤引起的效应器萎缩。如脊髓灰质炎患者，因脊髓前角运动神经元损害，导致其所支配的下肢肌肉萎缩。

 知识拓展

中国脊髓灰质炎疫苗之父——顾方舟

顾方舟是我国脊髓灰质炎疫苗研发生产的拓荒者。1957年，他临危受命研制脊髓灰质炎疫苗。疫苗问世后，顾方舟和同事们首先把自己当作试验对象，以身试药，冒着麻痹、死亡的危险，没有犹豫。1960年底，正式投产的首批500万人份疫苗推广向全国11座城市，脊髓灰质炎疫情迅速得到控制。顾方舟借鉴中医制作丸剂的方法，创造性地改良配方，把液体疫苗融入糖丸。糖丸疫苗的诞生，是人类脊髓灰质炎疫苗史上的点睛之笔，其使发病人数逐年递减，上百万的孩子免于残疾。2000年，经世界卫生组织证实，中国成为无脊髓灰质炎国家。从1957年到2000年，消灭脊髓灰质炎这条不平之路，顾方舟艰辛跋涉了44年。2019年1月，顾方舟在生命最后留下两句话："我一生做了一件事，值得，值得。孩子们快快长大，报效祖国。"

（5）内分泌性萎缩：由于内分泌腺功能低下引起相应靶器官的萎缩。如垂体功能严重受损时，甲状腺、肾上腺、性腺等器官因缺乏激素刺激而发生萎缩。

（二）萎缩的病理变化

肉眼观察：萎缩的器官体积减小，重量减轻，质地变硬，色泽加深。当心脏萎缩时，心脏体积减小，重量减轻，呈深褐色，冠状动脉弯曲如蛇状。当脑萎缩时，除体积减小，重量减轻外，可有脑回变窄，脑沟变宽，切面皮质变薄。镜下观察：萎缩器官的实质细胞体积变小，可伴有数量减少，胞质内可见脂褐素颗粒，间质内纤维组织和脂肪组织有不同程度的增生。

（三）萎缩对机体的影响和结局

萎缩是一种可复性变化，轻度萎缩，在病因去除后，萎缩的器官、组织和细胞可逐渐恢复正常；如果病变持续进展，萎缩的细胞最终可死亡。萎缩的器官或组织代谢减慢、功能下降。例如：肌肉萎缩时，肌肉收缩力降低；脑萎缩时，记忆力减退。

二、肥 大

由于功能增加，合成代谢旺盛，使细胞、组织或器官体积增大，称为肥大。通常是由实质细胞体积增大引起，可伴有实质细胞数量的增多。

（一）肥大的类型

肥大可以是生理性的，也可以是病理性的。按发生机制，生理性肥大和病理性肥大都可分为代偿性肥大和内分泌性肥大两类。因器官和组织功能负荷过重所致，称为代偿性肥大；因内分泌激素过多作用于效应器所致，称为内分泌性肥大。

1. 生理性肥大

（1）代偿性肥大：生理状态下，运动员骨骼肌的肥大。

（2）内分泌性肥大：妊娠期雌激素、孕激素及其受体的作用促使子宫平滑肌的肥大。

2. 病理性肥大

（1）代偿性肥大：原发性高血压时左心后负荷增加引起的左心室肥大（图 15-3），以及一侧肾脏手术摘除后对侧肾脏的肥大。

（2）内分泌性肥大：甲状腺功能亢进时，甲状腺激素分泌增多，引起甲状腺滤泡上皮细胞肥大。

（二）肥大的病理变化及结局

肥大的组织与器官体积增大，肥大的细胞不仅体积增大，而且细胞内 DNA 含量和细胞器数量增多，使细胞合成代谢增加，功能增强，具有代偿意义，但超过其代偿限度

图 15-3 左心室肥大

正常心脏相比，左心室及室间隔增厚，乳头肌显著增粗，左心室腔相对较小。

时,便会发生失代偿,导致器官衰竭。

三、增　生

细胞有丝分裂活跃而致组织或器官内实质细胞数目增多的现象,称为增生。常导致组织或器官的体积增大和功能活跃。

（一）增生的类型

在性质上,增生可分为生理性增生和病理性增生两类。在原因上,可分为代偿性增生和内分泌性增生两种。

1. 生理性增生

（1）代偿性增生：高海拔地区空气中氧含量低,机体骨髓红细胞前体和外周血中红细胞数量均代偿性增多。

（2）内分泌性增生：女性青春期和哺乳期乳腺的增生以及育龄妇女月经周期中子宫内膜腺体的增生。

2. 病理性增生

（1）代偿性增生：当组织发生损伤时,可通过周围健康细胞的增生而修复,使之在功能和结构上基本恢复正常。如皮肤手术创口处上皮和肉芽组织的增生。

（2）内分泌性增生：内分泌功能紊乱,过度的激素刺激可导致病理性内分泌性增生。如雌激素分泌过多时引起子宫内膜过度增生和乳腺导管的增生。

（二）增生的病理变化及结局

增生时实质细胞数量增多,细胞和细胞核形态正常或稍大。细胞增生通常导致相应组织、器官的体积均匀性或结节状增大。大部分病理性增生可随病因去除而停止,若细胞增生失去控制,增生过度,则可能演变为肿瘤性增生。

四、化　生

一种分化成熟的细胞类型被另一种分化成熟的细胞类型所取代的过程,称为化生。化生并非由原来的成熟细胞直接转变所致,而是该处具有分裂增殖和多向分化能力的幼稚未分化细胞、储备细胞或干细胞发生转分化的结果。化生主要发生在上皮组织,也可发生在结缔组织。

（一）化生的类型

化生有多种类型,但只发生在同源细胞之间,即上皮细胞之间或间叶细胞之间。如柱状上皮细胞能化生为鳞状上皮而不能化生为结缔组织。

1. 上皮组织的化生

（1）鳞状上皮化生：最为常见,多发生于气管与支气管黏膜。如慢性支气管炎时,气管和支气管黏膜因吸烟或慢性炎症的刺激,假复层纤毛柱状上皮化生为鳞状上皮(图15-4)。鳞状上皮化生还可见于慢性宫颈炎的宫颈黏膜等。

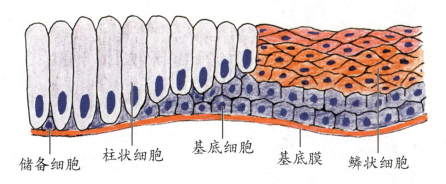

储备细胞　柱状细胞　基底细胞　基底膜　鳞状细胞

图15-4　柱状上皮的鳞状上皮化生
柱状上皮细胞中的储备细胞分裂增殖,分化形成复层鳞状上皮细胞。

（2）肠上皮化生:常见于慢性萎缩性胃炎时,胃黏膜上皮可化生为肠型黏膜上皮。

2. 间叶组织的化生　间叶组织中幼稚的成纤维细胞损伤后,可转变为成骨细胞或成软骨细胞,形成骨或软骨化生。

（二）化生对机体的影响和结局

化生对机体的影响利弊兼有。如慢性支气管炎时,呼吸道黏膜柱状上皮鳞状上皮化生后,虽然增强了局部黏膜抵抗外界刺激的能力,但因鳞状上皮表面不具有柱状上皮的纤毛结构,减弱了呼吸道的自净防御功能。此外,如果引起化生的原因持续存在,则有可能引起细胞癌变。如支气管黏膜鳞状上皮化生和胃黏膜肠上皮化生,分别与肺鳞状细胞癌和胃腺癌的发生关系密切。

第二节　细胞和组织的损伤

当机体内外环境改变超过组织和细胞的适应能力后,可引起受损细胞和细胞间质发生物质代谢、组织化学、超微结构乃至光镜和肉眼可见的异常变化,称为损伤。根据损伤程度的轻重,可分为可逆性损伤和不可逆性损伤两大类。轻度的细胞损伤在原因消除后可恢复正常,称为可逆性损伤;严重的损伤是不可逆的,直接或最终导致细胞死亡。

一、可逆性损伤

可逆性损伤导致的细胞形态学改变称为变性,是指细胞或细胞间质受损伤后,由于代谢障碍,使细胞内或细胞间质内出现异常物质或正常物质异常蓄积的现象,通常伴有细胞功能低下。常见有以下类型:

（一）细胞水肿

细胞水肿,又称水变性,是细胞损伤中最早出现、较轻的变性,好发于代谢旺盛、线粒体丰富的器官,如心、肝、肾等器官的实质细胞。

1. 细胞水肿的原因及发生机制　引起细胞水肿的主要原因是缺氧、感染、中毒。其发生机制是缺氧、感染、中毒等有害因素,引起细胞线粒体损伤,使腺苷三磷酸(ATP)生成减少,细胞膜钠泵功能障碍,或因细胞膜直接被损伤,使细胞膜通透性增强,导致细胞内钠离子和水的增多形成细胞水肿。

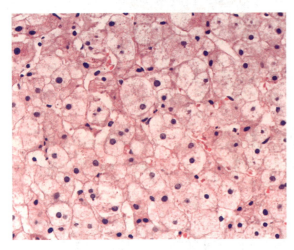

图 15-5　肝细胞水肿
肝细胞明显肿胀,胞质淡染,
部分肝细胞肿胀如气球。

2. 细胞水肿的病理变化　肉眼观察:病变器官体积增大,包膜紧张,颜色变淡。镜下观察:细胞体积增大,胞质内出现红染颗粒,电镜下此即肿胀的线粒体;细胞水肿进一步发展,细胞体积增大,胞质疏松淡染,称胞质疏松化;严重的细胞水肿,胞质透明,细胞膨大如气球状,称气球样变,常见于病毒性肝炎(图 15-5)。

3. 细胞水肿对机体的影响及结局　水肿的细胞代谢减慢、功能降低,病因消除后可恢复正常,若病因持续存在,病变可进一步发展,形成脂肪变性甚至坏死。

（二）脂肪变性

甘油三酯蓄积于非脂肪细胞的细胞质中,称为脂肪变性。其多发生于肝、肾、心等器官,其中以肝细胞脂肪变性最为常见。

1. 脂肪变性的原因及发生机制　严重感染、酗酒、慢性持续缺氧、营养不良、中毒等因素干扰或破坏细胞脂肪代谢,使过多的脂肪沉积在细胞内。

2. 脂肪变性的病理变化　肉眼观察:病变器官可无明显变化。随着病变加重,脂肪变性的器官体积增大,淡黄色,包膜紧张,切面触之有油腻感。显著弥漫性肝脂肪变性,称为脂肪肝(图 15-6);脂肪变性的心肌呈黄色,与正常心肌的暗红色相间排列,状似虎皮斑纹,称为虎斑心。镜下观察:脂肪变性的细胞体积增大,胞质中出现大小不等的脂滴,较大脂滴将核挤到细胞边缘,状似脂肪细胞(图 15-6)。在石蜡切片中脂肪被有机溶剂溶解,故脂滴呈空泡状。

3. 脂肪变性对机体的影响及结局　脂肪变性的细胞、组织、器官代谢减弱、功能降低。病因消除后可恢复正常,若病因持续存在,病变可进一步发展为坏死。如严重的肝脂肪变性,可导致肝细胞逐渐坏死,纤维组织增生,发展为肝硬化。

| 肉眼观 | 镜下观 |

图 15-6　肝脂肪变性
肝体积增大,颜色淡黄;肝细胞质内见大小不等的空泡。

知识拓展

饮食与脂肪肝

随着生活水平的提高,饮食过多、体重超重是近年来引起脂肪肝最常见的因素之一。由于食物中脂肪过量,进入肝的脂肪酸过多,合成甘油三酯增加并堆积于肝细胞内。针对这一病因,在预防与治疗脂肪肝时,重在树立自我保健的意识,调整饮食方案、纠正营养失衡,坚持必要的锻炼,维持理想的体重。

（三）玻璃样变性

玻璃样变性又称透明样变,是指细胞内或间质中出现半透明状蛋白质蓄积。HE染色呈均质、嗜伊红、半透明状。其多见于结缔组织、血管壁或细胞内,是一组形态学上物理性状相似,但其化学成分和发生机制各不相同的病变。

1. 纤维结缔组织玻璃样变性　常见于增生的纤维结缔组织,如瘢痕组织、动脉粥样硬化纤维斑块、萎缩的子宫和乳腺间质、纤维化的肾小球及各种坏死组织的机化等,是胶原纤维老化的表现。肉眼观察:呈灰白色,质韧半透明,缺乏弹性。镜下观察:病变区纤维细胞明显减少,胶原纤维增粗融合,形成带状或片状均质红染的毛玻璃样物质。

2. 细动脉壁玻璃样变性　又称细动脉硬化,常见于缓进型高血压和糖尿病的肾、脑、脾等脏器的细动脉壁（图15-7）。因血浆蛋白质渗入和基底膜代谢物质沉积,使细动脉管壁增厚,管腔狭窄,导致局部缺血。细动脉玻璃样变性后弹性减弱,脆性增加,易继发扩张、破裂和出血。

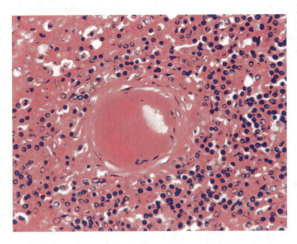

图15-7　脾中央动脉玻璃样变性
脾中央动脉管壁增厚,见红染、
均质的玻璃样变物质。

3. 细胞内玻璃样变性　细胞质内出现均质红染的圆形小体。如肾小球肾炎或其他疾病伴有明显蛋白尿时,肾近曲小管上皮细胞吞饮蛋白质,并在胞质中融合成玻璃样小滴。

（四）黏液样变性

黏液样变性是指细胞间质内黏多糖和蛋白质的蓄积。其常见于动脉粥样硬化斑块、风湿病灶、间叶组织肿瘤等。镜下观察:病变处的间质变疏松,有多突起的星芒状纤维细胞散在于淡蓝色黏液基质中。甲状腺功能减退时,透明质酸酶活性受抑,含有透明质酸的黏液样物质及水分在皮肤及皮下蓄积,形成黏液性水肿。

二、不可逆性损伤

当细胞发生致死性代谢、结构和功能障碍,便可引起细胞不可逆性损伤,即细胞死亡。细胞死亡包括坏死和凋亡两种类型。

（一）坏死

坏死是以酶溶性变化为特点的活体内局部组织中细胞的死亡。组织坏死后,不仅结构自溶、功能丧失,还在其周围引发急性炎症反应。

1. 坏死的原因　坏死大多由可逆性损伤发展而来,也可因致病因素较强直接导致,如局部受到强酸的突然作用,或动脉血流的突然中断等都可直接引起坏死。

2. 坏死的基本病理变化

（1）细胞核的变化:细胞核的改变是细胞坏死的主要形态学标志,表现为:

1）核固缩:由于细胞核脱水,使染色质浓缩,核的体积缩小,染色变深。

2）核碎裂:核膜破裂,核染色质崩解成小碎片分散于胞质中。

3）核溶解:由于非特异性DNA酶和蛋白酶的激活,使DNA和核蛋白溶解破坏,细胞核失去对碱性染料的亲和力,染色变淡,坏死初期还能看到核的轮廓,但在坏死后1~2d内,死亡的细胞核将会完全消失（图15-8）。

（2）细胞质的变化:由于细胞质中RNA丧失及蛋白质变性,使胞质与酸性染料伊红的亲和力增高,胞质红染。同时,由于细胞质细微结构被破坏崩解,使胞质呈颗粒状。最后细胞膜破裂,整个细胞迅速溶解、吸收而消失。

（3）间质的变化:间质对各种损伤的耐受性强于实质细胞,故实质细胞坏死后的一段时间内间质常无明显变化。以后在各种水解酶的作用下,间质基质与胶原纤维肿胀、崩解、液化。最后,坏死的细胞及崩解的间质融合成一片模糊、红染无结构的颗粒状物质。

组织坏死后颜色苍白、混浊,失去弹性,无血液供应,摸不到血管搏动,切割无新鲜血液流出,感觉和运动功能丧失,临床上称为失活组织,应予及时清除。

3. 坏死的类型　根据坏死的形态变化可分为以下类型:

（1）凝固性坏死:当蛋白质变性凝固且溶酶体酶水解作用较弱时,坏死区呈灰黄、干燥、质实状态,称为凝固性坏死。其多见于心、肝、肾、脾等实质器官。肉眼观察:坏死区干燥、质实呈灰黄色,与周围健康组织之间有暗红色出血带为分界,如肾凝固性坏死（图15-9）。镜下观察:坏死区域细胞细微结构消失,但组织结构的轮廓可保留一段时间。

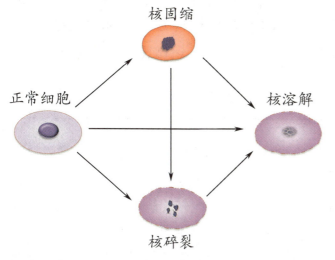

图 15-8　坏死时细胞核的变化

图 15-9　肾凝固性坏死
坏死灶呈楔形,灰黄色,边界清楚。

干酪样坏死是凝固性坏死的一种特殊类型,常见于结核病的坏死灶。因病灶中含脂质较多,坏死区呈黄色,质地松软,状似干酪,故名干酪样坏死。坏死组织分解彻底,镜下不见组织轮廓。

（2）液化性坏死:由于坏死组织中可凝固的蛋白质少,或坏死细胞自身及浸润的中性粒细胞等释放大量水解酶,或组织富含水分和磷脂,则细胞组织坏死后易发生溶解液化,称为液化性坏死。脑组织可凝固的蛋白质少,水分和磷脂含量较多,脑坏死过程中常形成筛状软化灶,故脑液化性坏死亦称脑软化。此外,化脓性感染形成的脓肿、创伤性脂肪坏死、急性胰腺炎的酶解性脂肪坏死等均为液化性坏死。镜下观察:死亡细胞完全被消化,局部组织快速被溶解。

（3）纤维素样坏死:是结缔组织及小血管壁常见的坏死形式。病变部位形成细丝状、颗粒状或小条块状无结构物质,由于其与纤维素染色性质相似,故名纤维素样坏死。其主要见于某些变态反应性疾病,如风湿病、系统性红斑狼疮、结节性多动脉炎及新月体性肾小球肾炎,也可见于急进型高血压和胃溃疡底部小血管等。

（4）坏疽:是指局部组织大块坏死并继发腐败菌感染。坏死组织经腐败菌分解产生

硫化氢,与血红蛋白降解产生的铁相结合,形成硫化亚铁,使坏死组织呈黑色,可有臭味。坏疽可分为三种类型(表15-1):

表15-1　三种坏疽的对比

	干性坏疽	湿性坏疽	气性坏疽
发生部位	四肢末端	与外界相通的内脏	深达肌肉的开放性创伤
发病条件	动脉阻塞而静脉回流通畅,腐败菌感染轻	动脉阻塞合并静脉回流受阻,腐败菌感染重	合并产气荚膜杆菌等厌氧菌的感染
病变特点	干、黑、硬、皱缩,与周围正常组织分界清楚	肿胀,污黑色,有恶臭,与周围正常组织分界不清	肿胀,呈蜂窝状,暗棕色,按之有捻发感
病变进展	慢	较快	迅速
全身中毒症状	轻	严重	严重

1)干性坏疽:多发生于动脉阻塞但静脉回流仍通畅的四肢末端,如血栓闭塞性脉管炎、四肢动脉粥样硬化和冻伤等。因水分散失较多,故坏死局部干燥皱缩,呈黑色,与周围正常组织之间有明显的分界线(图15-10)。由于坏死组织比较干燥,不利于腐败菌的生长繁殖,故病变发展速度缓慢,全身中毒症状较轻。

2)湿性坏疽:常见于与外界相通的内脏,如肺、肠、子宫、阑尾等,也见于动脉阻塞合并静脉回流受阻的四肢。坏死区水分较多,病变局部明显肿胀,呈深蓝、暗绿或污黑色,有恶臭,与周围正常组织界限不清。由于局部含水分较多,有利于腐败菌的生长繁殖,故腐败菌感染严重,病变发展速度较快,组织坏死腐败所产生的毒性产物和细菌毒素被吸收后,可引起严重的全身中毒症状。

3)气性坏疽:主要见于深达肌肉的开放性创伤,合并产气荚膜杆菌等厌氧菌的感染。除发生坏死外,腐败菌分解坏死组织还产生大量气体,使坏死区明显肿胀,呈蜂窝状,暗棕色,按之有捻发感。病变发展迅速,大量毒素被吸收,患者全身中毒症状极重,可因迅速中毒而死亡,需紧急处理。

4. 坏死的结局

(1)溶解吸收:组织坏死后,可被坏死组织本身及其周围浸润的中性粒细胞释放的水解酶溶解液化,然后由淋巴管和血管吸收;不

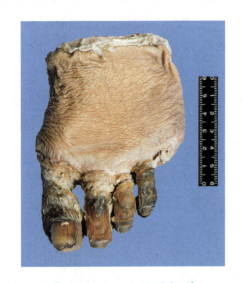

图15-10　足干性坏疽
干性坏疽累及脚趾,呈黑色、干枯,与周围组织边界清楚,为血栓闭塞性。脉管炎引起的缺血性坏死,小趾已脱落缺失。

能吸收的碎片,则被巨噬细胞吞噬清除。小范围的坏死组织可完全溶解吸收。坏死细胞溶解后,可引发周围组织急性炎症反应。

（2）分离排出：当较大坏死灶不易被完全溶解吸收时,其周边发生炎症反应,其中中性粒细胞释放蛋白水解酶,将坏死边缘组织溶解、吸收,使坏死组织与周围正常组织分离、排出,形成组织缺损。皮肤、黏膜的浅表性缺损称为糜烂。较深的组织缺损称为溃疡。组织坏死后形成的只开口于皮肤黏膜表面的深在性盲管,称为窦道。连接两个内脏器官或从内脏器官通向体表的通道样缺损,称为瘘管。肺、肾等内脏坏死物液化后,经支气管、输尿管等自然管道排出,所残留的空腔称为空洞。

（3）机化与包裹：新生肉芽组织长入并取代坏死组织、血栓、脓液、异物等的过程,称为机化。如坏死组织等太大,肉芽组织难以向中心部完全长入或吸收,则由周围增生的肉芽组织将其包围,称为包裹。机化与包裹的肉芽组织最后都可成为瘢痕组织。

（4）钙化：坏死细胞和细胞碎片若未被及时清除,则易发生钙盐和其他矿物质沉积,引起营养不良性钙化。

（二）凋亡

凋亡是活体内单个细胞或小团细胞的死亡,死亡细胞的质膜（细胞膜和细胞器膜）不破裂,不引发死亡细胞的自溶,也不引起急性炎症反应。凋亡的发生与基因调节有关,也有人称之为程序性细胞死亡。凋亡既可见于生理状态,为各种更替性组织中细胞衰亡更新的表现,也可见于病理状态,如某些病毒感染、自身免疫性疾病、抗癌药引起的肿瘤细胞死亡等。凋亡早期细胞皱缩,核染色质凝集于核膜内面,进而核裂解,细胞膜内陷或胞质生出芽突并脱落,形成含核碎片和/或细胞器成分的膜包被凋亡小体。

第三节　损伤的修复

修复是指损伤造成机体部分细胞和组织丧失后,机体对所形成缺损进行修补恢复的过程。修复过程可概括为两种不同的形式：再生和纤维性修复。由于局部损伤常累及多种组织,故两种修复过程常同时并存。修复后可完全或部分恢复原组织的结构和功能。

一、再　　生

由损伤周围的同种细胞来修复,称为再生。可分为生理性再生和病理性再生两种。生理性再生是指在生理过程中,有些细胞、组织不断老化、消耗,由新生的同种细胞不断补充,以保持原有的结构和功能的再生。例如,表皮的表层角化细胞经常脱落及子宫内膜周期性脱落,都会由基底部细胞增生、分化,予以补充和恢复；红细胞平均寿命为120d,白细胞寿命长短不一,因此需从淋巴造血器官不断地产生大量新生细胞进行补充。病理性再生是指病理状态下细胞、组织缺损后发生的再生。由于各种组织的再生能力和损伤程度的差异,有的病理性再生可以完全恢复其原组织的结构及功能,称为完全再生;如不能完全恢复其原组织结构及功能,则称为不完全再生。一般而言,生理性再生可实现完全再生。

(一)各种组织的再生能力

机体各种组织的再生能力是不完全相同的。按再生能力的强弱,可将人体细胞分为三类:

1. 不稳定细胞　这类细胞有很强的再生能力,不断地分裂增殖以取代衰老或破坏的细胞。如呼吸道、消化道和泌尿生殖道黏膜被覆细胞、表皮细胞、间皮细胞、淋巴及造血细胞等。

2. 稳定细胞　具有潜在较强再生能力的细胞,在生理状态下并不增殖,但受到组织损伤刺激时,则可表现出较强的再生能力。这类细胞包括肝、胰、甲状腺、汗腺、皮脂腺、唾液腺等腺体及腺样器官的实质细胞,以及原始间叶细胞、成纤维细胞、内皮细胞、骨细胞等。平滑肌细胞也属于稳定细胞,但其再生能力较弱。

3. 永久性细胞　再生能力非常弱或无再生能力的细胞。如神经细胞、骨骼肌细胞和心肌细胞。神经细胞缺乏再生能力,一旦被破坏则成为永久性缺失。心肌和骨骼肌细胞的再生能力极弱,损伤后常由纤维组织增生来修复,最后形成瘢痕。

(二)各种组织的再生过程

1. 上皮组织的再生

(1)被覆上皮的再生:鳞状上皮缺损后,由创伤边缘或底部的基底层细胞分裂增生,向缺损中心迁移,先形成单层上皮,以后增生分化为复层鳞状上皮。单层柱状上皮如胃肠黏膜的上皮缺损后,同样由邻近的基底部细胞分裂增生来修补,先形成立方上皮,再由立方上皮增高变为柱状上皮。

(2)腺上皮的再生:腺上皮虽有较强的再生能力,但其再生的情况还取决于腺体基底膜和间质的状况。如仅有腺上皮的缺损而腺体的基底膜完整,可由残留的细胞分裂修复,完全恢复原来腺体的结构和功能;如腺体结构(包括基底膜)完全被破坏,则难以再生。

2. 纤维组织的再生　在损伤的刺激下,受损处的成纤维细胞发生分裂增生。该细胞可由局部静止状态的纤维细胞转变而来,也可由未分化的间叶细胞分化而来。成纤维细胞体积大,两端常有突起,突起亦可呈星芒状,胞核体积大,染色淡,有1~2个核仁。当成纤维细胞停止分裂后,开始合成并分泌前胶原蛋白,在细胞周围的间质中形成胶原纤维,细胞逐渐分化成熟,变成长梭形,胞质越来越少,胞核纤细且染色越来越深的纤维细胞。

3. 血管的再生

(1)毛细血管的再生:毛细血管的再生是以生芽的方式来完成。首先在蛋白分解酶的作用下基底膜溶解,该处内皮细胞分裂增生形成向外突起的幼芽,随后内皮细胞向前移动及后续细胞的增生形成一条实心的细胞索,再在血流的冲击下,数小时后便可出现管腔，形成新生的毛细血管，相互吻合构成毛细血管网（图 15-11）。为适应功能需要，这些新生的毛细血管还会不断改建，有的闭锁消失，有的管壁增厚转变为小静脉或小动脉。

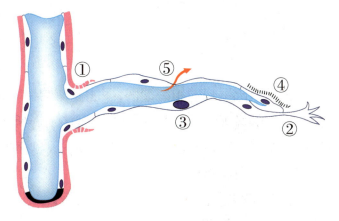

图 15-11　毛细血管再生模式图
①基底膜溶解；②细胞移动和趋化；③细胞增生；④细胞管腔形成、成熟及生长抑制；⑤细胞间通透性增加。

（2）大血管的修复：大血管断离后，不能自行再生修复，需要手术吻合，吻合处两侧内皮细胞分裂增生，互相连接，恢复原有内膜结构。但平滑肌细胞的再生能力较弱，离断的肌层不能完全再生，常由结缔组织增生连接，形成瘢痕修复。

4. 神经组织的再生　脑和脊髓内的神经细胞破坏后不能再生，只能由神经胶质细胞及其纤维修复，形成胶质瘢痕。外周神经损伤后，若与其相连的神经细胞仍存活，则可完全再生。首先，断离处远侧段和近侧段一部分神经纤维髓鞘及轴突崩解吸收，然后两端的神经鞘细胞增生，形成带状的合体细胞，将断端连接，近端轴突逐渐向远端生长，穿过神经鞘细胞带，最后达到末梢，鞘细胞产生髓磷脂将轴索包绕形成髓鞘（图 15-12）。这个过程常需数月以上才能完成。若断离的两端相距太远，或两断端之间有瘢痕或其他组织相隔，或因截肢失去远端，则再生的轴突不能到达远端，而与增生的结缔组织混杂卷曲成团，成为创伤性神经瘤，常引起顽固性疼痛。

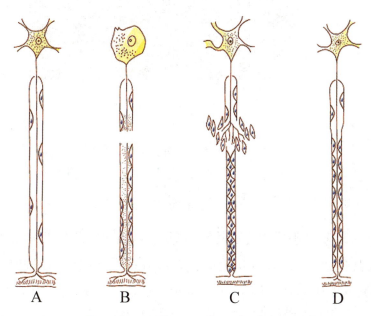

图 15-12　神经纤维再生模式图
A. 正常神经纤维；B. 神经纤维断离，远端及近端的一部分髓鞘及轴突崩解；
C. 神经膜细胞增生，轴突生长；D. 神经轴突达末端，多余部分消失。

二、纤维性修复

各种原因引起的组织损伤,不能完成同种细胞修复时,通过肉芽组织增生,溶解、吸收损伤局部的坏死组织及其他异物,并填补组织缺损,以后肉芽组织转化成以胶原纤维为主的瘢痕组织,这种修复过程称纤维性修复,也称瘢痕性修复。

(一)肉芽组织

肉芽组织是由新生薄壁的毛细血管以及增生的成纤维细胞构成的幼稚结缔组织,并伴有炎细胞的浸润。

1. 肉芽组织的形态结构　　肉眼观察:鲜红色,颗粒状,柔软湿润,形似鲜嫩的肉芽故而得名。镜下观察:大量的内皮细胞增生,形成实性细胞索及扩张的毛细血管,以小动脉为轴心,垂直于创面生长,并在接近伤口表面时互相吻合形成袢状弯曲的毛细血管网。新生的毛细血管周围有大量增生的成纤维细胞、渗出物及炎细胞(图15-13)。炎细胞以巨噬细胞为主,也有多少不等的中性粒细胞及淋巴细胞。

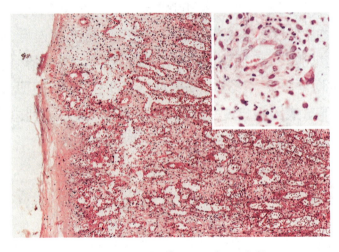

图 15-13　肉芽组织镜下结构

皮肤溃疡底部的肉芽组织,可见新生的毛细血管向创面垂直生长,右上角放大图示肉芽组织新生毛细血管内皮细胞较肥大,毛细血管之间有成纤维细胞及炎细胞浸润,成纤维细胞呈梭形,核椭圆,染色质浅,核仁清楚,胞质丰富。

2. 肉芽组织的功能　　肉芽组织在组织损伤修复过程中的主要功能:①抗感染保护创面;②填补创口及其他组织缺损;③机化或包裹坏死组织、血栓、炎性渗出物及其他异物。

肉芽组织在组织损伤后2~3d内出现,体表的创口自下向上生长,组织内的坏死则从周围向中心生长推进。1~2周的时间,肉芽组织按其生长的先后顺序逐渐成熟。表现为间质水分逐渐减少;炎细胞逐渐消失;毛细血管根据正常功能的需要,多数逐渐闭塞,少数改建为小动脉和小静脉;成纤维细胞产生大量的胶原纤维后,变为纤维细胞。至此,肉芽组织成熟为纤维结缔组织,并逐渐转化为老化阶段的瘢痕组织。

由于肉芽组织在损伤修复过程中具有重要的作用,所以必须确保肉芽组织健康生长。当创面伴有感染或局部血液循环障碍时,会导致肉芽组织生长不良,表现为苍白色、水肿、松弛无弹性、表面颗粒不明显,有脓性渗出物覆盖,触之不易出血等,这种肉芽组织影响修复,应及时清除。

(二)瘢痕组织

瘢痕组织是指肉芽组织经改建成熟形成的纤维结缔组织。

1. 瘢痕的形态　肉眼观察:局部呈收缩状态,颜色苍白或灰白色,半透明,质地坚韧,缺乏弹性。镜下观察:纤维细胞少,血管稀少,大量平行或交错分布的胶原纤维束,呈均质红染状,即玻璃样变性。

2. 瘢痕组织对机体的影响　有利方面:永久性填补缺损并连接组织,保持组织器官的完整性。不利方面:①瘢痕收缩,可引起器官变形及功能障碍,如胃溃疡瘢痕可引起幽门梗阻,关节附近的瘢痕可引起关节痉挛或活动受限;②瘢痕性粘连,可引起器官之间或器官与体腔壁之间纤维性粘连,影响其功能;③瘢痕组织增生过度,如果突出于皮肤表面并向周围不规则地延伸,称为瘢痕疙瘩。容易出现瘢痕疙瘩的人,称瘢痕体质。

三、创 伤 愈 合

创伤愈合是指机体遭受外力作用,皮肤等组织出现离断或缺损后的愈复过程,包括各种组织的再生、肉芽组织的增生及瘢痕形成等过程。

(一)皮肤创伤愈合

1. 创伤愈合的基本过程　最轻的创伤仅限于皮肤表皮层,可通过上皮的再生完全愈合;稍重的创伤有皮肤和皮下组织断裂,并出现伤口;严重者可有肌肉、肌腱、神经的断离及骨折。下面以皮肤手术切口为例,叙述创伤愈合的基本过程。

(1)伤口早期变化:创伤后的第 1d,伤口局部有不同程度的组织坏死和血管断裂出血,数小时内出现炎症反应,表现为充血、浆液渗出及白细胞游出,故出现局部红肿。血液和渗出液中的纤维蛋白原凝固形成凝块,有的凝块表面水分蒸发干燥形成痂皮,凝块和痂皮起临时填充和保护伤口的作用。

(2)伤口收缩:创伤后 2~3d,伤口边缘的整层皮肤和皮下组织向中心移动,使伤口迅速缩小,直到 14d 左右停止。同时上皮增生覆盖创面。伤口收缩的意义在于缩小创面以利愈合。伤口收缩是由伤口边缘新生的肌成纤维细胞牵拉作用引起的。

(3)肉芽组织增生和瘢痕形成:大约从第 3d 开始从伤口底部及边缘长出肉芽组织填充伤口,直至新覆盖的上皮下。第 5~6d 起成纤维细胞开始产生胶原纤维,大约在创伤后的 1 个月逐渐形成瘢痕。

2. 创伤愈合的类型　根据损伤程度及有无感染,皮肤创伤愈合可分为以下三种类型:

（1）一期愈合：见于组织缺损少、创缘整齐、对合严密、无感染和异物的伤口，如皮肤无菌手术切口。这种伤口仅有少量的血凝块，炎症反应轻，表皮再生在24~48h内便可覆盖伤口。肉芽组织在第3d从伤口边缘向中心长入并很快填满伤口，5~7d伤口两侧出现胶原纤维连接，达到临床愈合，可拆除手术缝线。切口数月后形成一条白色线状瘢痕。故一期愈合时间短，形成的瘢痕少（图15-14）。

（2）二期愈合：见于组织缺损较大、创缘不整齐、无法严密对合，或伴有感染、异物的伤口。这种伤口的愈合与一期愈合不同，局部炎症反应明显，只有待感染被控制，坏死组织和异物被清除后，再生才能开始。由于伤口缺损较大，需从伤口底部及边缘长出肉芽组织才能将伤口填平，然后上皮覆盖，故二期愈合时间较长，形成的瘢痕较大（图15-14）。

（3）痂下愈合：多见于浅表皮肤擦伤。伤口表面的血液、渗出液及坏死组织干燥后形成黑褐色硬痂，创伤愈合过程在痂下进行，待上皮再生完成后，痂皮即脱落。由于痂皮干燥不利于细菌生长，故对伤口有保护作用，不宜随便剥除。但如果痂下渗出物较多，尤其合并细菌感染时，痂皮会影响渗出物的排出，不利于伤口愈合，这时应将痂皮剥除。

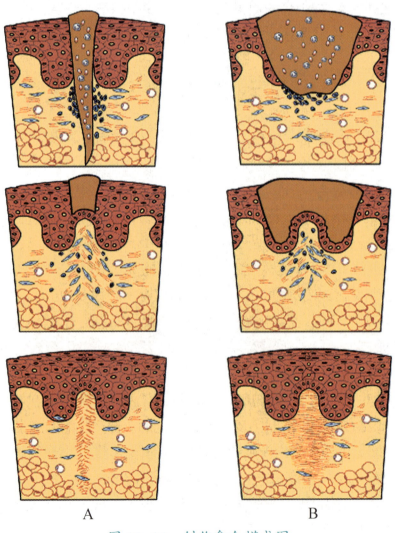

A   B

图15-14 创伤愈合模式图

A. 创伤一期愈合模式图；B. 创伤二期愈合模式图。

（二）骨折愈合

骨折是指骨的完整性或连续性受到破坏所引起的,以疼痛、肿胀、青紫、功能障碍、畸形及骨擦音等为主要表现的疾病。根据骨折前骨组织是否正常,可分为外伤性骨折和病理性骨折两类。骨的再生能力强,复位良好的单纯性外伤性骨折,几个月内便可完全愈合,并恢复正常结构和功能。骨折愈合过程大致可分为以下四个阶段:

1. 血肿形成　由于骨组织和骨髓都有丰富的血管,在骨折复位后第1d,在骨折的断端及其周围可有大量出血,形成血肿,数小时后血肿即发生凝固,暂时将两断端粘合起来。此时常出现轻度的炎症反应。

2. 纤维性骨痂形成　骨折后2~3d,骨折断端骨膜处的骨膜细胞增生,成纤维细胞和毛细血管构成的肉芽组织,逐渐向血肿内长入,并最终取代血肿而机化。约2~3周,肉芽组织逐渐纤维化形成纤维性骨痂,又称暂时性骨痂。纤维性骨痂将骨折两断端紧密连接起来,但无负重能力。

3. 骨性骨痂形成　骨折后2~3周,纤维性骨痂中的成纤维细胞逐渐分化为成骨细胞和成软骨细胞。成骨细胞分泌大量的骨基质,沉积于细胞间,逐渐成熟变为骨细胞,形成类骨组织,以后出现钙盐沉积,类骨组织转变为编织骨。成软骨细胞也经过软骨化骨过程而演变为骨组织,至此形成骨性骨痂。骨性骨痂将骨折断端牢固地结合在一起,具有负重的能力。此过程需要2~3个月。

4. 骨痂改建或再塑　骨性骨痂由于结构较疏松,骨小梁排列紊乱,达不到正常功能要求。为了适应外力的需要,在成骨细胞形成新骨质和破骨细胞吸收骨质的协调作用下,骨性骨痂逐渐改建为成熟的板层骨,骨小梁正常的排列结构以及皮质骨和髓腔的正常关系也重新恢复。此期所需时间较长,一般经历数月甚至1~2年才能完成。（图15-15）

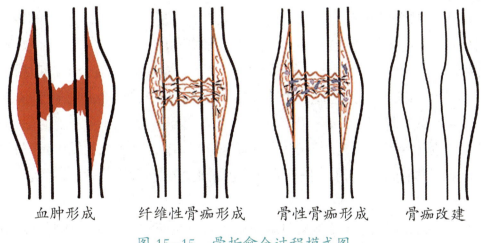

血肿形成　　纤维性骨痂形成　　骨性骨痂形成　　骨痂改建

图15-15　骨折愈合过程模式图

四、影响再生修复的因素

1. 全身因素

（1）年龄：儿童和青少年的组织再生能力强，愈合快；老年人组织再生能力弱，愈合慢，可能与老年人血管硬化、血液供应不足有关。

（2）营养：严重的蛋白质缺乏，尤其是含硫氨基酸缺乏时，肉芽组织和胶原纤维形成不良，使伤口愈合缓慢。当维生素C缺乏时，前胶原分子难以形成，从而影响胶原纤维的形成，使伤口愈合延缓。微量元素中锌对创伤愈合有重要作用，锌缺乏也会延缓愈合。

（3）药物：肾上腺皮质激素或促肾上腺皮质激素能抑制炎症反应、肉芽组织增生和胶原合成，且能加速胶原分解，使伤口愈合延缓。故在创伤愈合过程中要慎用此类激素。

 知识拓展

中医药治疗慢性创面

慢性创面，是指无法通过正常有序而及时的修复过程达到解剖和功能上完整状态的创面。中医外治法对慢性创面的治疗历史源远流长，形成了"化腐生肌、煨脓长肉"的独特理论，唐朝医学家孙思邈著作的《千金要方》、明朝著名医学家李时珍的名著《本草纲目》中都进行了全面的阐述，现代研究表明中药汤剂冲洗创面可清除细菌生物膜、抑制细菌生长。代表方剂有生肌散、九一丹等。

2. 局部因素

（1）感染与异物：感染对再生修复的妨碍很大。许多化脓性细菌产生的毒素和侵袭性酶，可引起组织坏死、基质或胶原纤维溶解，这不仅加重局部组织损伤，也妨碍创伤愈合；伤口感染时，若渗出物过多，会增加局部伤口的张力，使正在愈合的伤口或已缝合的伤口裂开，或导致感染扩散加重损伤；坏死组织和异物，也妨碍愈合并有利于感染。

（2）局部血液循环：局部血液循环一方面提供组织再生修复所需要的氧和营养，另一方面对坏死物质的吸收及控制局部感染也起重要作用。局部血液供应良好，再生修复好；相反，动脉粥样硬化和静脉曲张等病变，使局部血液循环发生障碍，延缓该处的伤口愈合。

（3）神经支配：正常的神经支配对组织再生有一定作用。如麻风病时神经受累引起局部神经性营养不良，使溃疡不易愈合。自主神经损伤，使血管舒缩功能障碍，导致局部血液供应下降，影响组织的再生修复。

（4）电离辐射：可破坏细胞、损伤小血管和抑制组织再生，从而影响创伤愈合。

3. 影响骨折愈合的因素　凡上述影响创伤愈合的全身和局部因素都对骨折愈合起作用。此外,还应注意:

（1）骨折断端及时、正确的复位:及时、正确的复位是骨折愈合的必要前提条件,如复位不良或骨折断端之间有其他组织、异物的嵌入,会使骨折愈合延迟或形成畸形。

（2）骨折断端及时、牢靠的固定:骨折断端即使已经复位,但仍可因固定不牢、肌肉活动导致错位。因而复位后要及时、牢靠地固定骨折断端,如打石膏或髓腔钢针固定等。骨折断端的固定,通常要固定到骨性骨痂形成后。

（3）功能恢复,保证局部良好的血液供应:由于骨折后常需固定和卧床休养,虽有利于局部愈合,但长期固定制动,血运不良,又会延迟骨折愈合,甚至可能造成肌肉的失用性萎缩和关节强直。因此,在不影响局部固定的情况下,应尽早离床进行功能锻炼。

 导入案例分析

案例中患肢发生了萎缩的适应性变化,患者左下肢骨折术后给予石膏固定2个月,由于患肢长期无法活动,肌肉使用的频率大大下降,继而出现肌肉体积缩小、功能代谢减弱。

本章小结

　　本章的学习重点是萎缩的原因及分类;坏死的病理变化及类型;肉芽组织的形态特点及功能;影响再生修复的因素;萎缩、肥大、增生、化生、变性、坏死、肉芽组织的概念;变性的常见类型及病变特点;坏死的结局;各种组织的再生能力及再生过程。学习难点是细胞组织的损伤的发生机制、各种组织的再生过程。在学习的过程中应注意比较肥大与增生的区别、三种类型坏疽的区别、一期愈合与二期愈合的区别,理解日常饮食习惯、生活习惯与组织细胞适应、损伤及疾病发生发展的关系,提高运用知识解决问题的能力。

（徐剑侠）

 思考与练习

一、名词解释

1. 萎缩

2. 肥大

3. 增生

4. 化生

5. 变性

6. 坏死

7. 机化

8. 修复

9. 再生

10. 肉芽组织

二、简答题

1. 细胞、组织的适应性反应有哪些类型？对机体有何意义？

2. 坏死的结局有哪些？

3. 肉芽组织的形态特点及功能。

4. 瘢痕组织对机体的影响。

5. 骨折愈合的过程。

6. 影响再生修复的因素有哪些？

第十六章 │ 局部血液循环障碍

ER16 数字内容

学习目标

1. 培养学生责任意识,运用专业知识,给予患者人文关怀。
2. 掌握淤血的概念、原因、病理变化及后果;血栓形成的概念和条件;栓塞的类型、栓子的运行途径;梗死的类型及病变。
3. 熟悉血栓的结局及对机体的影响;梗死的概念、原因及条件。
4. 了解重要器官淤血;动脉性充血、出血的原因、类型、病理变化及后果;血栓形成的过程和血栓的类型;栓塞对机体的影响;梗死对机体的影响及结局。
5. 学会应用局部血液循环障碍病理知识分析、解释相关的临床表现。

血液循环的主要功能是向器官、组织运送氧气和营养物质,同时运走二氧化碳和代谢产物,以维持内环境的稳定。一旦血液循环发生障碍,则可导致组织、器官的代谢、结构和功能的改变。血液循环障碍分为全身性和局部性两类。本章主要叙述局部血液循环障碍。

局部血液循环障碍表现:

(1)血管内血液含量异常:增多称充血,减少称缺血。

(2)血管内血液成分溢出:水分溢出称水肿,红细胞溢出称出血。

(3)血液的性状异常:由液体变成固体称血栓形成。

(4)血管的内容物异常:出现异常物质并阻塞血管称栓塞。

(5)局部血流中断或停止:导致的组织坏死称梗死。局部血液循环障碍及其所引起的病变常出现在许多疾病过程中,如心脑血管病(心肌梗死、脑梗死、脑出血等)。

第一节　充　血

局部组织或器官的血管内血液含量增多称为充血,分为动脉性充血和静脉性充血。

一、动脉性充血

局部组织或器官因动脉输入血量的增多而发生的充血,称为动脉性充血,简称充血。

(一)原因及类型

能引起细动脉扩张的因素均可导致充血。常见的充血可分为:

1. 生理性充血　是因生理需要(代谢增强)而发生的充血。如运动时骨骼肌的充血、进食后胃肠道黏膜的充血、妊娠子宫的充血等。

2. 病理性充血　是指各种病理状态下所发生的充血。

(1)炎症性充血:较为常见,特别是在炎症的早期。由于血管舒张神经兴奋及血管活性胺类介质的释放,使细动脉扩张而发生充血。

(2)减压后充血:局部组织或器官长期受压,使局部血管的张力降低,当压力突然解除时,细动脉发生反射性扩张而引起充血。如绷带包扎过紧或大量腹水压迫腹腔内器官,当突然解开绷带或一次性快速大量抽取腹水时,均可导致局部充血。

(二)病理变化

肉眼观察:由于局部的血液量增多,充血的组织或器官体积轻度增大。因增多的动脉血内含大量氧合血红蛋白,使充血的部位呈鲜红色。因局部代谢增强而使充血部位的温度升高。镜下观察:局部的细动脉及毛细血管扩张,含血量增多。

(三)后果

动脉性充血持续的时间较短,且原因消除后可恢复正常,通常对机体无不良影响。另外,充血时局部的氧气、营养物质增多,所以在多数情况下充血对机体有利。但在高血压、动脉粥样硬化、脑血管畸形等疾病的基础上,发生充血可造成脑血管破裂,后果严重。

二、静脉性充血

局部组织或器官静脉血液回流受阻,血液淤积于小静脉和毛细血管内,导致血量增加,称为静脉性充血,简称淤血。

(一)原因

1. 静脉受压　静脉受到压迫使其管腔狭窄甚至闭塞,血液回流受阻,导致相应部位淤血。例如,肿瘤压迫局部静脉引起相应部位淤血,妊娠时增大的子宫压迫髂静脉引起下肢淤血,肠套叠、肠扭转、肠疝嵌顿时肠系膜静脉受压导致局部肠管淤血,肝硬化时肝窦和小叶下静脉受压导致胃肠道和脾淤血。

2. 静脉腔阻塞   静脉内血栓形成或栓塞,在侧支循环不能有效建立的情况下,可阻塞静脉管腔,使血液回流受阻引起淤血。

3. 心力衰竭   当心力衰竭时,心腔内的血液排出量减少,血液滞留在心腔内,使心腔内压力增高,阻碍了静脉血液的回流,引起淤血。当左心衰竭时,肺静脉回流受阻导致肺淤血。当右心衰竭时,上、下腔静脉回流受阻导致体循环淤血,多发生于肝、脾、肾、胃肠道、下肢等部位。

(二)病理变化

肉眼观察:由于淤积了大量的血液及继发的淤血性水肿,使淤血的组织或器官体积明显增大。淤积的血液内含大量的脱氧血红蛋白,使淤血部位呈暗红色。发生于体表的淤血可使皮肤、黏膜呈紫蓝色,称发绀。由于局部血管扩张,散热增加,使体表部位的淤血局部温度下降。镜下观察:局部的小静脉及毛细血管扩张、含血量增多。

(三)后果

淤血的后果取决于淤血的部位、程度和时间长短等因素。短时间的淤血,在原因消除后,可恢复正常。长时间淤血可引起以下后果:

(1)淤血性水肿:淤血导致毛细血管内流体静压升高及毛细血管壁通透性增加,使血管内液体漏出引起水肿。

(2)淤血性出血:当淤血严重时,毛细血管壁通透性进一步增加,使红细胞漏出导致出血。

(3)实质细胞损伤:长期淤血时局部缺乏氧气、营养物质,同时伴有代谢产物的堆积,使实质细胞发生萎缩、变性甚至坏死。

(4)淤血性硬化:长期淤血可导致间质的纤维组织增生、网状纤维胶原化,使淤血的组织、器官质地变硬。

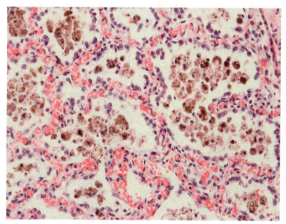

图16-1   慢性肺淤血(镜下)
肺泡壁毛细血管扩张、充血,肺泡腔内除有漏出的红细胞外,还可见吞噬含铁血黄素巨噬细胞(心力衰竭细胞)。

(四)重要器官淤血

临床常见的重要器官淤血是肺淤血和肝淤血。

1. 肺淤血   由左心衰竭引起时,镜下观察:当急性肺淤血时,肺泡壁毛细血管扩张、充血,肺泡壁增厚,肺泡腔内可见淡粉色的水肿液及红细胞。当慢性肺淤血时(图16-1),肺泡壁毛细血管扩张、充血更为明显,肺泡壁增厚、纤维化,肺泡腔内除水肿液、红细胞外，还可见大量心衰细胞（含有含铁血黄素颗粒的巨噬细胞）。肉眼观察：肺体积增大、重量增加、暗红色、质地变实，切面可流出粉红色泡沫状液体。长期慢性肺淤血使肺呈棕褐色、质地变硬，称肺褐色硬化。肺淤血患者的临床表现主要有呼吸困难、发绀、咳粉红色泡沫痰和肺部湿啰音等。

2. 肝淤血　常由右心衰竭引起。急性肝淤血时，镜下可见：肝小叶中央静脉及附近肝窦扩张、充满血液。肉眼观察：肝脏体积增大、重量增加、呈暗红色。慢性肝淤血时，镜下观察：除淤血更为显著外，肝小叶中央区的肝细胞萎缩、消失，肝小叶周边部的肝细胞脂肪变性（图 16-2）。肉眼观察：肝脏切面呈红（淤血区）黄（脂肪变性区）相间的条纹状，酷似槟榔的切面，称为槟榔肝（图 16-3）。长期严重的肝淤血，导致肝脏的纤维组织增多，形成淤血性肝硬化。肝淤血患者的主要临床表现是肝大、肝区疼痛及压痛等。

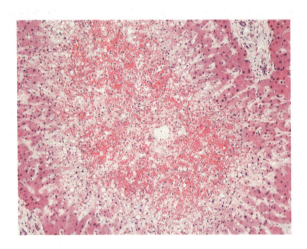

图 16-2　慢性肝淤血（镜下）
肝小叶中央肝窦高度扩张、淤血，肝细胞脂肪变性，胞质出现小的脂肪空泡。

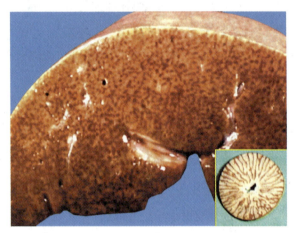

图 16-3　槟榔肝
肝的切面上出现红（淤血区）黄（脂肪变区）相间的条纹，状似槟榔切面（见右下角插图）。

第二节　出　血

血液从血管或心腔溢出，称为出血。根据溢出血液进入部位的不同，出血可分为内出血（血液进入体腔或组织内）和外出血（血液流出体外）。

一、病因和发病机制

出血有生理性出血和病理性出血；按血液溢出的机制，出血又可分为破裂性出血和漏出性出血。

（一）破裂性出血

由心脏或血管壁破裂所致，可发生在心脏和血管，一般出血量较多。原因有：

1. 机械性损伤　是出血最常见的原因，如切割伤、挤压伤、弹伤等。

2. 心脏或血管壁病变　如室壁瘤、动脉瘤、动脉粥样硬化或曲张的食管静脉破裂等。

3. 血管壁被周围病变侵蚀　如恶性肿瘤、结核性空洞或消化性溃疡对其周围血管的侵蚀，均可造成血管破裂出血。

（二）漏出性出血

由于血管壁通透性增高使血液漏出血管外，主要发生在毛细血管和毛细血管后静脉。常见原因有：

1. 血管壁的损害　是很常见的出血原因。其常由缺氧、感染、中毒、变态反应、维生素 C 缺乏等引起。

2. 血小板减少或功能障碍　主要原因有再生障碍性贫血、白血病、血小板减少性紫癜、弥散性血管内凝血、某些药物、细菌毒素等。

3. 凝血因子缺乏　包括先天性缺乏（如血友病）、合成减少（如肝硬化、肝炎）、消耗过多（如弥散性血管内凝血）。

二、病 理 变 化

（一）内出血

内出血可发生于体内任何部位。血液积聚于体腔内称体腔积血，如颅腔积血、心包腔积血、胸膜腔积血等。在组织内局限性的大量出血称为血肿，如腹膜后血肿、皮下血肿等。出血量很少时仅能在显微镜下看到；微量的出血进入皮肤、黏膜、浆膜形成较小（直径 1~2mm）的出血点称为瘀点。而稍微大（直径 3~5mm）的出血称为紫癜。直径超过 1~2cm 的皮下出血灶称为瘀斑。

（二）外出血

按出血来源的不同，临床有不同的命名。鼻黏膜出血排出体外称鼻出血。支气管扩张症、肺结核空洞等呼吸道出血经口排出体外称为咯血。食管静脉曲张或消化性溃疡等消化道出血经口排出体外称为呕血。结肠出血、胃出血经肛门排出称便血。泌尿道出血随尿排出称为尿血。

三、后　　果

人体有止血功能。缓慢少量的出血，可自行止血。其机制是局部受损血管反射性收缩，同时，在血管受损处血小板凝集、血液凝固形成血凝块，阻止继续出血。进入局部组织或体腔内的血液可逐渐被吸收、机化或包裹。

出血对机体的影响取决于出血的类型、速度、量和部位。破裂性出血的过程较迅速，若在短时间内丧失循环血量的 20%~25%，可发生失血性休克。漏出性出血一般缓慢，出血量较少，无严重后果；但若出血广泛，亦可导致失血性休克。重要器官的出血，即使出血量不多，也可造成严重后果。如心脏破裂出血、脑出血（尤其脑干出血）均可导致死亡。长期反复的出血可引起贫血。

第三节　血栓形成

 导入案例

患者，50 岁。患高血压病、糖尿病多年，一天前发现左侧上、下肢活动受限，吐字不清，无明显头痛、呕吐，既往无类似病史。入院后查体：左侧上、下肢肌力 3 级，左半身感觉、痛觉障碍，颅部 CT 检查脑血栓。临床诊断：脑血栓。

请思考：

1. 哪些因素会导致血栓形成？
2. 血栓形成对机体有哪些危害？

在活体的心脏和血管内，血液发生凝固或血液中某些有形成分凝集形成固体质块的过程，称为血栓形成。所形成的固体质块称为血栓。

血液中存在着凝血系统和抗凝血系统，在生理状态下两者保持动态平衡。这种平衡既保证了血液潜在的可凝固性，又保证了血液的流体状态。当某些因素破坏了这种动态平衡，启动了凝血过程便可导致血栓形成。

一、血栓形成的条件和机制

（一）心血管内皮细胞损伤

是血栓形成最重要、最常见的原因。心血管内皮细胞损伤后暴露出的胶原纤维，一方面激活凝血因子Ⅻ，启动了内源性凝血途径。另一方面促使血小板黏附于此，从而引发血小板的释放、凝集反应，进而形成血小板凝集堆；另外，损伤的内皮细胞释放组织因子，激活凝血因子Ⅶ，启动了外源性凝血途径。

心血管内皮细胞损伤导致的血栓形成多见于动脉粥样硬化、创伤性或炎症性动静脉损伤、心肌梗死、风湿性或细菌性心内膜炎等病变。

（二）血流缓慢或涡流形成

在正常的血流中，红细胞、白细胞在中轴（轴流），血小板在其外，最外层是血浆（边流），这种流动状态使血液的有形成分与血管壁隔开，有效地防止了血栓的形成。当血流缓慢或涡流形成时，血小板得以进入边流，使之与内膜的接触机会增加，黏附于内膜的可能性也随之增大，进而形成血栓；血流缓慢或涡流形成还可使已激活的凝血因子和凝血酶、已凝集的血小板不易被稀释、冲走，易在局部达到凝血所需浓度，有利于血栓形成；此外，血流缓慢可导致内膜缺氧，造成内皮细胞的损伤，进一步促进血栓形成。

血栓形成多见于静脉（比动脉多4倍），尤其是下肢深静脉。其常发生于心力衰竭、久病和术后卧床、静脉曲张的患者；心脏和动脉的血流快，一般不易形成血栓。但二尖瓣狭窄时的左心房内、动脉瘤内、血管分支处则易形成血栓。

（三）血液凝固性增加

血液中的血小板和凝血因子增多或血小板黏性增加、凝血因子被激活，以及纤维蛋白溶解系统活性降低，均可导致血液凝固性增高，易于形成血栓。

当严重创伤、分娩或大手术导致大失血时，机体代偿性补充了大量幼稚的血小板，其黏性较大易发生凝集而形成血栓。同时血液中凝血因子的含量也相应增多，进一步促进血栓形成；当大面积烧伤时，血液浓缩使血中凝血因子浓度增高，易形成血栓；某些恶性肿瘤因能够释放促凝因子（如组织因子）入血而导致血栓形成。此外，妊娠、吸烟、肥胖症、高脂血症、动脉粥样硬化等可因血小板增多及黏性增加而易形成血栓。

血栓的形成往往是多种因素综合作用的结果。上述血栓形成的条件常同时存在、互相影响，并以某一因素为主。例如，大手术后下肢深静脉内形成血栓，主要原因是凝血因子和血小板代偿性增多、血小板黏性较大使血液凝固性增加。其次是术后卧床使静脉内血流速度更慢。另外，血流变慢使局部缺氧造成静脉内皮细胞损伤。

二、血栓形成的过程和血栓的类型

（一）形成过程

下面以静脉内血栓形成为例介绍血栓形成的过程（图16-4）。首先是血小板黏附于因内膜损伤而裸露的胶原表面，黏附的血小板被激活并释放ADP、血栓素A_2等物质，这些物质能促使血流中的血小板不断地黏附在局部，而新黏附的血小板又被激活并发生释放反应，此过程不断反复使大量血小板在局部聚集，形成血小板小堆（不牢固）。同时，随着内源性及外源性凝血途径被启动而形成的纤维蛋白，使黏附的血小板堆牢牢固定于内膜表面，形成了血小板血栓（白色血栓），并成为血栓的起始点。随着血小板血栓的增大，在其下游血流变慢并形成漩涡，进而形成新的血小板堆，这一过程反复进行可形成梁索状或珊瑚状突起，称血小板小梁，小梁间血流变慢随之发生凝固，形成了由血小板小梁和小梁间血凝块构成的混合血栓。混合血栓逐渐增大，当增大至阻塞血管腔时，血栓下游局部血流停止，血液发生凝固形成血凝块（红色血栓）。至此，在静脉内形成了由白色血栓、混合血栓、红色血栓构成的延续性血栓。

（二）血栓的类型

1. **白色血栓** 常位于血流较快的心瓣膜、心腔内、动脉内，也可作为静脉内延续性血栓的起始部，即血栓的头部。镜下观察：白色血栓主要由血小板和少量纤维素构成，故又称血小板血栓。肉眼观察：白色血栓呈灰白色小结节状或赘生物状、表面粗糙、质实，与心血管内膜紧密黏着不易脱落。

2. **混合血栓** 常见于静脉内，是延续性血栓的体部，也可形成于心腔或动脉内（又称为附壁血栓）。镜下观察：混合血栓主要由淡红色、无结构、分支状的血小板小梁（肉眼呈灰白色）以及小梁间的纤维蛋白网、网眼中的红细胞（肉眼呈红褐色）组成，血小板小梁边缘有中性粒细胞附着（图 16-5）。肉眼观察：混合血栓呈灰白色和红褐色层状交替结构，故也称层状血栓。静脉内的混合血栓呈圆柱状、粗糙、干燥与血管壁粘连（图 16-6）。发生于左心房内的混合血栓呈球状（心房的收缩和舒张所致）。

图 16-4　静脉内血栓形成示意图
A. 静脉瓣膜内血流形成漩涡，血小板沉积；B. 血小板继续沉积形成小梁，小梁周围有白细胞黏附；C. 血小板小梁间形成纤维蛋白网，网眼内充满红细胞；D. 血管腔阻塞，局部血流停滞致血液凝固。

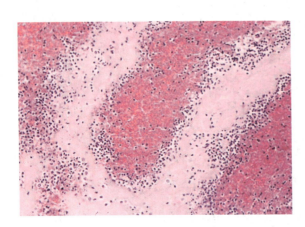

图 16-5　混合血栓（镜下）
血小板凝集成分支状的小梁，小梁边缘有中性粒细胞附着，小梁间充满纤维蛋白网和红细胞。

图 16-6　静脉内混合血栓
髂静脉内粗糙、干燥、圆柱状血栓，部分区域仍可辨认出灰白与褐色相间的条纹。

3. 红色血栓 主要见于静脉内,构成延续性血栓的尾部。其形成过程与血管外凝血过程相同。镜下观察:可见纤维蛋白网及网眼内的血细胞(细胞比例与正常血液相似)。肉眼观察:呈暗红色,新鲜时湿润、有弹性,与血管壁无粘连,与死后血凝块相似。经过一定时间后,因水分被吸收而变得干燥、无弹性、质脆易碎,可脱落造成栓塞。

4. 透明血栓 主要发生于微循环的毛细血管内。由于体积小,只能在显微镜下观察到,故称为微血栓。因其主要由纤维蛋白构成,又称为纤维蛋白性血栓。其最常见于弥散性血管内凝血(DIC)。

三、血栓的结局

(一)溶解或脱落

新形成的血栓可被纤维蛋白溶解酶(纤维蛋白溶解系统被激活而形成)和溶蛋白酶(血栓内白细胞崩解释放)逐渐溶解。小的血栓可被快速完全溶解。而大的血栓只能被部分溶解,在血流冲击下,整个或部分血栓脱落,随血流运行到其他部位引起栓塞。

(二)机化与再通

纤维蛋白溶解酶不足或血栓存在时间较长则发生机化。在血栓形成后的1~2d,血栓附着处有肉芽组织开始向血栓内长入并逐渐取代血栓。这种由肉芽组织逐渐取代血栓的过程称为血栓机化。机化后的血栓与局部紧密相连不再脱落,较大的血栓2周左右可完全机化。在血栓机化过程中,由于血栓干燥收缩或部分溶解,在血栓内部或血栓与血管壁之间出现裂隙,周围新生的血管内皮细胞长入并覆盖裂隙表面形成新的管腔,这些管腔相互吻合沟通,使已阻塞的血管得以部分恢复血流,这一过程称为再通(图16-7)。

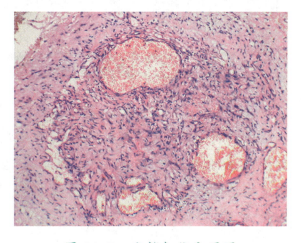

图 16-7 血栓机化和再通
血栓机化,可见再通的血管。

(三)钙化

若血栓不能被溶解吸收或未完全机化,血栓内可有钙盐沉积,称为钙化。钙化的血栓质硬如石称为静脉石或动脉石。机化的血栓也可发生钙化。

四、血栓对机体的影响

(一)有利的方面

1. 止血 在血管破裂处形成的血栓可堵塞破裂口起到止血作用。

2. 防止出血　某些病变（如胃、十二指肠溃疡或肺结核空洞）周围的血管在病变侵蚀前已形成血栓，可避免血管的破裂、出血。

3. 防止炎症扩散　炎症灶周围的小血管内受炎症影响形成的血栓，可防止病原体及其产物随血流扩散。

（二）不利的影响

1. 阻塞血管　在动脉内形成的血栓，如未完全阻塞血管腔，可使局部组织或器官因缺血而发生萎缩、变性。若完全阻塞血管腔而又无有效的侧支循环，则可引起局部组织或器官发生坏死（梗死）。例如，脑动脉血栓形成引起的脑梗死，冠状动脉血栓形成引起的心肌梗死；静脉内形成血栓而又未能建立有效的侧支循环，则可导致局部淤血、水肿、出血甚至坏死。例如，肠系膜静脉形成血栓可导致肠淤血、水肿甚至梗死。

2. 栓塞　血栓黏着不牢固或血栓溶解过程中，血栓可整体或部分脱落而成为栓子，随血流运行造成栓塞。深部静脉内的血栓、心室内或心瓣膜上的血栓最容易脱落而引起栓塞。

3. 心瓣膜变形　当心内膜炎时，心瓣膜上形成的血栓机化后可使瓣膜增厚、变硬、卷缩、瓣叶间粘连，进而导致瓣膜狭窄和／或关闭不全，引起心瓣膜病。

4. 广泛性出血　当弥散性血管内凝血（DIC）时，微循环内广泛性微血栓形成，大量微血栓的形成消耗了大量的凝血因子和血小板，加上纤维蛋白溶解系统被激活和纤维蛋白降解产物的形成，造成血液的低凝状态而引起全身广泛性出血。

　导入案例分析

该患者有多年的高血压、糖尿病史，致脑细动脉、脑小动脉硬化及持续痉挛，引起供血区脑组织缺血而发生多数小坏死灶，即脑软化，严重时可发生细动脉、小动脉壁纤维素样坏死，并发血栓形成，临床上可出现偏瘫、语言障碍等表现。血栓形成的条件包括心血管内皮细胞损伤、血流缓慢或涡流形成、血液凝固性增加。血栓形成对机体的危害包括阻塞血管、栓塞、心瓣膜变形、广泛性出血。

第四节　栓　　塞

　导入案例

患者，男性，35岁。体胖，既往健康，3个月前闯红灯被汽车撞倒，左股骨干骨折，住院后经复位、石膏固定，行骨牵引，骨折愈合良好。今天拆除石膏后，自己下床去厕所,走至门口,突发呼吸困难,面部发绀,随即昏倒,抽搐,心跳、呼吸停止,抢救无效,死亡。

请思考:

1. 患者死亡的原因和机制是什么?

2. 如何预防和避免此类事情的发生?

在循环血液中出现的不溶于血液的异常物质,随血流运行阻塞血管腔的现象称为栓塞。阻塞血管的异常物质称为栓子。栓子可以是固体、液体或气体。最常见的栓子是脱落的血栓。其余的为脂肪滴、气体、羊水、肿瘤细胞等。

一、栓子的运行途径

栓子一般随血流运行,最后停留在与其直径相等的血管并阻断血流。来自不同部位的栓子,其运行途径也不同(图16-8)。

1. 体循环静脉及右心的栓子 来自体循环静脉及右心的栓子随血流进入肺动脉主干或其分支,引起肺动脉栓塞。某些体积小且有一定弹性的栓子(气体、脂肪等)可通过肺泡壁毛细血管经肺静脉回流入左心,再进入体循环动脉,栓塞于动脉小分支。

2. 左心和体循环动脉的栓子 来自左心和体循环动脉的栓子随动脉血流运行,栓塞于体循环动脉的小分支内,常见于脑、脾、肾及四肢的动脉。

3. 门静脉系统的栓子 来自肠系膜静脉等门静脉系统的栓子,随血流进入肝内,引起肝内门静脉分支的栓塞。

4. 交叉性栓塞 又称反常性栓塞。在房(室)间隔缺损的情况下,随血流到达心腔或在心腔内形成的栓子通过缺损由压力高的一侧进入另一侧,再随血流栓塞于相应动脉分支(偶见)。另外,来自静脉的小血栓进入肺动脉经未闭的动脉导管到达体循环引起栓塞(罕见)。

5. 逆行性栓塞 极罕见。在胸、腹腔内压骤然升高时(如剧烈咳嗽、呕吐等),下腔静脉内的栓子可一时性逆流至肝、肾、髂静脉分支并造成栓塞。

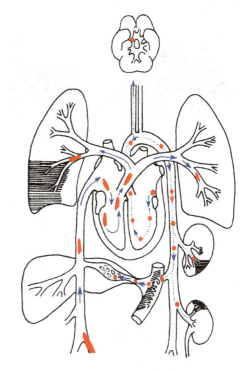

图16-8 栓子运行途径与栓塞模式图
栓子运行途径一般随血流方向运行。

二、栓塞的类型和对机体的影响

（一）血栓栓塞

由血栓脱落引起的栓塞称为血栓栓塞，是最常见的栓塞，占栓塞的99%以上。血栓栓子的来源、大小不同，栓塞的部位和对机体的影响也不同。

1. 肺动脉栓塞　造成肺动脉栓塞的栓子绝大多数（95%以上）来自下肢深部静脉，尤其是腘静脉、股静脉和髂静脉，偶尔来自盆腔静脉、右心附壁血栓。栓子的大小、数量决定栓塞的后果。

（1）栓子较小且数量少：只造成肺动脉少数小分支的栓塞（常见于肺下叶），一般不引起严重后果（因为肺有双重血液循环，即肺动脉和支气管动脉间有丰富的吻合支，可起代偿作用）；但若在栓塞前肺已有严重的淤血，则可引起肺组织坏死（淤血使微循环内压升高，导致支气管动脉供血受阻）。

图 16-9　肺动脉血栓栓塞
长条状的混合血栓堵塞在肺动脉主干。

（2）较大的栓子：可栓塞肺动脉主干或大分支（图16-9），患者突然出现呼吸困难、发绀、休克等症状，严重者因急性呼吸、循环衰竭而猝死。较长的栓子可栓塞左右肺动脉干，称为骑跨性栓塞。

（3）栓子小但数量多：广泛栓塞于肺动脉的多数小分支，也可引起右心衰竭而猝死。

肺动脉栓塞引起猝死的机制尚不清楚，一般认为：①肺动脉内阻力急剧增加导致急性右心衰竭，同时，冠状动脉灌流量不足导致心肌缺血。②肺动脉、冠状动脉、支气管动脉、支气管平滑肌痉挛导致急性右心衰竭和窒息。

2. 体循环动脉栓塞　80%的栓子来自左心，常见的是亚急性细菌性心内膜炎时心瓣膜上的赘生物、二尖瓣狭窄时左心房的附壁血栓、心肌梗死时心内膜上的附壁血栓，其余主要来自动脉粥样硬化溃疡或动脉瘤内的附壁血栓。栓塞的主要部位是下肢、脑、肠、肾和脾。栓塞的后果取决于栓塞的部位、栓子的大小和数量、局部侧支循环的情况及组织对缺氧的耐受性。如果栓塞部位缺乏有效的侧支循环，则导致局部组织梗死。

（二）脂肪栓塞

循环血液中出现脂肪滴阻塞小血管，称为脂肪栓塞。其多见于长骨骨折、脂肪组织严重挫伤和烧伤，这些损伤均可导致脂肪细胞破裂并释出脂滴，脂滴通过破裂的血管进入血液引起脂肪栓塞。另外，脂肪肝的患者，当上腹部受到猛烈挤压、撞击，可造成肝细胞破裂，使其所含的脂肪释出并入血也可引起脂肪栓塞。此外，糖尿病、酗酒、慢性胰腺炎使血脂过高或强烈精神刺激、过度紧张使血脂游离,均可引起脂肪栓塞。

当创伤性脂肪栓塞时,脂肪栓子从静脉回流至右心再进入肺动脉,大的栓子栓塞于肺动脉分支、小动脉或毛细血管。小的栓子可通过肺毛细血管经肺静脉回流至左心,再进入体循环动脉分支,引起全身多器官的栓塞,最常栓塞的部位是脑。

脂肪栓塞的后果,取决于栓塞的部位、脂肪滴的多少。少量脂滴入血,可被巨噬细胞吞噬处理或由血液中的脂酶分解清除,无不良影响。若大量脂滴(9~20g)迅速入血至肺循环、使肺循环大面积受阻,可引起窒息、急性右心衰竭进而导致死亡。

(三)气体栓塞

大量空气迅速进入血液循环或原溶于血液内的气体迅速游离,形成气泡阻塞心血管,称为气体栓塞。前者为空气栓塞,后者为氮气栓塞。

1. 空气栓塞 多因静脉损伤破裂,外界空气由破裂处进入血液所致。当头颈部、胸壁、肺的手术或创伤致使局部静脉损伤时,可促使大量空气由静脉破裂处进入血液而引起栓塞(因这些静脉受胸膜腔负压影响也呈负压状态,可吸引空气进入)。另外,在分娩或流产时,子宫强烈收缩可将空气压入破裂的子宫壁静脉窦内而引起栓塞。空气栓塞还可发生于正压静脉输液操作不当或人工气胸、气腹误伤静脉时。

空气进入血液循环的后果取决于气体进入的速度和量。少量的空气入血,可迅速溶解于血液内,不会引起栓塞。若大量空气(多于100ml)迅速进入静脉,可随血流到达右心,由于心脏的舒缩将空气与心腔内的血液混合、搅拌形成泡沫状,而泡沫状血液具有可压缩性,随心脏的收缩与舒张被压缩或膨胀,从而阻碍了心脏向肺动脉内输出血液和腔静脉血液回流入心脏,造成严重的循环障碍。患者出现呼吸困难、发绀而猝死。进入右心的气体,也可进入肺动脉,栓塞于小的肺动脉分支。较小的气泡还可通过肺毛细血管进入左心,造成体循环的某些器官栓塞。

2. 氮气栓塞(减压病) 当人体所处环境的气压在短时间内快速降低时(故又称为减压病、主要发生于潜水员和飞行员),原已溶解于血液、组织液和脂肪组织中的气体(包括氧气、二氧化碳和氮气)迅速游离形成气泡,氧气和二氧化碳很快被再溶解、吸收,而氮气溶解缓慢,致使其在血液和组织内形成很多小气泡,也可融合成大气泡,造成氮气栓塞;不同部位游离出的氮气,引起的临床表现也不同。血液中游离出的氮气,若量少,栓塞少数小血管,只引起局部缺血和梗死。若量多,可形成大量气泡,阻塞多数血管,尤其是阻塞了冠状动脉,可引起严重的血液循环障碍而猝死;组织内游离出的氮气因其所在部位不同表现也不同,位于皮下时引起皮下气肿,位于肌肉、肌腱、韧带内引起关节和肌肉疼痛。

(四)羊水栓塞

羊水栓塞是分娩过程中一种罕见而危重的并发症。分娩时,羊膜破裂或胎盘早期剥离,又伴有胎儿阻塞产道时,子宫的强烈收缩使宫腔内压增高,可将羊水压入子宫壁破裂的静脉窦内,使羊水进入母体血液循环引起肺动脉栓塞。部分羊水可通过肺毛细血管经肺静脉到达左心,进一步引起体循环器官的栓塞。诊断羊水栓塞的主要依据是在镜下观察到肺动脉分支和毛细血管内有羊水的成分（角化的鳞状上皮、胎毛、胎脂、胎粪和黏液等），也可以是在母体血液涂片中找到羊水的成分。

本病发病急骤，产妇在分娩过程中或分娩后，突然出现呼吸困难、发绀、抽搐、休克甚至死亡，死亡率大于80%。

羊水栓塞导致猝死的机制：①羊水阻塞了肺动脉及反射性血管痉挛；②羊水中的胎儿代谢产物引起过敏性休克；③羊水具有凝血致活酶的作用引起DIC。

（五）其他栓塞

恶性肿瘤细胞可侵破血管进入血液而引起栓塞，同时也造成了肿瘤的转移。细菌、寄生虫或虫卵均可侵入血管引起栓塞，同时伴有病原体的扩散。胎盘滋养叶细胞、骨髓细胞、胆固醇结晶或其他异物均可作为栓子引起栓塞。

 导入案例分析

该患者死亡的原因考虑是肺动脉栓塞。患者左股骨干骨折术后，因血管损伤、卧床休息、活动减少等致下肢深静脉血栓形成，血栓脱落后引起肺栓塞。

各种大手术后，应该指导患者进行四肢的主动活动，经常翻身及变换体位，多做深呼吸以助静脉回流，鼓励患者抬高下肢，早期下床；对年老体弱者应指导护理人员为其定时按摩四肢肌肉，并进行双下肢屈伸运动，以利于血液循环；骨折、昏迷、截瘫等长期卧床的患者，要定时进行下肢的被动运动，多活动膝关节和踝关节，并定时翻身。这些护理工作不仅能让患者感到舒适，还能有效地预防深静脉血栓形成甚至肺动脉栓塞。

第五节 梗 死

 导入案例

6岁女童，游乐场跳蹦床时忽然感到肚子疼，刚开始尚能忍受，后来腹痛加剧、冒冷汗，急诊入院。诊断为肠扭转，给予急诊手术。术中见肠管暗红，表面无光泽，肠壁增厚。

请思考：

1. 肠扭转导致肠管发生了什么病理改变？

2. 该病变的发生条件是什么？

局部组织或器官由于血管阻塞、血流停滞导致缺氧而发生的坏死，称为梗死。梗死一般是由于动脉阻塞而导致的局部缺血性坏死。静脉阻塞导致的局部血流停滞缺氧，也可引起梗死。

一、梗死的原因和条件

任何能够引起血管腔阻塞，导致局部血流中断的原因均可引起梗死。

（一）梗死的原因

1. 血栓形成　是梗死最常见的原因。其多见于冠状动脉、脑动脉粥样硬化合并血栓形成而引起的心肌梗死、脑梗死；也可见于足背动脉血栓闭塞性脉管炎合并血栓形成导致的足部梗死。静脉内血栓形成一般只导致淤血、水肿，但肠系膜静脉血栓形成可引起相应肠段梗死。

2. 动脉栓塞　也是梗死常见的原因，多为血栓栓塞。其主要引起肾、脾、脑及肺的梗死。

3. 动脉痉挛　单纯的动脉痉挛一般不会引起梗死，但若在动脉管腔狭窄的基础上再发生持续的痉挛，可使血管腔完全闭塞而导致梗死。例如，在严重的冠状动脉粥样硬化的基础上，冠状动脉发生强烈、持续的痉挛可引起心肌梗死。

4. 血管受压闭塞　肿瘤压迫邻近的血管使相应的组织发生梗死。肠扭转、肠套叠或嵌顿疝导致肠系膜血管受压引起肠梗死。卵巢囊肿或睾丸的扭转使血流中断引起坏死。

（二）梗死条件

血管阻塞是否能引起梗死，还受下列因素影响：

1. 器官供血的类型　某些器官有双重血液供应或丰富的吻合支，当一条动脉阻塞时，可以通过另一条动脉供血，一般不会发生梗死。如肺有肺动脉和支气管动脉供血，肝有门静脉和肝动脉供血，前臂、手的桡动脉和尺动脉之间有丰富的吻合支。而无双重血液供应或吻合支较少的器官，如肾、脾、脑等，一旦动脉阻塞，常易发生梗死。

2. 局部组织对缺血的耐受性　大脑的神经细胞耐受性最低，缺血 3~4min 即可发生梗死。心肌细胞缺血 20~30min 就会死亡。骨骼肌和纤维结缔组织耐受性最强。

二、梗死的病变和类型

（一）梗死的形态特征

1. 梗死灶的形状　取决于器官的血管分布方式。脾、肾、肺等器官的血管呈锥体形分布，所以梗死灶也呈锥体形，切面呈扇面形或三角形，尖端位于血管阻塞处，并指向器官的门部，底部位于器官的表面（图 16-10）；肠的血管呈扇形分布、分段供应肠管，故肠的梗死灶呈节段状；心脏的冠状动脉分支不规则，故心肌梗死灶呈地图状。

2. 梗死灶的质地　取决于坏死的类型。心、脾、肾的梗死为凝固性坏死。新鲜时，局部肿胀、表面和切面均微隆起，陈旧时，略干燥、质地变硬、表面下陷；脑梗死为液化性坏死,新鲜时质软,以后逐渐液化成囊状。

　　3. 梗死灶的颜色　取决于梗死灶内的含血量。含血量少,颜色灰白,称为贫血性梗死(白色梗死);含血量多,颜色暗红,称为出血性梗死(红色梗死)。

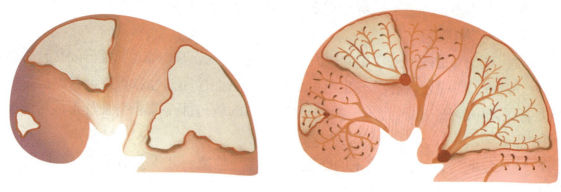

图 16-10　肾动脉分支栓塞及肾贫血性梗死模式图

（二）梗死的类型

　　根据梗死灶内含血量的多少以及是否合并细菌感染,将梗死分为贫血性梗死、出血性梗死和败血性梗死三种类型。

　　1. 贫血性梗死　多发生于组织结构较致密、侧支循环不丰富的实质器官,如脾、肾、心、脑。梗死灶呈灰白色,梗死灶与正常组织交界处可见充血出血带。脾、肾的梗死灶呈锥体形,切面呈扇面形或三角形,尖端位于血管阻塞处并指向脾门或肾门,底部紧靠脾或肾表面(图 16-11)。心肌梗死灶呈不规则地图状。贫血性梗死多为凝固性坏死,镜下观察,梗死早期可见细胞结构已消失,但组织结构轮廓尚保存。梗死灶逐渐由肉芽组织取代,最终变成瘢痕组织(图 16-12)。脑梗死属于液化性坏死,坏死的脑组织变软、液化形成囊状,最终形成胶质瘢痕。

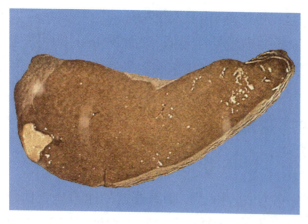

图 16-11　脾梗死
脾脏切面可见一灰白色三角形梗死区。

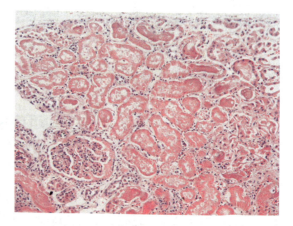

图 16-12　肾贫血性梗死(镜下)
图为肾贫血性梗死灶边缘,右上角为梗死区,可见肾小球、肾小管凝固性坏死,细胞核消失,但组织轮廓尚保存。左下侧为正常肾组织,其中可见一肾小球。

2. 出血性梗死　多发生于组织结构疏松、有双重血液循环或丰富吻合支的器官,如肺、肠等。梗死灶呈暗红色。梗死灶与正常组织交界处亦有充血、出血带。

（1）发生条件

1）严重淤血:是发生出血性梗死的重要先决条件。因为严重的淤血使静脉和毛细血管内压增高,阻碍了在动脉阻塞后建立有效的侧支循环,才可能导致梗死。另外,严重的淤血使局部组织的含血量增多（淤积在血管内和漏出到组织间隙的）,梗死才可能为出血性。

2）组织疏松:发生淤血时,疏松的组织内才可能容纳大量的血液（淤积及漏出的）,使梗死为出血性。

（2）常见类型

1）肺出血性梗死:常发生于肺下叶,尤其肋膈缘。常多发,梗死灶大小不等、暗红色,呈锥形（楔形）,尖端朝向肺门、底部紧靠肺膜（图16-13）,镜下梗死灶呈凝固性坏死。临床上可出现胸痛、咳嗽、咯血、发热及白细胞升高等症状。

2）肠出血性梗死:多见于肠系膜静脉血栓形成及动脉栓塞,也可见于肠套叠、肠扭转、嵌顿疝、肿瘤压迫等情况。梗死灶呈节段性、暗红色,肠壁增厚、质脆易破裂（图16-14）。临床上可出现剧烈腹痛、呕吐、麻痹性肠梗阻、肠穿孔、腹膜炎等症状。

图 16-13　肺出血性梗死
肺组织下部见一暗红色楔形梗死灶,
灶内肺组织出血性坏死

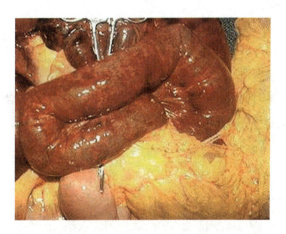

图 16-14　肠出血性梗死
梗死的肠壁呈暗红色。

3. 败血性梗死　是由含有细菌的栓子阻塞血管引起。其多见于急性细菌性心内膜炎,心瓣膜上的赘生物脱落成为含有细菌的栓子,随血流运行引起相应组织器官的动脉栓塞,在导致局部梗死的同时亦造成局部细菌感染,梗死灶内可见细菌及大量炎细胞,若有化脓菌感染,也可形成脓肿。

三、梗死对机体的影响和结局

（一）梗死对机体的影响

梗死对机体的影响取决于发生梗死的器官、梗死灶的大小和部位，以及是否有细菌感染等因素。若梗死发生在心、脑等重要器官，可出现相应器官的严重功能障碍，甚至危及生命。如心肌梗死可导致心力衰竭甚至死亡，脑组织梗死可导致瘫痪甚至死亡；若发生在脾、肾、肺等器官，对机体影响不大，仅出现局部症状。如肾梗死只出现腰痛和血尿，不影响肾功能。肺梗死出现胸痛和咯血。肠梗死出现剧烈腹痛、血便和腹膜炎症状；肺、肠、四肢的梗死，如继发腐败菌的感染，可形成坏疽，后果严重。败血性梗死的梗死灶内可形成脓肿。

（二）梗死的结局

梗死灶引起周围组织发生炎症反应，继而形成肉芽组织，在梗死发生 24~48h 后，肉芽组织已开始长入梗死灶内。小的梗死灶可被肉芽组织完全取代，以后变为瘢痕组织。大的梗死灶则由纤维组织包裹，病灶内可发生钙化。脑梗死则液化成囊腔，周围由增生的胶质瘢痕包裹。

 知识拓展

心肌梗死的临床表现

心肌梗死最先出现的症状是胸骨后或心前区疼痛，多发生于清晨，无诱因，程度较重，持续时间较长，可达数小时或更长，休息或含服硝酸甘油不能缓解。常烦躁不安、出汗、恐惧或有濒死感。部分疼痛部位在上腹部，可放射至下颌、颈部、背部上方。可同时伴有发热、心律失常、血压下降等全身症状，甚至进一步发展为心力衰竭。

 导入案例分析

肠扭转导致该女童发生了肠出血性梗死。肠出血性梗死多见于肠系膜静脉血栓形成及动脉栓塞，也可见于肠套叠、肠扭转、嵌顿疝、肿瘤压迫等情况。小儿多见于肠套叠。梗死灶呈节段性、暗红色，肠壁增厚、质脆易破裂。临床上可出现剧烈腹痛、呕吐、麻痹性肠梗阻、肠穿孔、腹膜炎等症状。

出血性梗死多发生于组织结构疏松、有双重血液循环或丰富吻合支的器官，如肺、肠的梗死等。发生条件为严重淤血和组织疏松。

局部血液循环障碍表现：充血、缺血、水肿、出血、血栓形成、栓塞、梗死。病理性充血主要有炎症性充血和减压后充血。静脉受压、静脉腔阻塞、心力衰竭可引起淤血，慢性淤血可引起淤血性水肿、淤血性出血、淤血性硬化、实质细胞损伤。出血可分为内出血、外出血，也可分为破裂性出血、漏出性出血。血栓形成的条件有心血管内皮细胞损伤、血流缓慢或涡流形成、血液凝固性增加。血栓形成的不利影响有阻塞血管、栓塞、心瓣膜变形、广泛性出血。最常见的栓子是脱落的血栓，其余为脂肪滴、气体、羊水、肿瘤细胞等，栓子一般随血流运行。梗死最常见的原因是血栓形成。梗死分为贫血性梗死（脾、肾、心、脑）、出血性梗死（肺、肠）、败血性梗死。

本章的重点：淤血的概念、原因、病理变化及后果；血栓形成的概念和条件；栓塞的类型、栓子的运行途径；梗死的类型及病变。本章的难点：血栓形成的过程；栓塞对机体的影响。

（黄文杰）

思考与练习

一、名词解释

1. 淤血
2. 血栓形成
3. 栓塞
4. 梗死

二、简答题

1. 简述淤血的原因。
2. 血栓形成的条件有哪些？
3. 简述栓子的运行途径。
4. 简述梗死的类型及主要病变特点。

第十七章 | 炎症

ER17 数字内容

 导入案例

患儿，男性，8岁。受凉后出现发热、咳嗽，诊断为急性支气管炎。后因未及时治疗，咳嗽、咳痰加重，咳脓痰，伴有呼吸困难，口唇发绀。听诊肺部有湿性啰音。X射线检查：双肺下叶散在不规则片状阴影，诊断为小叶性肺炎（支气管肺炎）。

请思考：

1. 小叶性肺炎主要发生了什么病理变化？
2. 该患儿炎症类型是什么？

第一节　炎症的概念和原因

一、炎症的概念

炎症是指具有血管系统的活体组织对各种致炎因子引起的损伤所发生的以防御反应为主的病理过程。炎症是疾病中最常见的病理过程。

二、炎症的原因

凡是能引起组织和细胞损伤的因素均可导致炎症,这些因素称为致炎因子。可概括为以下几类:

(一)生物性因素

生物性因素是最常见的原因,包括细菌、病毒、立克次体、支原体、衣原体、真菌和寄生虫等。由生物性因素引起的炎症称为感染。

(二)理化性因素

物理性因素包括高温、低温、机械力、放射性因素、噪声、气压等。化学性因素包括外源性和内源性化学物质。外源性化学物质有外源性强酸、强碱、强氧化剂、腐蚀性物质、化学性毒物等。内源性化学物质为在病理情况下体内的代谢产物堆积,如尿素、尿酸等。

(三)异常免疫反应

机体免疫反应异常造成组织损伤形成炎症,如过敏性鼻炎、支气管哮喘、荨麻疹、肾小球肾炎、结核等。此外,还有一些自身免疫性疾病,如系统性红斑狼疮、结节性多动脉炎、类风湿关节炎等。

(四)组织坏死

缺血缺氧、中毒等原因都可引起组织坏死,坏死组织分解,可引起炎症反应。如手术后坏死组织吸收引起的发热。

上述各种致炎因素作用于机体,能否引起炎症,除与致炎因素的性质、强度、时间有关外,还与机体的功能状态和敏感性(如年龄、体质、神经内分泌及免疫)密切相关。

第二节　炎症局部的基本病理变化

炎症局部的基本病理变化包括变质、渗出和增生。炎症早期和急性炎症常以变质渗出为主,炎症后期和慢性炎症常以增生为主。但是,变质、渗出和增生是相互联系的,其中变质属损伤过程,而渗出和增生则为抗损伤和修复的过程。

一、变　　质

变质是指炎症局部组织发生变性和坏死。其主要取决于致炎因子对机体的直接损伤作用。

(一)形态变化

可发生在实质细胞,也可发生于间质细胞。实质细胞出现细胞水肿、脂肪变性及细胞内玻璃样变性、凝固性坏死或液化性坏死等；间质可发生黏液样变性及纤维素样坏死等。

（二）代谢变化

1. 炎症局部代谢性酸中毒　炎症局部分解代谢增强，耗氧量增加，血液循环障碍，酶系统功能受损等，导致各种氧化不全的代谢产物堆积，如乳酸、脂肪酸、酮体等，造成局部组织酸中毒。

2. 局部渗透压增高　炎症局部酸中毒，盐解离增强，H^+、K^+、SO_4^{2-} 等离子浓度升高；同时，分解代谢增强和坏死组织崩解，蛋白质等大分子物质分解为小分子物质。因此，炎症局部晶体渗透压和胶体渗透压均升高。

（三）炎症介质

炎症介质是指炎症时由细胞释放或血浆中产生的、参与介导炎症反应的化学活性物质。炎症介质的特点：炎症介质来源于细胞和血浆；炎症介质与靶细胞表面的特异性受体结合发挥其生物活性；一种炎症介质可作用于一种或多种靶细胞，产生不同的效应；炎症介质被激活或分泌到细胞外后，半衰期短，消除快。主要炎症介质来源、种类及其作用见表 17-1。

表 17-1　主要炎症介质来源、种类及其作用

来源	种类	血管扩张	血管壁通透性增加	趋化作用	组织损伤	发热	疼痛
肥大细胞、血小板、嗜碱性粒细胞	组胺	+	+	+			
肥大细胞、血小板	5-羟色胺	+	+	+			
细胞质膜磷脂成分	前列腺素	+	+	+		+	+
白细胞、肥大细胞	白细胞三烯		+	+			
中性粒细胞	溶酶体成分		+	+	+		
T 细胞	淋巴因子		+	+			
血浆蛋白质	缓激肽	+	+				+
补体系统	补体（C3a、C5a）	+	+	+			
凝血系统	纤维蛋白多肽		+	+			
纤溶系统	纤维蛋白降解产物		+	+			
白细胞	氧自由基				+		

二、渗 出

炎症局部组织血管内的液体和细胞成分通过血管壁外出的过程称渗出。渗出的液体和细胞成分,称渗出液或渗出物,可进入组织间隙、体腔、体表或黏膜表面。渗出全过程包括血流动力学改变、血管壁通透性升高和白细胞游出及吞噬。

(一)血流动力学改变

炎症时血流动力学变化见图 17-1。

1. 正常血流
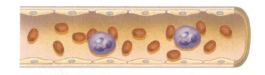

2. 血管扩张,血流加快
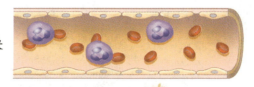

3. 血管进一步扩张,血流变慢,血浆渗出
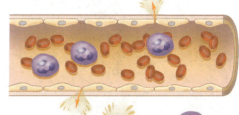

4. 血流缓慢,白细胞游出血管

5. 血流显著缓慢,白细胞游出增多,红细胞漏出
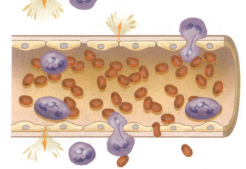

图 17-1　炎症时血流动力学变化模式图

1. 细动脉短暂痉挛　炎症过程中,通过神经反射及一些化学介质作用,细动脉首先短暂痉挛性收缩,持续几秒。

2. 血管扩张和血流加速　细动脉短暂痉挛后,细动脉、毛细血管开始扩张,局部血流加快,血流量增加,即炎症性充血。

3. 血流速度变慢　随着炎症的发展,细小静脉也扩张,血流变慢,血管壁通透性增加,血液的液体成分开始渗出,液体渗出使血管内红细胞聚集和血液黏稠度增加,最后在扩张的小血管内充满红细胞,血流停滞。这有利于白细胞黏附于血管内皮并游出血管外。

（二）血管壁通透性增加

血管壁通透性的高低主要取决于血管内皮细胞的完整性。炎症时血管壁通透性升高的因素有内皮细胞收缩、穿胞作用增强、炎症介质引起内皮细胞的直接损伤等。

炎症过程中血管壁的通透性增加、血管内的流体静压升高和组织渗透压增高,共同导致液体渗出。渗出液可聚积在组织间隙、体腔(胸腔、腹腔、心包腔)或关节腔。但炎症时的渗出液与单纯血管内压力升高或血浆胶体渗透压降低引起的漏出液是不同的。渗出液与漏出液的区别见表17-2。

表 17-2　渗出液与漏出液的区别

	渗出液	漏出液
原因	炎症	非炎症(淤血、心力衰竭)
透明度	混浊	澄清
蛋白质含量	>25g/L	<25g/L
有核细胞数	$>0.5 \times 10^9/L$	$<0.1 \times 10^9/L$
比重	>1.018	<1.018
黏蛋白试验	阳性	阴性
凝固	能自凝	不能自凝

渗出液具有重要的防御作用,主要表现:稀释和中和毒素,减轻毒素对局部组织的损伤作用;带来营养物质,带走代谢产物;渗出液中含有抗体、补体及溶菌物质,可以消灭病原体;渗出液中的纤维蛋白原形成纤维素交织成网,限制病原的扩散,使病灶局限,有利于吞噬细胞吞噬,并为炎症后期形成修复支架;病原微生物随淋巴液被携带到局部淋巴结,刺激机体产生免疫反应。

但是,过多液体渗出对机体可产生不利影响,引起压迫和阻塞。如严重的喉头水肿可引起窒息;心包或胸腔积液过多,可压迫心脏或肺脏。如果渗出液中纤维素过多,不能完全吸收,可发生粘连机化,如关节粘连、心包膜粘连,进而影响器官功能。

（三）白细胞的渗出和吞噬作用

1. 白细胞渗出　白细胞由血管内通过血管壁游出到血管外的过程,称白细胞渗出。进入炎症区的白细胞称炎细胞。白细胞渗出并集中到炎症区称为炎细胞浸润。白细胞渗出是复杂的连续过程,包括白细胞边集、附壁、游出和趋化作用(图17-2)。

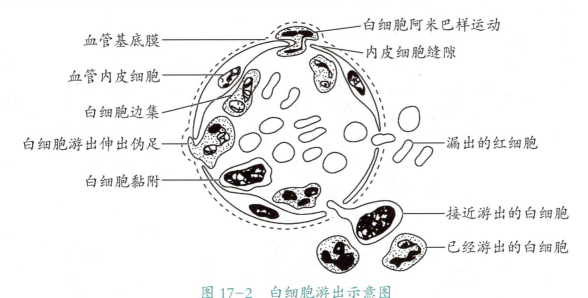

图 17-2　白细胞游出示意图

（1）白细胞边集:随着血管的扩张、血流流动缓慢或停滞,白细胞由轴流到达边流,称为白细胞边集。

（2）白细胞附壁:边集的白细胞沿着血管内皮表面滚动,随后白细胞依靠免疫球蛋白和整合素分子黏附于内皮细胞上,即附壁。

（3）白细胞游出:黏附在血管内皮细胞连接处的白细胞伸出伪足,以阿米巴运动的方式从内皮细胞连接处的缝隙中溢出血管外,即白细胞游出。白细胞一般需要2~12min通过血管壁,其中以中性粒细胞游出最快,淋巴细胞游出最慢。所以,急性炎症早期以中性粒细胞游出为主,48h后将以单核细胞渗出为主。致炎因子不同,渗出的白细胞也不同,葡萄球菌等感染以中性粒细胞渗出为主;病毒感染以淋巴细胞渗出为主;过敏或寄生虫感染,以嗜酸性粒细胞渗出为主。

（4）趋化作用:趋化作用是指白细胞游出血管后向化学刺激物所在部位(即炎症区)做定向移动的现象。这些化学刺激物称为趋化因子,趋化因子可以是内源性的,如补体成分、细胞因子等,也可以是外源性的,如可溶性细菌产物。趋化因子的作用具有特异性,有些趋化因子只吸引中性粒细胞,而另一些趋化因子则吸引单核细胞或嗜酸性粒细胞。

2. 白细胞的作用

（1）吞噬作用:在炎症病灶中,白细胞吞噬并消化病原体及组织碎片的过程称为吞噬作用,它是炎症防御反应重要的环节。具有吞噬作用的细胞主要有中性粒细胞(小吞噬细胞)和单核巨噬细胞(大吞噬细胞)。吞噬过程包括识别和附着、吞入、杀伤和降解三个阶段(图 17-3)。虽然,大多数病原微生物被杀伤,但当有些细菌(如结核分枝杆菌)不能被杀灭,可随吞噬细胞游走引起体内播散。

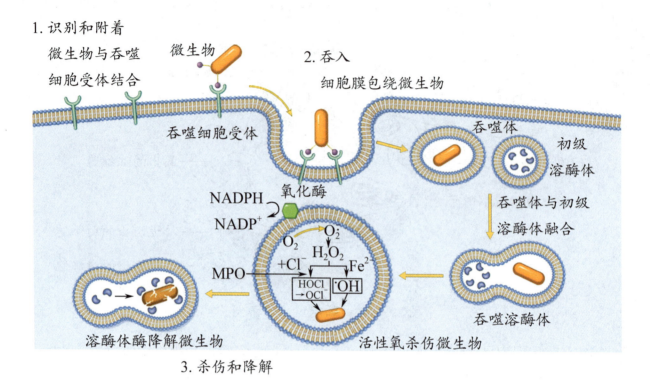

图 17-3　吞噬细胞吞噬过程示意图

(2)免疫作用:发挥免疫作用的细胞主要有巨噬细胞、淋巴细胞和浆细胞。抗原进入机体后,巨噬细胞吞噬处理抗原并将信息传递给 T 细胞或 B 细胞,使淋巴细胞致敏。具有活性的免疫细胞再遇到相应抗原时,致敏的 T 细胞可释放多种淋巴因子,发挥细胞免疫作用;免疫活化的 B 细胞在抗原的作用下,可增殖转化为浆细胞,产生抗体,引起体液免疫反应。

(3)组织损伤作用:白细胞在化学趋化、激活和吞噬过程中,吞噬溶酶体内释放产物(溶酶体酶、前列腺素、活性氧自由基、白细胞三烯等)不仅能杀灭病原体,还可引起组织损伤。

3. 炎细胞的种类和功能　炎症时,炎细胞多数是来源于血液,如中性粒细胞、淋巴细胞等,少数来自增生的组织细胞,如巨噬细胞(图 17-4)。

(1)中性粒细胞:又称小吞噬细胞,具有活跃的运动和吞噬功能,能吞噬细菌、组织崩解碎片等,变性坏死后释放蛋白溶解酶,溶解坏死组织、渗出物,常见于急性炎症、炎症早期和化脓性炎症。

(2)巨噬细胞:来自血液的单核细胞和组织内的巨噬细胞,具有较强的吞噬能力,能吞噬较大的病原体、异物、组织碎片,还可演变为上皮样细胞或朗格汉斯细胞

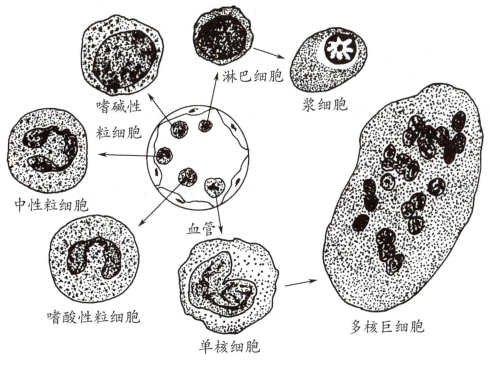

图 17-4　各种炎细胞

（Langerhans cell）、异物巨细胞等。递呈抗原使淋巴细胞致敏，释放内源性致热原，引起发热。常见于急性炎症后期、慢性炎症、非化脓性炎（结核、伤寒等）、病毒感染、寄生虫感染等。

（3）嗜酸性粒细胞：运动能力弱，具有一定的吞噬能力，吞噬免疫复合物。其常见于变态反应性炎症或寄生虫感染等，具有抗过敏作用。

（4）淋巴细胞和浆细胞：淋巴细胞分为 T 细胞和 B 细胞，T 细胞参与细胞免疫，致敏后产生各种淋巴因子，参与靶细胞免疫反应；B 细胞在抗原刺激下转变为浆细胞，产生抗体（免疫球蛋白），参与体液免疫反应。其常见于慢性炎症、结核分枝杆菌、病毒、梅毒螺旋体、立克次体等感染。

（5）嗜碱性粒细胞：胞质内含粗大的嗜碱性颗粒，内含肝素、组胺、5- 羟色胺等。当受到炎症刺激时，嗜碱性粒细胞脱颗粒而释放肝素、组胺、5- 羟色胺等炎症介质，引起炎症反应。其常见于变态反应性炎症。

三、增　生

增生是指在致炎因子、组织崩解产物等刺激下，炎症局部的实质细胞和间质细胞增殖。实质细胞增生，如慢性肝炎时肝细胞的增生；间质细胞增生包括血管内皮细胞和成纤维细胞的增生。适度炎性增生具有限制炎症扩散和促进炎区组织的修复作用，过度增生可影响原组织器官的功能。增生常见于慢性炎症或炎症后期，如慢性扁桃体炎等；但也见于少数急性炎症,如急性肾小球肾炎时,肾小球毛细血管内皮细胞和系膜细胞明显增生等。

任何炎症都可出现变质、渗出、增生三种基本病理改变,这三者既有区别又互相联系,组成了一个复杂的炎症过程。由于致炎因子的不同,机体反应性不同,炎症反应的部位及炎症发展阶段的不同,炎症的病理改变也有所不同。致炎因子的损伤与机体的抗损伤贯穿于炎症过程的始终。

第三节　炎症的局部临床表现和全身反应

一、局 部 表 现

1. 红　炎症早期由于动脉性充血,局部组织血液内氧合血红蛋白增多,呈鲜红色;随着炎症的发展,出现静脉性充血,局部组织血液内还原血红蛋白增多,呈暗红色。

2. 肿　在急性炎症时,由于局部充血,液体渗出,导致局部明显肿胀;在慢性炎症时,局部组织增生引起肿胀。

3. 热　炎症早期局部温度较周围正常组织温度高。这是由于动脉性充血,血流加快,代谢增强,产热增多所致。

4. 痛　炎症局部疼痛,其原因:①局部组织分解代谢增强,H^+、K^+浓度升高,刺激感觉神经末梢引起疼痛;②局部肿胀压迫感觉神经末梢,如肝炎时,肝大引起的肝区胀痛等;③炎症组织内前列腺素、缓激肽等炎症介质的致痛作用。

5. 功能障碍　炎症局部组织、器官的实质细胞变性、坏死可导致病变器官功能障碍,如病毒性肝炎时,肝细胞变性、坏死引起肝功能障碍;炎症渗出物的压迫、阻塞也可引起器官功能障碍,如心包炎引起心包腔积液影响心脏功能、喉头水肿引起呼吸困难甚至窒息;以及炎症引起的疼痛可导致炎症局部组织和器官的功能障碍,如关节炎疼痛限制关节活动等。

二、全 身 反 应

1. 发热　炎症时,一定程度的发热可使机体的代谢增强,吞噬细胞的吞噬功能增强,抗体形成增加,肝脏的解毒功能增加,提高机体的防御能力。但体温过高或长期发热,可引起各系统尤其是中枢神经系统的代谢、功能紊乱,对机体造成危害。少数患者在严重炎症时,体温反而不升高,说明机体反应性差,机体抵抗力低下。

2. 血液中白细胞的变化　炎症时,各种致炎因子、炎症代谢产物等刺激骨髓,使白细胞生成增多。表现为外周血液中白细胞数目增多。特别是在细菌感染时,血液中白细胞增多,白细胞计数可达(15~20)×10⁹/L,若达到(40~100)×10⁹/L则称为类白血病反应。增多的白细胞种类与病原、感染程度、机体的反应性有关。若严重感染时,血液中相对不成熟的中性杆状核粒细胞所占比例增多(>5%),称核左移。一般情况下,急性化脓性炎症引起血液中中性粒细胞增多;寄生虫感染和过敏反应时,引起血液中嗜酸性粒细胞增多;病毒感染或慢性炎症引起血液淋巴细胞增多。当伤寒杆菌、立克次体等感染时,血液白细胞计数减少。

3. 单核巨噬细胞系统增生　主要表现为局部淋巴结肿大,肝、脾大。骨髓、肝、脾、淋巴结中的巨噬细胞增生,吞噬、降解能力增强,脾和淋巴结等处的 T 细胞、B 细胞增生,释放淋巴因子和分泌抗体功能增强,以增加机体的防御反应。

4. 实质器官病变　较严重的炎症,由于病原微生物及毒素、血液循环障碍及发热等因素的影响,可导致心、脑、肝、肾等实质器官的细胞发生变性、坏死从而引起器官功能障碍,并出现相应的临床症状,甚至引起严重的后果,如白喉类毒素引起的心肌细胞坏死。

第四节　炎症的类型及病理变化特点

由于致炎因子不同、发生的器官组织不同、机体反应性不同、病变部位组织损伤程度也不同,即使同一致炎因子作用于同一患者,由于免疫功能状态不同,炎症也可有不同的表现,或由一种类型转变为另一种类型。因此炎症的分类不是绝对的。

一、临床类型

按病程长短分为以下四种,其中以急性炎症、慢性炎症最常见。

(一)超急性炎症

炎症反应非常急剧呈暴发性经过,整个病程数小时至数天,短期内引起组织、器官严重损害,甚至导致机体死亡。局部病变以变质为主,多见于超敏反应性损害如器官移植的超急性排斥反应。

(二)急性炎症

起病急,病程短,症状明显,一般在 1 个月内。一般以变质、渗出为主,炎细胞浸润主要为中性粒细胞,如急性阑尾炎等。

(三)慢性炎症

可由急性炎症转变而来或一开始即呈慢性经过,病程长,数月至数年,症状不甚明显,局部病变以增生为主,炎细胞浸润主要为淋巴细胞、浆细胞和巨噬细胞。当机体免疫力降低、病原体大量繁殖时,慢性炎症可急性发作,如慢性胆囊炎的急性发作。

（四）亚急性炎症

病程介于急性炎症与慢性炎症之间，一般在一个月至数个月，如亚急性细菌性心内膜炎、亚急性重型肝炎等。

二、急性炎症的病理学类型及其特点

（一）变质性炎

指局部组织细胞以变质（变性、坏死）为主，渗出和增生较轻。其常发生于心、肝、脑、肾等实质器官，多呈急性经过，多由重症感染、病毒、毒素、超敏反应引起，严重时可造成相应器官的功能障碍。例如：急性重型肝炎，以肝细胞广泛坏死为主，渗出和增生较轻，肝功能出现严重障碍；流行性乙型脑炎，以神经细胞变性坏死为主，造成中枢神经系统功能障碍；白喉外毒素引起的中毒性心肌炎，心肌细胞变性坏死，导致严重的心功能障碍。病变的轻重取决于坏死的程度。

（二）渗出性炎

渗出性炎以渗出为主，多为急性炎症，最常见。由于致炎因子和机体反应性不同，渗出物的成分不同。根据渗出物主要成分不同，常可分为以下几种类型：

1. 浆液性炎　以浆液渗出为主，渗出物主要是血浆成分，含有 3%~5% 的蛋白，以白蛋白为主，混有少量中性粒细胞和纤维素。其常发生于皮肤、黏膜、浆膜和疏松结缔组织，如皮肤浅 Ⅱ 度烧伤所形成的水疱、毒蛇咬伤、结核性胸膜炎早期引起的胸膜腔积液等。

浆液性炎病情较轻，病因去除后，浆液易吸收，可痊愈。若渗出的浆液过多，可压迫器官，影响其功能，甚至导致严重后果。如喉头严重水肿可引起窒息。胸膜腔、心包腔大量积液可影响心肺功能。

2. 纤维素性炎　由于血管损伤较重，通透性显著增高，渗出物中以纤维蛋白原渗出为主，继而形成纤维蛋白（纤维素）为特征的渗出性炎，是由细菌（痢疾杆菌、白喉杆菌、肺炎链球菌）及毒素或各种内、外源性毒物所致。其常发生于黏膜、浆膜和肺。发生于黏膜的纤维素性炎称为假膜性炎，由渗出的纤维素、白细胞和坏死组织共同组成的灰白色膜状物，称为假膜。如白喉、细菌性痢疾；发生于浆膜的称为纤维素性炎，如纤维素性胸膜炎、纤维素性心包炎。纤维素性心包炎随心脏搏动，在心脏表面渗出的纤维素形成呈灰白色绒毛状，称为绒毛心（图 17-5），使心包腔的脏层与壁

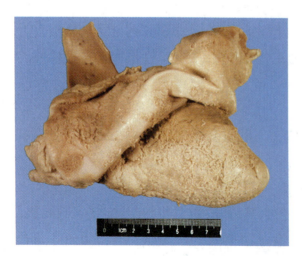

图 17-5　纤维素性心包炎（绒毛心）

194

层不易剥离,纤维素不能被溶解吸收,发生机化粘连进而形成缩窄性心包炎;肺部纤维素性炎,常见于大叶性肺炎的红色肝样变期及灰色肝样变期,在肺泡腔内可见渗出的大量纤维素及血细胞(红细胞及中性粒细胞)。渗出的少量纤维素可被溶解吸收,若渗出的纤维素过多或渗出的中性粒细胞过少及组织内抗胰蛋白酶过多,纤维素不能完全溶解吸收,则发生机化、粘连,如胸膜粘连增厚,肺肉质变等。

3. 化脓性炎　其特征是以大量的中性粒细胞渗出为主,伴有不同程度的组织坏死和脓液形成。其多由化脓菌(葡萄球菌、链球菌、大肠埃希菌、脑膜炎双球菌)感染所致。大量变性、坏死的中性粒细胞(脓细胞)、细菌、坏死组织物和少量浆液共同构成脓液,呈灰黄色或黄绿色。葡萄球菌感染,脓液较浓稠;链球菌感染,脓液较稀薄,呈乳状液体。根据化脓性炎的原因和部位的不同,可分为以下几类:

(1)表面化脓和积脓:表面化脓指发生在黏膜、浆膜、脑膜等部位的化脓性炎,其特点是中性粒细胞主要向黏膜、浆膜、脑膜表面渗出,深部组织无明显细胞浸润。如化脓性尿道炎,黏膜表面渗出的脓液,可通过尿道排出体外。当化脓性炎发生在浆膜腔、胆囊、输卵管时,脓液在腔内聚集,称为积脓。

(2)蜂窝织炎:是指疏松结缔组织的弥漫性化脓性炎,常发生在皮下、肌肉、阑尾等部位(图17-6)。其主要由溶血性链球菌感染引起,因溶血性链球菌能产生大量透明质酸酶和链激酶,分别降解结缔组织基质中的透明质酸和纤维素,使细菌易通过疏松组织间隙和淋巴管扩散。炎症范围广,发展迅速。轻者可完全吸收消散,严重者有局部淋巴结肿大、发热等全身中毒症状。

(3)脓肿:是指局限性化脓性炎症,其主要特征是组织发生溶解坏死,形成充满脓液的腔。脓肿多发生于皮肤和内脏实质器官(脑、肝、肾、肺)(图17-7)。常由金黄色葡萄球菌感染引起,它产生的毒素使局部组织坏死,继而大量中性粒细胞浸润,中性粒细胞吞噬细菌后变性、坏死成为脓细胞,并释放出蛋白水解酶,使坏死组织液化,形成含有脓液的脓腔。细菌产生血浆凝固酶,使渗出的纤维蛋白原转变成纤维素,因而病变局限。脓肿周围有明显充血、水肿、炎细胞浸润,随后有肉芽组织增生,包围脓肿形成脓肿膜。小脓肿可

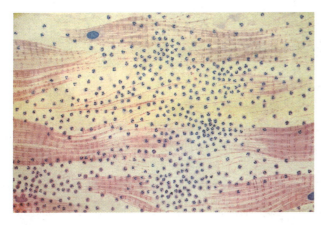

图 17-6　肌肉的蜂窝织炎

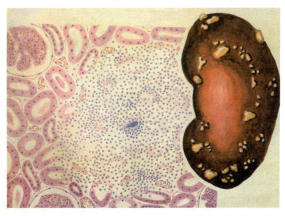

图 17-7　肾脓肿

以吸收散退,较大脓肿则由于脓液过多,吸收困难,需要切开排脓或穿刺抽脓。

疖是单个毛囊、皮脂腺及周围组织的脓肿。疖中心部分液化,脓液可在毛囊处破出。痈是多个疖的融合,在皮下脂肪及筋膜组织中可形成许多相互沟通的脓肿,必须切开引流排脓。

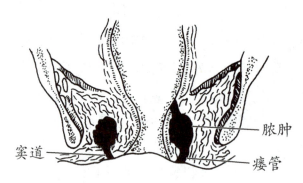

图17-8　肛门周围脓肿形成窦道和瘘管模式图

皮肤、黏膜的脓肿向表面破溃形成溃疡。深部组织的脓肿向体表或体腔穿破,可形成窦道(指一个开口的病理性盲管)或瘘管(指连于体表和有腔器官之间或两个有腔器官之间的,有两个及以上开口的病理性管道),如肛门周围脓肿形成窦道或瘘管(图17-8)。

4. 出血性炎　是指炎症局部组织血管壁损伤较重,渗出物中有大量红细胞的炎症。红细胞可借白细胞游出后扩大的内皮细胞连接处或内皮坏死后缺损处漏出血管壁。其常见于急性传染病,病势凶险,主要由某些毒力很强的病原体引起,如流行性出血热、鼠疫、炭疽、钩端螺旋体病等。出血性炎常常伴多种炎症混合出现,多为烈性传染病的重要标志。

以上各型炎症可单独发生,也可合并存在,如浆液纤维素性炎、纤维素性脓性炎。在炎症发展过程中,可由一种炎症转变成另一种炎症。如感冒早期引起的上呼吸道的浆液性炎,随后可转变为脓性炎。

另外,卡他性炎是指发生在黏膜组织的一种渗出性炎。来自希腊语译音,"卡他"是向下流的意思,故称卡他性炎。根据渗出物性质不同,又可分为浆液性、纤维素性及脓性卡他性炎等。

(三)增生性炎

增生性炎是指病理变化以增生为主的炎症,多见慢性炎症。大多急性炎症以变质、渗出为主,少数急性炎症以增生为主,如伤寒、急性肾小球肾炎。

三、慢性炎症的病理学类型及其特点

慢性炎症分为一般慢性炎症和肉芽肿性炎两类。

(一)一般慢性炎症

其特点:①炎症灶内浸润细胞主要是单核细胞、淋巴细胞和浆细胞;②主要由炎症细胞引起组织破坏;③常出现明显的成纤维细胞、血管内皮细胞,以及被覆上皮、腺上皮等实质细胞增生,修复损伤的组织。发生在某些部位的慢性炎症,有时可形成具有一定形态特征的改变,如炎性息肉和炎性假瘤。炎性息肉(局部黏膜上皮、腺体和肉芽组织增生,形成向表面突出带蒂的肿物），常见的有鼻息肉、子宫颈息肉、肠息肉等；炎性假瘤（局部组织炎性增生，形成的一个境界清楚的肿瘤样团块），大体形态和X射线下都与肿瘤相似，形成占位性病变，常发生于眼眶和肺，其结构是由多种细胞成分（肉芽组织、炎细胞、实质细胞、纤维组织）增生，并有纤维化的炎性包块。其实质是炎症，需与真性肿瘤鉴别。如肺的炎性假瘤。

（二）肉芽肿性炎

肉芽肿性炎是一种以形成肉芽肿形式为特点的特殊类型的增生性炎。炎症局部组织以巨噬细胞及其演化的细胞增生为主，形成境界清楚的结节状病灶。病灶直径一般为0.5~2.0mm，不同的病因引起的肉芽肿的形态不同。肉芽肿的巨噬细胞来源于血液中的单核细胞和局部的组织细胞。巨噬细胞受病原异物刺激后，转化为特殊形态的上皮样细胞和多核巨细胞。病灶的中央或周围常有多核巨细胞，是由上皮样细胞融合而来。细胞核数目可达几十至上百个，感染性多核巨细胞的核常排列于细胞的周边；而异物巨细胞核杂乱无章地分布于细胞内。病灶周边则有淋巴细胞浸润。根据病因的不同，肉芽肿性炎可分为：

1. 感染性肉芽肿 由生物性病原体感染引起的肉芽肿。形成特殊的形态特征，具有一定的诊断价值，如结核性肉芽肿（结核结节）、伤寒肉芽肿（伤寒小结）、麻风肉芽肿、梅毒肉芽肿、风湿性肉芽肿（风湿小体）等。病原体所引起的细胞介导的免疫反应导致肉芽肿的形成。

2. 异物性肉芽肿 常由手术缝线、滑石粉、隆胸术的填充物、坏死骨等异物引起的肉芽肿。由于异物体积大，不能被单个巨噬细胞吞噬，但能刺激巨噬细胞增生形成上皮样细胞和异物巨细胞。以异物为中心，由上皮样细胞、多核巨细胞、成纤维细胞和淋巴细胞等形成结节状病灶。

第五节　炎症的结局

炎症反应的全过程是损伤与抗损伤的综合表现，其发生、发展及结局不仅取决于致炎因子的质和量，还取决于机体的状态以及临床治疗情况的不同。如机体的营养、免疫功能、内分泌和局部组织血液循环状态，都直接或间接影响着炎症经过。一般而言，机体抵抗力正常，感染的病原较少、毒力弱，则发生普通型急性炎症；若机体免疫功能低下，或病原繁殖，重复感染，可形成慢性炎症；若机体抵抗力耐受，感染的病原量少、毒力弱，可不发生炎症；若机体免疫功能紊乱，反应过强，感染的病原量多、毒力强，可呈暴发性炎症。

炎症的结局因各自力量的消长及是否得到适当的治疗而异。大多数炎症病变能够痊愈，少数迁延为慢性，极少数可蔓延扩散到全身。急性炎症常见的结局有以下几种情况：

一、痊　愈

（一）完全痊愈

炎症过程中的病因被清除,病灶内坏死组织及渗出物被溶解、吸收,通过再生完全恢复原来组织的正常结构和功能。如大叶性肺炎,肺泡腔内的渗出物可完全溶解吸收或咳出,肺组织完全恢复正常。

（二）不完全痊愈

较大的病灶或渗出的纤维素较多,不能完全溶解吸收,则有肉芽组织增生机化、包裹,形成瘢痕性修复或纤维粘连,不能完全恢复组织原有的结构和功能;如果瘢痕形成过多,或发生在重要器官,可造成严重后果。如风湿性心内膜炎导致心瓣膜病时,可引起血液循环障碍,组织器官功能障碍;心肌梗死时,则由纤维瘢痕代替,影响心功能。

二、迁延不愈

急性炎症时,致炎因子在短时间内不能消除,在体内持续或反复作用,不断损伤周围组织,造成炎症迁延不愈,使急性炎症转为慢性炎症。病情可时轻时重,病变新旧并存。如急性支气管炎转变为慢性支气管炎;急性病毒性肝炎可转变为慢性迁延性肝炎;急性牙髓炎转变为慢性牙髓炎等。一些慢性炎症经过适当治疗也可痊愈。

三、蔓延播散

在机体抵抗力低下,病原微生物数量多、毒力强的情况下,病原微生物沿着组织间隙或血管、淋巴管向周围组织或全身扩散,引起严重后果。

（一）局部蔓延

炎症区的病原微生物通过组织间隙或自然管道向周围组织和器官蔓延,使病灶扩大,如小儿上呼吸道感染引起支气管肺炎;浸润性肺结核,结核分枝杆菌可沿组织间隙向周围蔓延,使病灶不断扩大;尿路感染可向上蔓延形成急性膀胱炎,并蔓延到输尿管或肾盂引起肾盂肾炎;龋病向深部可引起牙髓炎;牙髓炎通过根尖孔引起根尖周炎;急性化脓性根尖脓肿又可向表面黏膜突破形成窦道。炎症的局部蔓延可形成糜烂、溃疡、窦道、瘘管及空洞。

（二）淋巴道播散

病原微生物经组织间隙侵入局部淋巴管,引起淋巴管炎和局部淋巴结炎。感染严重时,病原体及富含蛋白的炎性水肿液和部分白细胞可通过淋巴液回流或进一步入血。如上肢感染时,可引起同侧腋窝淋巴结炎;肺结核扩散可引起结核性淋巴管炎及肺门淋巴结结核;足部的感染病灶可引起下肢淋巴管炎、腘窝淋巴结炎及腹股沟淋巴结炎;急性根尖周炎可引起颌下淋巴结肿大并压痛。

（三）血道播散

炎症区的病原微生物或毒素直接侵入或随淋巴管回流入血液循环,引起:

（1）菌血症:是指细菌经局部病灶侵入血液,全身无中毒症状,但血中可查到细菌,如流行性脑脊髓膜炎、大叶性肺炎早期可发生菌血症等。

（2）毒血症:是指细菌毒性产物或毒素被吸收入血,临床上出现高热、寒战等全身中毒症状,可伴有心、肝、肾等实质器官的变性或坏死,严重时出现中毒性休克。

（3）败血症:是指炎症区局部的细菌侵入血液后,大量繁殖并产生毒素,出现全身中毒症状。临床表现除有高热、寒战等全身中毒症状外,还有皮肤、黏膜的多发性出血斑点,以及脾大和全身淋巴结肿大等。血中可培养出病原体。

（4）脓毒败血症:由化脓菌引起的败血症可进一步发展为脓毒败血症。除败血症的表现外,可在全身一些器官中(肝、肺、脑、肾等)出现多发性栓塞性脓肿。

 导入案例分析

炎症的基本病理变化是变质、渗出和增生,小叶性肺炎中这三种病变都有,但以渗出为主。患儿咳脓痰,说明炎症的类型是渗出性炎中的化脓性炎。化脓性炎时主要渗出物是中性粒细胞,血液中白细胞的变化为白细胞数目增多、中性粒细胞百分比增高。

本章小结

本章学习重点是炎症的基本病理变化、炎细胞的类型及功能、疾病的病理学类型及病变特点。学习难点是根据疾病的病变特点判断疾病的病理学类型。在学习过程中还要注意一般炎症只有局部表现:红、肿、热、痛、功能障碍,严重的炎症除局部表现外,还伴有全身反应:发热、血液中白细胞总数变化、单核巨噬细胞系统增生、实质器官发生病变。炎症的结局有痊愈、迁延不愈、蔓延扩散。白细胞的渗出和吞噬是炎症防御反应的重要环节。

（宋　谦）

 思考与练习

一、名词解释

1. 渗出
2. 炎症介质

3. 假膜

4. 肉芽肿

5. 蜂窝织炎

6. 窦道

二、简答题

1. 列表区别渗出液与漏出液。

2. 简述炎症的基本病理变化。

3. 简述急性炎症常见的临床类型及特点。

4. 简述炎细胞的种类及功能。

5. 试比较脓肿与蜂窝织炎。

6. 简述炎症的结局。

第十八章 ｜ 肿瘤

ER18 数字内容

学习目标

1. 增强学生环境保护意识,积极参与生态文明建设,减少肿瘤发生的环境因素。
2. 掌握肿瘤的概念、异型性、生长、扩散和转移,良恶性肿瘤的区别,癌与肉瘤的区别,癌前病变、原位癌、上皮内瘤变、早期浸润癌的概念。
3. 熟悉肿瘤的形态,肿瘤对机体的影响,恶性肿瘤的分级和分期,肿瘤的命名和分类,常见肿瘤的类型。
4. 了解肿瘤发生的原因及机制。
5. 能够根据典型的临床表现、大体形态和组织学观察,对常见良恶性肿瘤做出初步的诊断。

根据生物学特性及对机体的危害性,肿瘤一般可分为良性和恶性两大类。通常所说的癌症泛指恶性肿瘤。肿瘤的发病率虽然不高,但因为恶性肿瘤的病死率很高,因此肿瘤仍然是严重威胁人类健康和生命的主要疾病之一。由于肿瘤的发病机制尚未完全阐明,所以,癌症的防治重点仍是早发现、早诊断和早治疗。

第一节　肿瘤的概念

 导入案例

患者,男,68岁。右上腹隐痛半年余,近一个月加重。患者有三十多年的饮酒史,二十多年前曾患乙肝。近半年来,出现食欲减退,腹部闷胀、消化不良,有时恶心、呕吐。

体格检查：消瘦，面色苍白。右上腹有压痛，肺可闻及湿啰音。

实验室检查：血清甲胎蛋白（AFP）阳性。

X射线显示：双肺可见多个直径1~2cm的致密阴影，边界清楚。

B超显示：肝右叶有数个直径2cm的占位性病变，边界不清。

请思考：

1. 患者患的是什么病？

2. 还需做哪些检查？

肿瘤是指机体局部的正常组织细胞在各种致瘤因子的作用下，在基因水平上失去了对细胞生长的正常调控，导致异常增生而形成的新生物，又称为肿瘤性增生或克隆性增生。

肿瘤的表现多为局部肿块，影像学上又称为占位性病变。但也有不形成局部肿块的肿瘤，如白血病。临床上表现为局部肿块者也不一定都是肿瘤，如炎性息肉、炎性假瘤等慢性炎症以及乳腺增生症、前列腺增生症等适应性增生，亦称为非肿瘤性增生。肿瘤性增生与非肿瘤性增生有本质的区别（表18-1）。

表18-1　肿瘤性增生与非肿瘤性增生的区别

区别要点	肿瘤性增生	非肿瘤性增生
病因	环境或内在致瘤因素	炎症或组织损伤
细胞亲缘	单克隆性	多克隆性
分化程度	不同程度地失去了分化成熟的能力	具有正常的形态结构和功能
调节控制	具有相对自主性，不受机体控制，致瘤因素消除后仍继续生长	受机体调控，原因消除后即停止增生
机体影响	与机体不协调，对机体有害无益	与机体协调，符合机体需要

非肿瘤性增生包括机体生理状态下的细胞更新，以及在适应、修复、炎症等病理状态下细胞、组织的增生。非肿瘤性增生是机体生存所需，是在机体的调控下，多个细胞同时发生的增生，即多克隆性增生。增生的细胞分化成熟，形态和功能正常。

肿瘤性增生是在多个发生不同基因突变的正常细胞中，活性最强的那一个不断增殖并最终淘汰其他细胞。因为所有的肿瘤细胞都来源于一个细胞，因此是单克隆增殖。因为发生了基因突变，肿瘤性增生在不同程度上失去分化成熟的能力，失去了原来组织的形态和功能。

非肿瘤增生的原动力来自机体，属于细胞外因素，因此受到机体的调控，与机体的需要相协调，如果外界的刺激停止，增生也随之停止。反之，肿瘤性增生的原动力主要来自细胞本身,来自基因的突变,属于细胞内因素,因此不完全受机体的调控,与机体的需要不协调,即使外界的刺激停止,增生也不会停止。

另外,非肿瘤性增生和肿瘤性增生也有密切的联系,一般来说,非肿瘤性增生旺盛的细胞发生肿瘤性增生的概率比较大。

第二节　肿瘤的特征

一、肿瘤的一般形态与组织结构特点

（一）肿瘤的大体形态

大体形态主要指通过肉眼观察肿块所获得的印象,在一定程度上可反映肿瘤的组织结构和良恶性。肿瘤的大体形态多种多样,主要包括以下几个方面的内容:

1. 形状　不同部位、性质、生长方式和来源的肿瘤可有各种各样不同的形状(图18-1)。如乳头状、息肉状、边缘隆起的溃疡状、结节状、分叶状、囊状等。

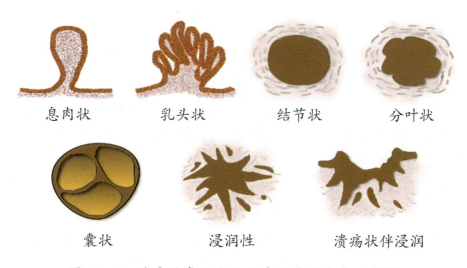

息肉状　　　乳头状　　　结节状　　　分叶状

囊状　　　浸润性　　　溃疡状伴浸润

图 18-1　肿瘤的常见大体形态和生长方式示意图

2. 大小　肿瘤的体积差别很大,其大小与肿瘤的性质、生长时间和发生部位有关,良性肿瘤往往生长时间较长,体积较大,如卵巢囊腺瘤,重量可达数千克甚至数十千克。恶性肿瘤由于生长迅速,对机体危害性大,常在体积较小时已被发现。如结肠和甲状腺的微小癌。

3. 质地　肿瘤的质地主要与肿瘤的组织类型、实质与间质的比例及有无继发感染等因素有关。瘤细胞多而间质少的肿瘤质地较软,反之则质地较硬。此外,继发坏死、液化或囊性变者则质地变软,而继发玻璃样变、钙化或骨化的肿瘤质地变硬。

4. 颜色　肿瘤组织的颜色与起源组织的颜色近似。多数肿瘤呈灰白色,脂肪瘤呈黄色,血管瘤呈暗红色,黑色素瘤可呈黑褐色。间质血管丰富的肿瘤多呈粉红色。

5. 数目　肿瘤通常只有一个,称单发瘤。少数可发生多个(一个以上)原发肿瘤,称为多发性肿瘤,如多发性子宫平滑肌瘤、家族性腺瘤性结肠息肉病等。

(二)肿瘤的组织结构

肿瘤的组织形态是指通过显微镜观察肿瘤所获得的印象,肿瘤病理诊断的基本依据。一般的肿瘤组织结构均可分为实质和间质两部分。

1. 肿瘤的实质　即肿瘤细胞,决定了肿瘤的生物学特性及其对机体的影响,是病理诊断中判断肿瘤的组织类型和良恶性的主要依据。肿瘤通常只含有一种实质成分,但少数肿瘤可含有两种或多种实质成分,如乳腺纤维腺瘤,就包括腺体和纤维两种成分。

2. 肿瘤的间质　主要由纤维组织和血管组成,还可有淋巴管。对肿瘤实质有支持和营养作用,此外,间质还可有淋巴细胞、巨噬细胞浸润,是机体抗肿瘤免疫反应的表现。一般来说,炎细胞浸润越多,说明机体抗肿瘤免疫反应越强,预后越好。

二、肿瘤的异型性

(一)肿瘤的分化

在组织胚胎学中,分化是指在胚胎发育阶段原始幼稚细胞向不同方向演变而逐渐成熟的过程。肿瘤的分化则不然,是指肿瘤组织与其起源组织比较,在组织形态和功能上的相似之处。经过比较,肿瘤的组织形态和功能与起源组织的相似性高,就称之为分化好,或者分化程度高,或者分化较成熟;反之,则称之为分化差,或者分化程度低,或者分化不成熟。如果两者缺乏相似之处,则称为未分化。

(二)肿瘤的异型性

肿瘤的分化强调肿瘤与其起源组织的相似性,而肿瘤的异型性则强调两者的差异性。因此,肿瘤的分化和异型性是一对相反相成的概念。因为基因突变,肿瘤一定具有或多或少的异型性。我们当然希望肿瘤的分化好一些,也就是异型性小一些,因为这种情况可能提示基因突变较少或者较轻微,肿瘤的恶性程度低,预后较好;反之,肿瘤的分化差一些,也就是异型性大一些,可能提示基因突变的程度严重,恶性程度高,预后差。因此,肿瘤异型性的大小是诊断肿瘤、确定良恶性、判断恶性程度及其预后的主要组织学依据。肿瘤的异型性来自细胞和结构两个方面与起源组织的差异性。

1. 瘤细胞的异型性　良性肿瘤细胞分化高,与其起源组织细胞相似,细胞异型性很小,如脂肪瘤的瘤细胞与脂肪细胞很相似。恶性肿瘤细胞分化低,与其起源组织细胞不相似,细胞异型性大(图 18-2),主要体现在:

(1)瘤细胞的多形性:瘤细胞通常体积增大,形态各异,而且大小不一,可见单核或多核瘤巨细胞。

（2）瘤细胞核的多形性：瘤细胞的核增大，核质比增大（正常1：4~1：6，恶性1：1）；核的大小、形态不一，可出现双核、多核、巨核等；染色体呈粗颗粒状分布不均匀；核仁增大、增多。

（3）核分裂象：恶性肿瘤的核分裂象增多，还可出现不对称、三极、多极、顿挫型等病理性核分裂象。病理性核分裂象仅出现于恶性肿瘤，对诊断和鉴别恶性肿瘤具有重要的意义。

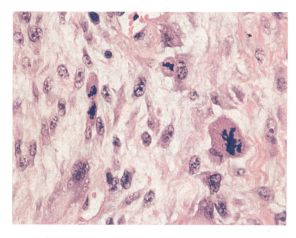

图18-2　恶性肿瘤的细胞异型性

（4）瘤细胞质：胞质大多偏嗜碱性，且染色深浅不一。

2. 肿瘤组织结构的异型性　肿瘤组织结构的异型性是指肿瘤组织在空间排列方式上与其起源的正常组织的差异，包括肿瘤细胞的排列、层次、极向及实质与间质关系等方面。

良性肿瘤的细胞异型性小，但仍有不同程度的组织结构异型性。这是鉴别正常组织和良性肿瘤组织的主要依据。如子宫平滑肌瘤的细胞与正常子宫平滑肌细胞非常相似，只是其排列表现出编织状或旋涡状。

恶性肿瘤的组织结构异型性大，与其起源组织有明显差异，表现为肿瘤实质与间质的关系紊乱、瘤细胞排列紊乱、失去正常的结构与层次、极性消失等。如鳞癌的癌细胞排列成大小不等、形状不规则的癌巢。分化程度高者，癌巢中央可见角化珠；分化低者，与起源组织的差异增大，排列成不规则的实性癌巢。

（三）肿瘤的分级

恶性肿瘤的分级是病理学根据肿瘤的异型性，判定其恶性程度的一种指标。一般分为三级：Ⅰ级为高分化，低度恶性；Ⅱ级为中等分化，中度恶性；Ⅲ级为低分化（包括未分化），高度恶性。以前认为，恶性肿瘤的分级是临床确定治疗方案和判断预后的重要依据之一，但事实证明，根据分级判断预后并非特别准确，因此，目前更倾向于二分类法，即仅把恶性肿瘤分为低级别和高级别两类。

三、肿瘤的生长和扩散

（一）肿瘤的生长

1. 肿瘤的生长方式

（1）膨胀性生长：是器官内部良性肿瘤的典型生长方式。随着体积的增大，肿瘤推挤但并不侵入周围组织，两者之间可形成纤维性包膜。肿块常呈结节状，与周围正常组织界限清楚。触诊时肿块活动度好，手术易完整切除，术后不易复发。

（2）侵袭性生长：是恶性肿瘤的典型生长方式。瘤细胞如同树根扎入土壤般侵入并破坏周围组织，此现象称为肿瘤浸润。肿瘤无包膜，与周围组织界限不清，触之肿块固定或活动度小。手术不易彻底切除，易复发。为判断切缘有无肿瘤细胞浸润，手术中常进行快速冷冻病理检查，以帮助临床医生确定是否需要扩大切除范围。

（3）外生性生长：可见于良性或恶性肿瘤。发生在体表、体腔或管道器官腔面（如消化道等）的肿瘤，常向表面生长形成乳头状、息肉状、蕈状、菜花状的肿块。恶性肿瘤除向表面外生性生长外，亦向底部呈侵袭性生长。因为生长迅速，恶性肿瘤组织还可因血液供应相对不足而发生坏死、脱落，形成底部不平、边缘隆起的火山口状的恶性溃疡。

2. 肿瘤的生长速度　肿瘤的类型不同表现出的生长速度不同，主要取决于肿瘤细胞的分化程度、营养状况及机体的免疫反应等。一般来说，分化好的良性肿瘤生长缓慢，有的可达几年甚至几十年。但短期内良性肿瘤生长突然加快的，要考虑恶变的可能。而分化差的恶性肿瘤生长较快，短期内可形成明显肿块，但因血管形成及营养供应相对不足，易发生坏死、出血等。生长速度快是恶性肿瘤的生物学特性之一。

（二）肿瘤的扩散

恶性肿瘤不仅可在原发部位侵袭性生长并累及邻近器官或组织，而且还可以通过多种途径扩散到身体其他部位。扩散是恶性肿瘤与良性肿瘤的最主要区别，是恶性肿瘤最重要的生物学特征。

1. 直接蔓延　即侵袭性生长，是一种连续性的扩散。随着恶性肿瘤不断长大，肿瘤细胞常沿着组织间隙或神经束衣连续地外溢，破坏邻近组织或器官，这种现象称为直接蔓延或局部浸润。如晚期胰头癌可蔓延到肝脏、胃、十二指肠，晚期子宫颈癌可蔓延到直肠和膀胱。

2. 转移　恶性肿瘤细胞从原发部位侵入淋巴管、血管或体腔，迁徙到他处而继续生长，形成与原发瘤同类型的肿瘤，这个过程称为转移。转移是一种跳跃性的扩散，所形成的肿瘤称为转移瘤或继发瘤。常见的转移途径：

（1）淋巴道转移：多见于癌（图18-3），癌细胞侵入淋巴管后，随淋巴流到局部淋巴结，继续增殖形成淋巴结转移瘤。如肺癌首先转移到肺门淋巴结；发生于外上象限乳腺癌常先转移到同侧腋窝淋巴结。受累的淋巴结呈无痛性肿大，质地变硬，可推动，切面灰白色。癌细胞还可继续随淋巴循环转移到下一站淋巴结，最后可经胸导管进入血液而继发血道转移。

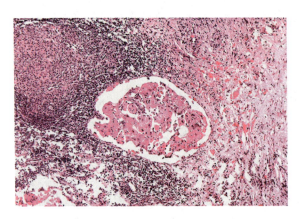

图 18-3　肿瘤的淋巴道转移
图示肺间质淋巴管内的瘤细胞团。

（2）血道转移：多见于肉瘤，也可见于

各种癌的晚期,尤以肾癌、肝癌、甲状腺癌等多见。恶性肿瘤细胞侵入薄壁血管后,可随血流到达远隔器官继续生长,形成转移瘤。因为血道转移的途径与栓子运行的途径基本相同,不难理解,血道转移最常见的转移部位是肺,其次是肝,再次是骨。因此,对肺、肝、骨的影像学检查对于了解恶性肿瘤是否发生血道转移十分必要。与原发瘤的侵袭性生长不同,转移瘤多为界限清楚的球形结节,散在分布,多靠近器官的表面。

（3）种植性转移:发生于胸、腹等体腔内器官的恶性肿瘤,侵及器官表面时,瘤细胞可以脱落,像播种一样种植在体腔其他器官表面,并继续生长,形成多个转移瘤。如胃癌可侵袭浆膜经腹腔种植到卵巢表面,形成转移瘤,即（Krukenberg）瘤;这种转移方式常伴有血性积液,内含脱落的癌细胞,因此,抽取积液进行细胞学检查是诊断恶性肿瘤的重要方法之一。

（三）肿瘤的分期

恶性肿瘤的分期,是临床上根据肿瘤原发灶的大小、浸润范围和转移的情况,对其病程的当前阶段进行描述的一种方法。虽然恶性肿瘤的分期和分级都是临床确定治疗方案和判断预后的重要依据,相对于分级,分期具有更加实际的临床意义。晚期的恶性肿瘤体积大,浸润范围大,扩散程度广,患者的预后也差。

国际上广泛采用 TNM（tumor node metastasis）分期系统。T 指原发瘤的大小,随着肿瘤体积的增加和浸润范围的扩大,依次用 T1~T4 表示;N 指淋巴结转移情况,N0 表示无淋巴结转移,N1~N3 表示淋巴结转移的程度和范围;M 指血道转移情况,M0 表示无血道转移,有血道转移者用 M1、M2 表示程度。

四、肿瘤的复发

肿瘤的复发是指肿瘤经治疗后消失,过一段时间又在同一部位发生相同的肿瘤。良性肿瘤经治疗后很少复发,而恶性肿瘤绝大部分容易复发,这也是恶性肿瘤难以根治的重要原因之一。

五、肿瘤的代谢特点

1. 核酸代谢　肿瘤组织内合成 DNA 和 RNA 的聚合酶活性均比正常组织高,合成的核酸增多,为细胞核的分裂提供物质基础,导致肿瘤的体积不断增大。

2. 蛋白质代谢　肿瘤组织内的蛋白质合成及分解代谢都增强,但合成代谢大于分解代谢,有利于为肿瘤细胞的分裂增殖提供结构和功能性材料。一些恶性肿瘤细胞可以合成肿瘤蛋白,如甲胎蛋白、癌胚抗原等,这些蛋白的检测对肿瘤的辅助诊断、验证疗效等有重要的临床意义。

3. 糖代谢　肿瘤即使在供氧充分的条件下也主要以糖酵解获取能量,以便利用一些中间产物为碳骨架来源合成生长增殖所需的蛋白质、核酸及脂类,从而为瘤细胞的生长和增生提供必需的物质基础。

4. 酶　表现为恶性肿瘤组织内氧化酶减少和蛋白分解酶增加。

第三节　肿瘤对机体的影响

一、良性肿瘤对机体的影响

良性肿瘤局限于原发部位,不扩散,主要表现为局部压迫和阻塞,一般对机体影响小。少数情况下,也可出现继发性改变如出血、感染而引起较为严重的后果。有时候可出现激素增多症状,如垂体嗜酸细胞腺瘤可分泌大量生长激素,引起全身性的改变,如巨人症或肢端肥大症。

二、恶性肿瘤对机体的影响

早期的恶性肿瘤也主要局限于原发部位,表现为局部症状。晚期随着扩散范围的增大,恶性肿瘤的全身影响逐渐明显。恶性肿瘤生长速度快也是对机体影响大的一个原因。除局部压迫、阻塞外,与良性肿瘤相比,恶性肿瘤还可引起一系列更为严重的后果。

1. 破坏器官的结构和功能　恶性肿瘤能破坏原发组织器官及浸润、转移部位的结构,影响其功能。如肝癌晚期引起肝功能衰竭。

2. 疼痛　肿瘤可压迫、浸润局部神经而引起顽固性疼痛。

3. 继发改变　恶性肿瘤可因浸润、坏死而并发溃疡、出血、穿孔、感染、发热及病理性骨折等。坏死可导致自然管道之间形成瘘管。

4. 恶病质　恶性肿瘤晚期,患者处于极度消瘦、厌食、严重贫血及全身衰竭状态,称为恶病质,可导致患者死亡。

5. 异位内分泌综合征与副肿瘤综合征

（1）异位内分泌综合征:一些非内分泌腺的恶性肿瘤(如肺癌、胃癌等),产生或分泌激素或激素类物质,而引起内分泌紊乱,出现相应的临床症状,称为异位内分泌综合征。

（2）副肿瘤综合征:由恶性肿瘤引起的,难以用肿瘤本身或者肿瘤转移进行解释的神经、内分泌、消化、造血、骨关节、肾脏及皮肤等系统病变及相应临床表现,称为副肿瘤综合征。异位内分泌综合征也是一种较为常见的副肿瘤综合征。

第四节 良恶性肿瘤的区别

良性肿瘤和恶性肿瘤的生物学特点明显不同,对机体的影响和临床治疗措施也不同。如误诊将导致治疗过度或延误。因此,区别良性肿瘤和恶性肿瘤(表 18-2)对于肿瘤的正确诊断、合理治疗及预后具有非常重要的意义。

表 18-2 良性肿瘤和恶性肿瘤的区别

	良性肿瘤	恶性肿瘤
分化程度	分化程度高,异型性小	分化程度低,异型性大
核分裂象	无或少,少见病理核分裂象	多见,可见病理性核分裂象
生长速度	缓慢	较快
生长方式	膨胀性生长或外生性生长	侵袭性生长或外生性生长
继发改变	少见	常见,如出血、坏死、溃疡形成等
转移	不转移	常有转移
复发	不复发或很少复发	易复发
对机体影响	较小,主要为局部压迫或阻塞	较大,导致原发部位和转移部位组织坏死、出血、感染,恶病质

必须强调,良性肿瘤与恶性肿瘤最根本的区别在于对机体的影响程度。良性肿瘤主要因为非扩散性而对机体的危害较小,恶性肿瘤反之。因为恶性肿瘤在早期对机体的影响尚未充分显现,此时结合肿瘤的形态、生长方式等对肿瘤进行全面评估就显得尤为重要。有些肿瘤的良性、恶性难以确定,称为交界性肿瘤,如膀胱乳头状瘤、卵巢交界性囊腺瘤等。换句话说,交界性肿瘤可以表现为轻度的恶性,或者有发展为恶性的可能。因此,良性、恶性的界限并非总是非常明确,有时候区别是相对的。临床医生虽然可以通过观察患者精神状况、询问病史、体格检查等手段初步判断肿瘤的性质,但必须进一步综合影像、病理甚至分子检查的结果才能做出最终的诊断。

第五节 肿瘤的命名与分类

一、肿瘤的命名

肿瘤的种类繁多,命名复杂,主要内容包括肿瘤的组织来源和良恶性。

(一)良性肿瘤的命名

任何组织来源的良性肿瘤统称为瘤。命名原则为起源的组织 + "瘤"。如腺瘤、平滑肌瘤、纤维瘤等；也可以肿瘤的形态特点命名，如乳头状瘤。

（二）恶性肿瘤的命名

1. 癌　指起源于上皮组织的恶性肿瘤。命名原则为起源组织＋"癌"，如鳞状细胞癌（鳞癌）、腺癌等；也可以结合形态特点进行命名，如卵巢黏液性囊腺癌。

2. 肉瘤　指起源于间叶组织（包括纤维组织、脂肪、肌肉、脉管、骨、软骨组织、血管和淋巴管等）的恶性肿瘤。其命名原则为起源组织＋"肉瘤"，如纤维肉瘤、脂肪肉瘤、骨肉瘤等。

如前所述，"癌症"泛指所有恶性肿瘤，包括癌和肉瘤。

3. 癌肉瘤　当一个肿瘤的组织结构既有癌的成分又有肉瘤的成分时，称为癌肉瘤。

癌与肉瘤不仅组织起源及形态特点不同，而且在发病年龄、生物学特性和相对预后等方面存在着不同程度的差异（表 18-3）。

表 18-3　癌与肉瘤的区别

	癌	肉瘤
组织来源	上皮组织	间叶组织
发病率	较常见，约为肉瘤的 9 倍	较少见
发病年龄	多见于 40 岁以上成人	大多见于青少年
大体特点	质较硬、灰白色、较干燥	质软、灰红色、湿润、鱼肉状
组织学特征	形成癌巢，实质与间质分界清楚	瘤细胞多弥漫分布，实质与间质分界不清，间质内血管丰富
网状纤维	癌细胞间多无网状纤维	肉瘤细胞间多有网状纤维
转移	多经淋巴道转移	多经血道转移

（三）特殊命名

1. 在肿瘤前加"恶性"来命名　如恶性畸胎瘤、恶性脑膜瘤、恶性神经鞘瘤、恶性淋巴瘤等。

2. 以"母细胞"命名的肿瘤　一般是来源于发育较幼稚组织的肿瘤，恶性的如神经母细胞瘤、肾母细胞瘤、髓母细胞瘤、视网膜母细胞瘤；良性的如肌母细胞瘤、软骨母细胞瘤。

3. 以"瘤"命名的恶性肿瘤　黑色素瘤、淋巴瘤、精原细胞瘤等。

4. 按习惯命名的肿瘤　如白血病、葡萄胎等。

5. 以"人名"命名的恶性肿瘤　如霍奇金（Hodgkin）淋巴瘤、尤因（Ewing）肉瘤、维尔姆斯（Wilms）瘤等。

6. 后缀"瘤病"的肿瘤　表示肿瘤的多发性，如神经纤维瘤病、脂肪瘤病、血管瘤病等。

7. 按细胞形态特点命名的肿瘤　如透明细胞肉瘤、肺小细胞癌。

二、肿瘤的分类

目前全世界统一采用世界卫生组织（WHO）制订的肿瘤组织学分类方法，根据其组织来源或分化方向可分为五大类：上皮组织肿瘤、间叶组织肿瘤、淋巴造血组织肿瘤、神经组织肿瘤及其他肿瘤；每类又分为良性和恶性两种。与肿瘤的命名相似，肿瘤的分类也包括组织来源和良恶性两个方面。不同类型的肿瘤具有不同的临床病理特点、治疗反应和预后。对肿瘤进行正确的组织类型诊断，是拟定治疗方案、判断预后的重要依据。

第六节　癌前病变、原位癌和早期浸润癌

正确认识和发现癌前病变、原位癌和上皮内瘤变，对肿瘤的预防、早期诊断和早期治疗具有重要的实际意义。

一、癌前病变

癌前病变或癌前疾病是指某些具有癌变潜在可能性的良性病变，如长期不能治愈，有可能转变成癌。临床上多见于消化、生殖系统及皮肤等处。

1. 皮肤、黏膜白斑　常发生于口腔黏膜、外阴或阴茎的皮肤。

2. 慢性萎缩性胃炎　尤其是伴肠上皮化生者，癌变率高。

3. 子宫颈糜烂　是妇科常见的疾病。

4. 经久不愈的慢性溃疡　皮肤慢性溃疡、胃溃疡、溃疡性结肠炎等。

5. 结肠、直肠息肉状腺瘤　主要有管状腺瘤、绒毛状腺瘤，家族遗传性腺瘤息肉病。

6. 乳腺纤维囊性病　由内分泌失调引起，表现为乳腺肿块。

7. 肝硬化　由病毒性肝炎所致的肝硬化。

二、异型增生、上皮内瘤变及原位癌

（一）异型增生

异型增生，又称为非典型增生，是指上皮细胞增生并有一定的异型性，但还不足以诊断为癌。其增生的上皮细胞排列紊乱，丧失极性，细胞大小不一。核分裂象增多，但一般不见病理性核分裂象。根据其异型性大小和累及的范围不同，可分为轻度（Ⅰ级）：累及范围不超过上皮层下部 1/3；中度（Ⅱ级）：累及上皮层下部 1/3~2/3；重度（Ⅲ级）：累及上皮层下部 2/3 以上，甚至表皮全层。

（二）上皮内瘤变

上皮内瘤变（intraepithelial neoplasia，IN）是用来描述上皮组织从异型增生到原位癌这一连续的过程。如子宫颈上皮内瘤变（CIN）、外阴上皮内瘤变（VIN）等。一般上皮内瘤变也分为三级，其中Ⅰ级、Ⅱ级分别与轻度、中度异型增生相对应，而Ⅲ级则包括重度异型增生和原位癌。目前倾向于二分类法，即低级别 IN（Ⅰ级）和高级别 IN（Ⅱ级和Ⅲ级）。前者发展为浸润癌的可能性很小，而后者的可能性就大得多，需要及早手术治疗。

（三）原位癌

当癌细胞累及上皮的全层，但尚未突破基底膜向下侵袭性生长者，称为原位癌，亦称为上皮内癌。原位癌内无淋巴管和血管，尚不具备转移的条件，因此原位癌是最早期的癌，如能及早发现，能够完全治愈，否则将发展为早期浸润癌（图 18-4）。

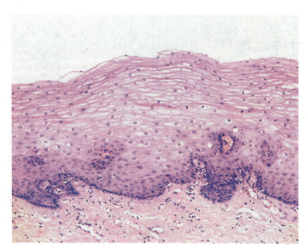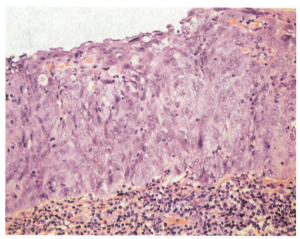

图 18-4　正常鳞状上皮和鳞状细胞原位癌的比较

三、早期浸润癌

早期浸润癌是指原位癌已突破基底膜并向深层浸润，但浸润的深度不超过基底膜下 3~5mm，且无局部淋巴结转移。此时若能及时治疗，预后仍然较好。

癌前病变、上皮内瘤变和早期浸润癌之间存在一定的因果关系,但并不是绝对的,应该理解为相对的概率性,即前者的存在增加了后者的发生概率。正确理解这些概念以及它们之间的关系对于预防相关癌症的发生、防止原位癌发展为浸润癌和指导临床治疗具有重要意义。

第七节　常见肿瘤举例

一、上皮组织肿瘤

（一）上皮组织良性肿瘤

1. 乳头状瘤　是被覆上皮来源的良性肿瘤,常见于皮肤、膀胱等处。肉眼观,肿瘤一般向表面呈乳头状、菜花状或绒毛状突起,由根部变细的蒂与正常组织相连。镜下观,乳头状瘤的中轴为结缔组织和血管构成的间质,瘤细胞覆盖于乳头的表面。乳头状瘤术后一般不复发,但外耳道、阴茎和膀胱的乳头状瘤较易发生恶变。（图18-5）

2. 腺瘤　是起源于腺上皮的良性肿瘤,常发生于甲状腺、卵巢、乳腺、肠、唾液腺。肉眼观:黏膜表面的腺瘤常呈息肉状,一般有蒂

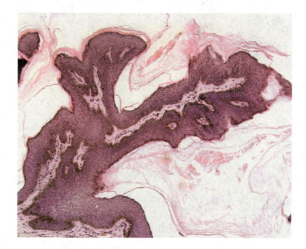

图18-5　鳞状细胞乳头状瘤（皮肤）

与正常组织相连;腺器官内者则多呈结节状,有包膜,与周围组织分界清楚。镜下观:腺瘤细胞分化好,异型性小,并具有一定的分泌功能;腺体数量明显增多,腺体的大小、形态较不规则、排列较密集。

根据腺瘤的组成结构和形态特点,腺瘤可进一步分为囊腺瘤、息肉状腺瘤、纤维腺瘤和多形性腺瘤等类型。部分多形性腺瘤和囊腺瘤可发生恶变。

（二）上皮组织恶性肿瘤

上皮组织恶性肿瘤多见于中老年人,是人类最常见的一类恶性肿瘤。

1. 鳞状细胞癌　简称鳞癌,常发生于鳞状上皮覆盖的部位,如皮肤、口腔、食管、喉、子宫颈、阴道、阴茎等处;也可发生于鳞状上皮化生的部位,如支气管、胆囊、肾盂等处。肉眼观:外表常呈菜花状或不规则的溃疡状,切面灰白色,干燥,界限不清。镜下观:癌细胞呈不规则的片块状、条索状排列,形成癌巢。癌巢与间质分界清楚（图18-6）。分化好的鳞癌,癌细胞间可见细胞间桥;癌巢中央可见层状、同心圆状的角化物,称为角化珠（癌珠）。分化差的癌巢中央无角化珠形成,细胞间桥少或无,异型性明显。

2. 腺癌　是起源于腺上皮的恶性肿瘤,多见于胃肠道、肺、乳腺、甲状腺、女性生殖系统等部位(图18-7)。肉眼观:发生于表面的腺癌常呈蕈伞状、菜花状或溃疡状;腺器官内的腺癌呈不规则结节状,无包膜,与正常组织之间界限不清。镜下观:癌细胞及其细胞核大小不等,形状不一,核分裂象多见。与腺瘤相似,结合其他的结构特征,腺癌也可进一步分为乳头状腺癌、囊腺癌、乳头状囊腺癌等。

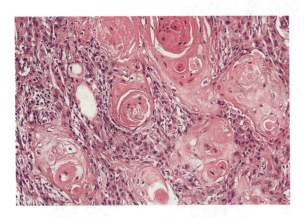 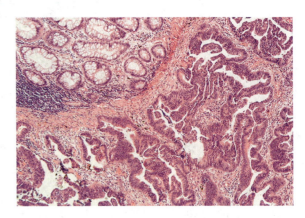

图 18-6　鳞状细胞癌
可见大量癌巢及角化珠。

图 18-7　腺癌

　　分化好的腺癌可形成大小不等、形态不规则的腺管样结构,称管状腺癌。分化差地形成实性癌巢,称为实体癌,属低分化腺癌,恶性程度高。如癌巢小而少,间质相对较多,质地硬,称为硬癌;癌巢大而多,间质少,质地软,则称为髓样癌或软癌;实质间质比例相当的称单纯癌。如癌细胞分泌大量黏液,使癌组织成半透明的胶冻状,则称为黏液癌(胶样癌);癌细胞内含有大量积聚的黏液,细胞核被挤压至一侧,如脂肪细胞,则特称之为印戒细胞癌。

　　3. 基底细胞癌　是起源于表皮基底细胞的恶性肿瘤,多见于老年人面部如眼睑、颊部、鼻翼等处。肉眼观:该处皮肤呈小结节状突起或为经久不愈的溃疡;镜下观:癌细胞大小相似,细胞核染色深,类似基底细胞。基底细胞癌呈侵袭性生长,但生长缓慢,很少发生转移,对放射性治疗很敏感,预后较好。

　　4. 移行上皮癌　起源于膀胱或肾盂等处的移行上皮。肉眼观:肿块呈乳头状,乳头纤细而质脆,可破溃形成溃疡或发生广泛浸润。镜下观:癌细胞似移行上皮,多层排列,异型性明显。

二、间叶组织肿瘤

(一)间叶组织良性肿瘤

　　1. 纤维瘤　起源于纤维细胞,常见于四肢及躯干的皮下。肉眼观:肿块呈结节状,有包膜,切面灰白色,呈编织状条纹,质地韧硬。镜下观:见瘤组织内胶原纤维排成束状、编织状,纤维间含有细长的肿瘤细胞,类似纤维细胞。此瘤生长缓慢,手术后不复发。

2. 脂肪瘤　起源于脂肪细胞,为最常见的良性间叶组织肿瘤,好发于背、肩、颈及四肢近端的皮下组织(图18-8)。肿瘤为单发或多发。肉眼观:肿块为结节状或分叶状,有包膜,质地柔软,切面呈淡黄色。镜下观:瘤细胞与正常脂肪细胞相似,间质少,呈不规则小叶结构,并有不均等的纤维组织间隔。切除后不复发。

图 18-8　脂肪瘤

3. 平滑肌瘤　起源于平滑肌细胞,多见于子宫,其次是胃肠道。肉眼观:肿瘤单发或多发,可呈球形,大小不等,边界清楚,质硬,包膜可有可无,切面灰白色,编织状或漩涡状。镜下观:瘤组织排列成束状或编织状,瘤细胞呈梭形,核长杆状,两端钝圆,核分裂象少见。

4. 脉管瘤

(1)血管瘤:起源于血管内皮细胞,形成分化成熟的血管,好发于皮肤。多为先天性,其常见于儿童头面部皮肤或肝脏,一般分为毛细血管瘤、海绵状血管瘤及混合型血管瘤三种。

(2)淋巴管瘤:起源于淋巴管内皮细胞,形成分化成熟的淋巴管,内含淋巴液。其多见于小儿颈部和腹腔内,可分为毛细淋巴管瘤、海绵状淋巴管瘤、囊状淋巴管瘤。

(二)间叶组织恶性肿瘤

间叶组织恶性肿瘤统称肉瘤,较癌少见,多发生于儿童或青少年。常见的肉瘤有以下几种:

1. 纤维肉瘤　是肉瘤中常见的一种,好发于四肢皮下组织,高分化的异型小,与纤维瘤相似,生长缓慢,转移及复发较少见;分化差的异型性明显,恶性程度高,瘤细胞丰富,生长快,易发生血道转移,切除后也易复发。

2. 脂肪肉瘤　多见于40岁以上成人,多发生于大腿深部软组织及腹膜后,与脂肪瘤的分布不同。肉眼观:呈圆形、结节状或分叶状,常有假包膜,分化好的似脂肪瘤,分化差的呈黏液样或鱼肉样(图18-9)。镜下观:瘤细胞形态多样,可见脂肪母细胞,胞浆内含有大小不等的脂滴空泡。低分化的易复发和转移。

3. 平滑肌肉瘤　常见于子宫及胃肠道,中老年多发。肉眼观:肿瘤圆形或不规则结节状,质软,灰红色,可有假包膜,与周围分界不清。镜下观:分化好的异型性不明显,分化差的瘤细胞呈多形性,排列紊乱,核分裂象多见,可见病理性核分裂象。

4. 骨肉瘤　起源于骨母细胞,多见于青少年,为最常见的骨恶性肿瘤,好发于四肢长骨，尤以股骨下端和胫骨上端多见（图18-10）。肉眼观：肿瘤位于长骨的干骺端，呈梭形膨大，切面呈灰白色鱼肉状，常有出血、坏死，常侵袭破坏周围的骨皮质，导致病理性骨折。病变处骨外膜被掀起，可在三角形边缘处产生大量反应性的新骨，形成所谓的科德曼（Codman）三角，也可在两侧边缘之间形成与骨长轴垂直的放射状新骨，在X射线上表现为日光放射状阴影。科德曼三角与日光放射状阴影是X射线上诊断骨肉瘤的重要依据。镜下观：瘤细胞异型性明显，呈梭形或多边形，并形成肿瘤性骨样组织或骨组织，这是诊断骨肉瘤最重要的组织学依据。骨肉瘤呈高度恶性，常在发现时已经有血道转移至肺。

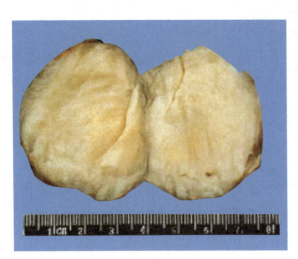

图18-9 脂肪肉瘤

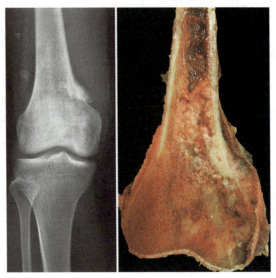

图18-10 骨肉瘤

三、其他组织来源的肿瘤

1. 白血病 是起源于骨髓造血干细胞的恶性肿瘤，因为瘤细胞可被释放到外周血液，故一般不形成肿块。其多见于成年人，近年来儿童和青少年发病率升高。根据白血病的病程、细胞形态及临床表现等可分为四个基本类型：①急性髓细胞白血病又称急性粒细胞白血病；②慢性髓细胞白血病又称慢性粒细胞白血病；③急性淋巴细胞白血病；④慢性淋巴细胞白血病。

2. 淋巴瘤 是起源于淋巴组织的恶性肿瘤，主要表现为淋巴结无痛性肿大。其好发于颈部、锁骨上、腋窝、纵隔等处的淋巴结；可分为霍奇金病和非霍奇金病两类。霍奇金病多见于青年人，其肿瘤细胞为里－施细胞（Reed-Sternberg cell），又称RS细胞，为含双核或多核的瘤巨细胞，其中双核RS细胞也称镜影细胞。非霍奇金病常见于40~60岁男性，瘤细胞起源于B细胞或T细胞，常呈侵袭性生长，破坏正常淋巴组织结构。瘤细胞随淋巴和血道转移，可侵犯肝、脾及其他组织器官。

3. 视网膜母细胞瘤　常见于儿童,是来源于视网膜胚基的恶性肿瘤。肿瘤呈灰白色或黄色的结节状,切面有明显出血及坏死。预后不良,多在发病后一年半左右死亡。

4. 黑色素瘤　起源于黑色素细胞,是一种能产生黑色素的高度恶性肿瘤。其发生于足底、外阴及肛门周围多见,也可发生于黏膜和内脏器官。肿瘤突出或稍突出于皮肤表面,多呈黑色或棕黑色,边缘不整齐,外形不规则,与周围组织界限不清。黑色素瘤的预后多数较差,常有淋巴道及血道转移。

5. 畸胎瘤　是来源于生殖细胞的肿瘤,大多数肿瘤含有两个或三个胚层的组织成分。其多发生于卵巢和睾丸,偶见于纵隔、骶尾部、腹膜后等部位。女性多发,分为良性和恶性两类。良性多为囊性,含有分化成熟的皮肤、毛囊、汗腺、肌肉、脂肪、骨及软骨、毛发、牙齿等多种组织。恶性多为实性,由分化不成熟的胚胎样组织构成,易远处转移,预后差。

第八节　肿瘤的病因和发病机制

一、肿瘤的病因

如前所述,肿瘤是一种基因病,因此,所有导致基因结构或者表达发生变化的环境或者内在因素都有可能成为肿瘤的病因。

(一)环境因素

1. 化学致癌因素　大多与环境污染和职业性接触有关,因此,治理环境污染和有效的职业防护意义重大。其可分为直接致癌物和间接致癌物。

(1)直接致癌物:较少见,致癌所需时间长。其主要为烷化剂与酰化剂类,如环磷酰胺既是抗癌药物,也是很强的免疫抑制剂,又可诱发恶性肿瘤,应谨慎使用。某些金属元素也有致癌作用,如铬可致肺癌,镉可致前列腺癌等。其他如苯可致白血病,砷可致皮肤癌等。

(2)间接致癌物:多见,需要在体内(主要是肝脏)进行代谢活化后才能致癌。

1)多环芳烃类:致癌作用强的有 3,4-苯并芘、1,2,5,6-双苯并蒽等。广泛存在于烟草的烟雾和污染的大气中,后者主要来自机动车尾气、煤烟、沥青烟雾等,与胃癌、肺癌等肿瘤的发生有关。

2)芳香胺类与氨基偶氮染料:致癌的芳香胺类有乙萘胺、联苯胺等,与膀胱癌的发生有关。氨基偶氮染料有奶油黄、猩红等,与肝癌、膀胱癌的发生有关。

3)亚硝胺类:可诱发食管癌、胃癌、肝癌、肺癌和鼻咽癌等。肉类食品的保存剂和着色剂、新腌制的蔬菜和食物中含有亚硝酸盐,在胃内酸性环境下形成亚硝胺。

4）真菌毒素：目前已知有数十种真菌毒素具有致癌性。研究最多的是黄曲霉毒素，以霉变的花生、谷类含量最多，主要诱发肝癌。

2. 物理致癌因素　主要是电离辐射和紫外线。电离辐射主要包括 X 射线、γ 射线和粒子辐射，可引起皮肤癌、白血病、肺癌和骨肉瘤等。长期受紫外线照射，可发生皮肤鳞癌、基底细胞癌和黑色素瘤。此外，慢性炎症刺激如慢性皮肤溃疡、慢性子宫颈炎等，与皮肤鳞癌、子宫颈癌的发生有关。

3. 生物致癌因素

（1）病毒：能引起人或动物癌变，或能使体外培养的细胞发生恶性转化的病毒称为肿瘤病毒，现已知的有上百种，其中 1/3 为 DNA 病毒，2/3 为 RNA 病毒。如 EB 病毒与鼻咽癌、伯基特淋巴瘤（Burkitt 淋巴瘤）有关；人乳头瘤病毒与子宫颈癌、外阴癌有关；乙型肝炎病毒与肝癌有关。

（2）幽门螺杆菌：由此菌感染引起的慢性胃炎与胃癌、胃黏膜相关（B 细胞）淋巴瘤的发生有关。

（3）寄生虫：日本血吸虫病与结肠癌的发生有关；华支睾吸虫病与肝癌的发生有关；埃及血吸虫病与膀胱癌的发生有关。

（二）内在因素

1. 遗传因素　遗传因素对肿瘤发生的作用在动物实验中已得到证实。据研究表明，遗传因素在人类一些肿瘤发生中起着重要作用。如遗传性视网膜母细胞瘤、乳腺癌、胃肠癌、食管癌、肝癌、鼻咽癌、白血病等具有遗传倾向和易感性，往往在环境因素的协同下而致肿瘤发生。

2. 性别与年龄　肿瘤的发生有性别差异。如甲状腺癌、胆囊癌以女性多见，而肺癌、肝癌、食管癌、胃癌则以男性多见。某些肿瘤的发生还有年龄分布特征，如儿童易患急性白血病、肾母细胞瘤、神经母细胞瘤；骨肉瘤、横纹肌肉瘤以青年人多见，40 岁以上的中老年人癌的发病率较高。

3. 内分泌因素　某些肿瘤的发生与内分泌功能异常有关，如子宫内膜癌、乳腺癌等与雌激素分泌过多有关。

4. 免疫因素　正常机体存在免疫监视机制，能清除发生了肿瘤性转化的细胞，在防止肿瘤发生中起着重要作用。而在先天免疫缺陷或接受免疫抑制剂治疗的患者，因免疫系统的自我监视功能降低，恶性肿瘤的发病率明显增加。

二、肿瘤的发病机制

肿瘤的发病机制是一个非常复杂的问题，涉及的基因繁多，既与调控增殖的基因有关，也与调控凋亡、老化、代谢等功能的基因有关，这里仅简要讨论一下原癌基因和肿瘤抑制基因。正常细胞存在着原癌基因和肿瘤抑制基因，它们对细胞的增殖起着相应的正、负调控作用。如果因为基因的结构或者表达改变，与基因相对应的正、负调控失去平衡，正性调控成为主导作用，就可能引起肿瘤的发生。

（一）原癌基因的激活

正常情况下，原癌基因编码的蛋白质包括细胞生长因子、生长因子受体、信号转导蛋白以及核调节蛋白等，它们对正常细胞的生长与增殖起着重要的正性调控作用。在各种致癌因素的作用下，原癌基因可被激活为有致癌活性的癌基因，此过程称为原癌基因的激活。激活途径有基因突变和基因表达调控异常两种。

（二）肿瘤抑制基因的失活

肿瘤抑制基因又称抑癌基因、抗癌基因，是正常细胞生长和增殖的负性调控基因。在某些致癌因素作用下，肿瘤抑制基因发生突变或缺失，或者其表达的蛋白质受到抑制而失活，使其抑癌功能丧失，导致细胞过度增生和分化异常而发生恶性转化。

 导入案例分析

本案例为老年男性，长期乙肝病史，腹部症状突出，考虑为肝原发的病变。AFP 阳性，提示肝癌。影像学查见肝、肺肿块，提示肝癌肺转移。因此：

1. 考虑肝癌。

2. 为明确诊断，需经肝活检做病理学检查。

本章小结

　　本章的学习重点是肿瘤的概念、肿瘤的异型性、肿瘤的生长方式和转移。肿瘤是正常组织细胞发生基因改变所导致的异常增殖。肿瘤与起源组织的差异称为异型性，包括结构和细胞的异型性，是诊断肿瘤、确定良恶性、判断恶性程度及肿瘤预后的主要形态学依据。肿瘤的生长方式包括膨胀性、侵袭性和外生性。恶性肿瘤的扩散有直接蔓延和转移；转移有淋巴道、血道以及种植性转移；最常见的转移部位是肺、肝、骨。本章的难点是肿瘤的良恶性区别。肿瘤的良恶性是综合异型性、生长方式、有无扩散等多项指标进行系统评估的结果，患者的临床表现和其他医学检查对肿瘤良恶性的鉴别也有重要的价值。肿瘤命名和分类的目的在于明确组织起源和良恶性，恶性肿瘤中，起源于上皮组织的为癌，起源于间叶组织的为肉瘤。癌的发生可能是经由癌前病变、上皮内瘤变最终发展为浸润癌的渐进性过程。

（周　晓）

一、名词解释

1. 异型性

2. 癌

3. 肉瘤

4. 种植性转移

5. 原位癌

二、简答题

1. 简述肿瘤性增生与非肿瘤性增生的区别。

2. 简述良恶性肿瘤的区别。

3. 简述恶性肿瘤的分级和分期,以及分级和分期之间的关系。

4. 简述癌前病变、异型增生、原位癌、上皮内瘤变和浸润癌之间的关系。

附　录

实　验　指　导

实验一　细菌的形态结构观察及细菌的分布与消毒灭菌

【实验目的】

1. 具有无菌操作观念和实验室安全意识。

2. 掌握显微镜油镜的使用和保护;显微镜下识别细菌的形态及特殊结构。

3. 熟悉不同部位细菌的检查方法;常用的消毒灭菌方法。

4. 了解革兰氏染色法的步骤;不同部位细菌的检查方法。

5. 学会分析革兰氏染色法的染色结果。

【实验准备】

1. 物品　细菌染色标本片、香柏油、二甲苯、葡萄球菌培养液、大肠埃希菌培养液、革兰氏染液(结晶紫染液、卢戈碘液、95% 乙醇溶液、稀释复红或沙黄液)、无菌生理盐水、擦镜纸、载玻片、接种环、酒精灯、玻片夹、标记笔、无菌纸片(约 3cm×3cm)、普通琼脂平板、血平板、小镊子、无菌试管、肉汤培养基、枯草芽孢杆菌、2.5% 碘酊、75% 乙醇等。

2. 器材　普通光学显微镜、恒温培养箱、紫外线灯、高压蒸汽灭菌锅、水浴箱、干烤箱等。

3. 环境　实验室、培养室、无菌操作台等。

【实验学时】

2 学时。

【实验内容】

(一)光学显微镜油镜的使用及保护方法

1. 油镜的原理　从聚光器出来的光线通过标本玻片,再经空气进入物镜时,由于玻片与空气的折光率不同而发生折射,进入物镜的光线变少导致物像不清。如果使用折光率与玻片(n=1.52)近似的香柏油(n=1.515)即可减少折射,增加视野亮度,获得清晰的物像。

2. 油镜头的识别　在显微镜的物镜转换器上,装有数个长度不等、放大倍数不同的物镜。其中,油镜头长度大于低倍镜和高倍镜,通常目镜为 10×,油镜 100×,放大倍数为 1 000×。油镜头下缘一般刻有一圈黑线或白线,并刻有 100× 或 oil 等字样。

3. 油镜的使用与保护

(1)取镜和放置:取显微镜时,右手紧握镜臂,左手托住镜座,平稳地取出,放置在实验台桌面上,应使镜臂朝向自己,置于操作者左前方,镜座后端离实验台边缘 7~10cm。必须将显微镜端正直立在桌上,不得将镜臂弯曲,使载物台倾斜,以免香柏油流出,影响观察,污染台面。实验台右侧放绘图用具。

（2）对光：根据显微镜是否自带光源,操作不同。①镜座上安装有光源的显微镜,转动转换器,使低倍镜正对通光孔,通过调节电流旋钮来调节光照强弱。②较早普通光学显微镜借助镜座上的反光镜,将自然光或灯光反射到聚光器透镜的中央作为镜检光源。若采用自然光为光源,应用平面反光镜;若使用灯光为光源,则使用凹面反光镜。具体操作步骤：转动转换器,使低倍镜正对通光孔,打开光圈,上升聚光器,可根据需要,上下移动聚光器和缩放光圈,左眼在目镜上观察,同时调整反光镜的方向,使视野内的光线均匀明亮。

（3）装置待检玻片：将待观察的标本,放在载物台上,有盖玻片的一面朝上,用弹簧夹固定。移动推进器来调节标本的位置,将欲检部位移至通光孔的中心。

（4）低倍镜观察：将低倍镜对准通光孔,缓缓转动粗准焦螺旋,直至物镜距标本约 5mm 时停止(注意操作时必须从侧面注视镜头与玻片的距离),同时,通过目镜观察,直至物像出现,改用细准焦螺旋微调,使物像达到最清晰的程度。移动推进器,把需要进一步放大观察的部分移至视野中央。如果使用双筒目镜,应在观察前先调整双筒的距离,使两眼视场合并。

（5）高倍镜观察：转动转换器,将高倍镜对准通光孔,并从侧面进行观察(防止镜头碰撞玻片),如高倍镜头碰到玻片,说明低倍镜的焦距没有调好,应重新操作。左眼观察目镜,用细准焦螺旋调节焦距(禁止使用粗准焦螺旋),直到物像清晰为止。

（6）油镜观察：油浸物镜的工作距离(指物镜前透镜的表面到被检物体之间的距离)很短,一般在 0.2mm 以内,且一般光学显微镜的油浸物镜没有"弹簧装置",因此使用油浸物镜时,调焦速度必须放慢。用高倍镜看清楚结构后,将要观察的部位移至视野中央,转动转换器,让高倍镜离开通光孔,在要观察的标本部位滴一滴香柏油,然后侧面注视,转动转换器,将油镜头浸入香柏油并对准通光孔。此时,眼睛应从侧面水平注视油镜头与玻片距离,确认镜头有浸入油中,同时没有压碎玻片。观察目镜,慢慢调整细准焦螺旋,直到看清楚物像位为止。

如果香柏油覆盖的区域内,不出现物像或目标不理想,想看一看标本上没有香柏油覆盖处的视野,此时,不能直接换成高倍镜,以免玻片上的香柏油污染。高倍镜镜头,应该重复（4）（5）的步骤,即应按：低倍→高倍→油镜程序。如果是想在香柏油覆盖的区域内重新查找,应按：低倍→油镜程序,不能直接用高倍镜,以免油污染镜头。

（7）擦拭油镜头和标本：镜检完毕,升高镜筒(或下降载物台),将油镜头转开,使用擦镜纸先擦拭一遍油镜头和标本,再换一张擦镜纸,蘸少许二甲苯擦拭残留油迹,最后用干净的擦镜纸再擦一次,注意向一个方向擦拭。

（8）复位还原显微镜：关闭内置光源并拔下电源插头,或使反光镜与聚光器垂直。旋转转换器,使物镜头呈八字形位置与通光孔相对。再将镜筒与载物台距离调至最近,降下聚光器。罩上防尘罩,将显微镜放回柜内或镜箱中。

4. 注意事项

（1）显微镜要轻拿轻放,观察时,两眼睁开,养成两眼能够轮换观察的习惯,以免眼睛疲劳,并且能够在左眼观察时,右眼注视绘图。

（2）不准擅自拆卸显微镜的任何部件,以免损坏。

（3）观察标本时，必须依次用低倍镜、高倍镜，最后用油镜。在使用油镜时，切不可使用粗准焦螺旋调节器，以免压碎玻片或损伤镜面。

（4）镜面只能用擦镜纸擦拭，不能用手指或粗布擦拭，以保证镜面的清洁。

（二）细菌基本形态和特殊结构的观察

1. 示教　用电视投影显微镜或光学显微镜示教细菌标本的形态和特殊结构。注意观察细菌的形态、大小、排列及染色性等。

2. 学生操作　使用显微镜观察下列细菌染色标本，观察细菌的基本形态和特殊结构，并绘图。

（1）细菌基本形态染色标本观察

球菌：葡萄球菌、链球菌、肺炎链球菌。

杆菌：大肠埃希菌。

弧菌：霍乱弧菌。

（2）细菌特殊结构染色标本观察

荚膜：肺炎链球菌。

芽孢：破伤风梭菌。

鞭毛：伤寒沙门菌。

（三）革兰氏染色法

1. 实验方法

（1）标记：取两张玻片，用标记笔在载玻片上标记，分别用于葡萄球菌及大肠埃希菌的涂片。

（2）涂片：点燃酒精灯，无菌操作，用灭菌接种环分别蘸取少许葡萄球菌培养液及大肠埃希菌培养液，均匀涂于标记的玻片上，涂片成约 1cm² 或蚕豆大小的薄膜。

（3）干燥：涂片制成后，在空气中使其迅速干燥，以免菌体皱缩变形（若需加快干燥速度，将涂布面朝上，置于火焰上方，不烫手的位置，慢慢烘干，切勿紧贴火焰）。

（4）固定：玻片干燥后，用玻片夹夹住玻片的右下角，标本面向上，在火焰外焰上水平地迅速来回通过 3 次进行固定。注意玻片温度不宜过高，以玻片反面接触手背部皮肤，热而不烫为宜。

（5）染色

1）初染：滴加结晶紫染液数滴于已固定好的涂片标本上，染色 1min，细流水冲洗，去除多余染料，并倒去玻片上积水。

2）媒染：滴加卢戈碘液数滴染色 1min，细流水冲洗。

3）脱色：滴加 95% 乙醇数滴，轻轻摇动玻片 0.5~1min，至无紫色液脱出为止，细流水冲洗。

4）复染：滴加稀释石炭酸复红或沙黄染液数滴，染色 0.5~1min，细流水冲洗。

（6）镜检：待已染色的细菌标本自然干燥或用吸水纸吸干后，用显微镜油镜进行观察。

2. 染色结果　菌体染成紫色的是革兰氏阳性菌（葡萄球菌），染成红色的是革兰氏阴性菌（大肠埃希菌）。

3. 革兰氏染色法的意义　革兰氏染色法是细菌学上最常用的染色方法。其主要意义：①鉴别细菌；②选择抗菌药物；③研究细菌的致病性。

4. 注意事项

（1）涂片不可过厚，宜涂成薄膜状。

（2）革兰氏染色的关键环节是脱色，应根据涂膜的薄厚适当掌握脱色时间，如时间把握不当，将直接影响染色结果的正确与否。恰当的脱色需要通过实践掌握。

（3）革兰氏染色结果还受菌龄的影响,一般以18h左右的细菌培养物为宜,菌龄过长也会影响细菌的染色性。

（四）细菌的分布

1. 空气中细菌的分布　打开琼脂平板盖,暴露于空气中10min,盖好平板盖,标记后置于37℃培养箱培养24h,观察细菌的生长情况并记录。

2. 物品表面细菌的分布　用无菌棉签蘸取无菌生理盐水,在试管内壁挤压去多余的水分。用无菌生理盐水棉签分别于桌面、窗台等不同部位擦拭后,涂抹接种于普通琼脂平板,标记后置于37℃培养箱培养24h,观察结果并记录。

3. 皮肤细菌的分布　用无菌生理盐水棉签分别在手部、面部等擦拭后涂抹于普通琼脂平板,标记后置于37℃培养箱培养24h,观察结果并记录。

4. 咽部细菌的分布　用无菌生理盐水棉签在咽喉部擦拭后涂抹于血平板,标记后置于37℃培养箱培养24h,观察结果并记录。

（五）消毒与灭菌

1. 高压蒸汽灭菌法、干烤、烧灼等消毒灭菌法的使用

（1）高压蒸汽灭菌法:在高压蒸汽灭菌锅的外层锅内加入适量水。放入灭菌桶,桶内放入待消毒物品,注意摆放不要太紧密。盖好拧紧,防止漏气。打开排气阀,开始加热,首先排出冷空气,待有大量蒸汽排出时,关闭排气阀。压力升高至103.4kPa(1.05kg/cm^2),温度达121.3℃,维持15~20min。停止加热后,待压力下降为零后,打开排气阀,旋松螺栓,打开盖子,取出物品。高压蒸汽灭菌法可用于耐高温、高压及不怕潮湿的物品,如培养基、生理盐水、手术衣、橡胶手套、手术器械、敷料、传染性污物等的灭菌。

（2）干烤:玻璃器皿等耐高温的物品,放入干烤箱或干热灭菌器,关好箱门,设置温度,通电加热使温度维持在160~170℃,2h后,关闭电源停止加热,待温度冷却至室温,开门取出物品。注意防止玻璃器皿骤冷发生炸裂。

（3）烧灼:常用于接种环和培养基试管口的灭菌。①接种环:使用前后应烧灼灭菌。右手持接种环,于酒精灯火焰外焰来回烧灼3次,冷却后使用或备用。②培养基试管口:打开前后均需在酒精灯火焰烧灼灭菌,防止污染。

2. 紫外线消毒　用灭菌接种环蘸取大肠埃希菌培养液,密集画线于普通琼脂平板。用无菌小镊子取无菌纸片覆盖于画线的琼脂平板表面,直接置于紫外线灯下照射约30min。用小镊子取出纸片(置于消毒液中或焚烧处理,勿乱丢),盖好平板盖,置于37℃培养箱培养24h,观察结果并记录。

3. 煮沸消毒　取两支无菌肉汤培养基试管,一支接种大肠埃希菌,另一支接种枯草芽孢杆菌,做好标记,放入100℃沸水浴5min,取出后置于37℃培养箱培养24h,观察结果并记录。

4. 皮肤消毒　取一普通琼脂平板,用标记笔在平板底部画线分区,标明序号。首先将不消毒的手指指腹在普通琼脂平板上轻轻按压,再用2.5%碘酊和75%乙醇消毒手指指腹,晾干后在普通琼脂平板上的其他分区按压,最后留一分区做对照,标记后置于37℃培养箱培养24h,观察结果并记录。

【实验作业】

1. 绘出显微镜下细菌的形态及排列方式。

2. 绘出镜下所见细菌的基本形态和特殊结构。

3. 记录革兰氏染色结果并进行分析。

【实验评价】

1. 通过显微镜油镜实验，学生可以熟练掌握显微镜的正确使用，并能在镜下识别细菌的形态及特殊结构。该技能对研究细菌的生物学性状、致病性、鉴别细菌及其细菌感染的诊断等均具有重要意义。

2. 通过熟悉不同部位细菌的检查方法及常用的消毒灭菌方法，对医务人员加强无菌观念，严格执行无菌操作及预防感染等有重要意义。

（欧阳燕）

实验二　免疫学检测

【实验目的】

1. 具有独立进行免疫学基本实验的能力。

2. 掌握免疫学检测的基本方法。

3. 熟悉显微镜的使用，可以独立且正确完成标本的观察实验。

4. 了解常用的抗原抗体反应类型，学会操作方法及结果判断，熟悉其临床应用。

5. 学会认识吞噬了病原体的中性粒细胞、巨噬细胞形态；学会辨认正常 T 细胞与转化的淋巴母细胞形态，了解淋巴细胞转化试验的意义。

【实验准备】

1. 物品　擦镜纸、香柏油、标本片、生理盐水、待检菌培养物、伤寒沙门菌诊断血清、伤寒、副伤寒诊断菌液（O 型、H 型）、类风湿因子诊断试剂、ELISA 双抗体夹心法测乙肝表面抗原试剂盒、早早孕试纸条、塑料吸头、滤纸、孕妇尿、待检血清。

2. 器材　显微镜、载玻片、接种环、酒精灯、试管架、试管、恒温水浴箱、移液管、洗耳球、单向琼脂扩散板、湿盒、微量加样器。

3. 环境　实验室、无菌操作台。

【实验学时】

2 学时。

【实验内容】

（一）吞噬细胞吞噬现象标本片观察

用油镜观察吞噬了细菌的中性粒细胞或吞噬了鸡红细胞的巨噬细胞染色标本片。注意鸡红细胞为椭圆形，有细胞核，在巨噬细胞内有多个因不同程度地被消化而大小不一的鸡红细胞的特征。

（二）T 细胞转化试验标本片观察

用油镜观察淋巴细胞转化试验染色标本片。注意未转化的淋巴细胞与转化的淋巴母细胞的不同形态特征。淋巴母细胞体积为正常淋巴细胞的 3~5 倍，胞质丰富，胞质内有空泡，可见伪足，核内染色质疏松,可见 1~3 个核仁。

（三）玻片凝集反应

1. 实验方法

（1）取洁净载玻片 1 张,接种环灭菌后取一环生理盐水置于玻片右侧,同样方法在中间及左侧无菌操作各加伤寒沙门菌诊断血清一环。

（2）用灭菌接种环取可疑伤寒沙门菌培养物少许,分别与生理盐水、伤寒沙门菌诊断血清混匀,同法取大肠埃希菌培养物与左侧伤寒沙门菌诊断血清混匀。

（3）轻轻晃动载玻片,1~2min 后观察结果。

2. 实验结果（实验图 2-1）

阳性:有细小乳白色凝集块者出现。

阴性:液体均匀混浊,无凝集块出现。

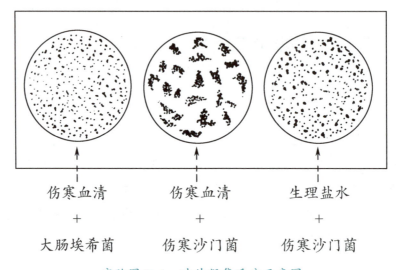

伤寒血清	伤寒血清	生理盐水
+	+	+
大肠埃希菌	伤寒沙门菌	伤寒沙门菌

实验图 2-1　玻片凝集反应示意图

3. 注意事项

（1）整个操作过程必须无菌操作。

（2）细菌量和诊断血清量要合适,防止比例不当造成假阴性。

（3）生理盐水为阴性对照,无凝集,实验才有效。若有凝集,可能是细菌变异产生的自凝现象,为假阳性。

（四）试管凝集反应（肥达反应）

1. 实验方法

（1）取 28 支试管,置试管架中,分成 4 排,每排 7 支试管,并于第一列上分别表明 O、H、PA、PB。

（2）另取一支试管（血清稀释管）,加入生理盐水 3.8ml 和被检血清 0.2ml,混匀使成 1∶20 稀释。

（3）用 5ml 移液管取 1∶20 稀释血清加入试管第一列,每管 0.5ml。

（4）再在血清稀释管中加入 2.0ml 生理盐水,混匀则稀释度为 1∶40,在试管第二列各管分别加入上述稀释血清 0.5ml。

（5）依此类推进行倍比稀释,直至第 6 管,1~6 管血清稀释度分别是 1∶20、1∶40、1∶80、1∶160、1∶320、1∶640,第 7 列各试管内分别加入 0.5ml 生理盐水做对照。

（6）取 O、H、PA、PB 诊断菌液,加入相应各排试管中,每管 0.5ml,此时每排试管中血清的最终稀释度分别是 1∶40、1∶80、1∶160、1∶320、1∶640 1∶1 280。

（7）充分振荡混匀,置于 37℃水浴箱内过夜,次日观察结果。

2. 实验结果　自温箱取出试管后,切忌振荡。先观察生理盐水对照管,管底为圆形、边缘整齐的细菌沉淀物,若轻摇,细菌散开仍呈混浊,之后由第 1 管与对照管对比观察,如有凝集,可见管底有凝集块,边缘不整齐,液体出现不同程度的澄清。H 菌液的凝集呈棉絮状。观察完毕后,轻摇可见棉絮状凝集物上升。凝集强弱以的"+"多少表示。

++++:细菌全部凝集,上层液体澄清透明。

+++:约 75% 的细菌凝集,上层液体轻度混浊。

++:约 50% 的细菌凝集,上层液体中等混浊,呈半透明状。

+:约 25% 的细菌凝集,上层液体较混浊。

-:不凝集,液体混浊度与对照管相同。

凝集效价的判定:以出现明显凝集(++)的血清最高稀释度为该待检血清的凝集效价或滴度。

3. 注意事项

（1）应在光亮处先观察试管底凝集状态,然后轻摇判断结果。

（2）菌液稀释后应及时使用。菌液有摇不散的凝块时,不能使用。

（五）类风湿因子（RF）检测

1. 原理　RF 是一种主要发生于类风湿性关节炎患者体内的抗人变性 IgG 抗体,可与 IgG 的 Fc 段结合。将变性 IgG 包被于聚苯乙烯胶乳颗粒上,此致敏胶乳颗粒与待测血清中的 RF 相遇时,即可发生肉眼可见的凝集。

2. 实验方法

（1）待检血清 56℃ 30min 灭活,用 100mmol/L pH 值 8.2 甘氨酸缓冲盐水做 1∶20 稀释。

（2）在载玻片上或黑色方格玻片的方格内加待检血清 1 滴,再加乳胶 RF 试剂 1 滴,立即摇动反应板 2~3min,使其充分混匀后,观察有无凝集现象。每次实验均设阳性与阴性对照。

3. 实验结果

阳性:3min 内出现肉眼可见的凝聚现象。

阴性:无凝集现象。

4. 注意事项

（1）血清标本应新鲜,置于 2~8℃在 48h 内使用。

（2）使用前摇匀试剂,无肉眼可见的絮状出现方可使用。

（六）单向琼脂扩散试验测 IgG

1. 原理　将抗 IgG 抗体混合于琼脂凝胶中,加入待测抗原,使其向孔周围自由扩散,在比例合适处抗原抗体相遇形成白色沉淀环,环的直径与抗原量成正相关。

2. 实验方法

（1）在含有抗 IgG 抗体的琼脂板小孔（抗原孔）中加入待检血清。

（2）将琼脂板放入湿盒,置 37℃温箱,24~48h 后观察结果。

3. 实验结果　抗原孔四周出现白色沉淀环者为阳性。测量沉淀环直径,从标准曲线上查出血清中 IgG 的含量（实验图 2-2）。

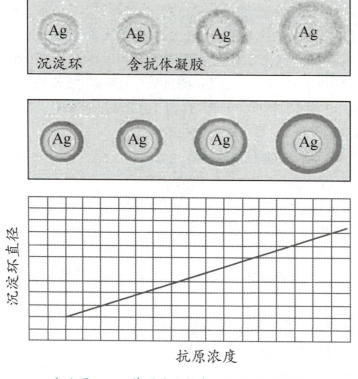

实验图 2-2　单项琼脂扩散试验结果示意图

4. 注意事项　标准曲线应随每一批号抗血清制板时同时制作。

（七）ELISA 双抗体夹心法测乙肝表面抗原（HBsAg）

1. 实验方法

（1）在每个抗 -HBsAg 包被管上编号。

（2）用微量加样器在每孔加入待测标本 0.05ml，并设 HBsAg 阳性对照 2 孔，HBsAg 阴性对照 2 孔，空白对照 1 孔。

（3）每孔加入酶结合物 1 滴（0.05ml、空白对照孔不加），充分混匀后置 37℃孵育 30min。

（4）洗板：弃去反应孔内液体，拍干，用洗涤液注满每孔，弃去拍干，反复五次后拍干。

（5）加底物：先加底物 A，每孔 1 滴（0.05ml），然后再加底物 B，每孔 1 滴（0.05ml），混匀，37℃孵育 10min。

（6）每孔加终止液 1 滴（0.05ml），混匀。

（7）用酶标仪单波长 450nm 测定各孔吸光度（OD）值。

2. 实验结果

（1）肉眼观察：蓝色为阳性反应，无色为阴性反应。阳性对照应显色，阴性对照和空白对照应无色。

（2）酶标仪判定结果：临界值（CO）= 阴性对照孔 OD 均值 N*2.1；样品 OD 值 S/CO≥1 者为 HBsAg 阳性；样品 OD 值 S/CO<1 者为 HBsAg 阴性。

3. 注意事项

（1）试剂盒应置 2~8℃保存。

（2）使用前试剂应摇匀，并弃去 1~2 滴后垂直滴加。

（3）从冷藏环境中取出试剂盒，置室温（18~25℃）平衡 30min 后再行测试。

（4）不同批号试剂请勿通用。

（5）洗涤过程是重要环节，洗涤时各孔均须加满，防止孔内有游离酶未能洗净；务必保证各孔均洗涤干净，以免影响实验结果。

（6）结果判断须在 10min 内完成。

（7）判定结果不能仅用目测，须用酶标仪测定 OD 值，计算后判定结果。

（八）去掉人绒毛膜促性腺激素（HCG）检测（胶体金免疫层析法）

1. 原理　人绒毛膜促性腺激素（HCG）为胎盘分泌的一种糖蛋白激素。健康未怀孕妇女的尿中不含有或含有少量，女性怀孕后，子宫内胎盘的滋养层细胞产生大量的 HCG，通过血液循环排入尿中。检测孕妇尿中 HCG，可以提供妊娠依据，以及帮助诊断某些疾病，如葡萄胎、绒毛膜癌等。

2. 实验方法

（1）嘱患者用一次性干燥洁净的尿杯留取新鲜尿液。

（2）将测试纸条有箭头的一端插入尿液标本容器中，至少 5s 后取出平放，5min 内观察结果。

（3）测试纸条插入尿液时不可超过 MAX（最大量）标志线。

3. 实验结果

阳性：在质控区和测试区各出现一条红色反应线。

阴性：仅在质控区出现一条红色反应线。

4. 注意事项

（1）若质控区和测试区均无红色反应线出现或只在测试区出现红色反应线，而在质控区不出现，说明试验无效或测试纸条失效，请用新试纸条重试。

（2）试剂应避光、低温保存，使用前取出恢复至室温。

【实验作业】

1. 绘制显微镜下观察到的吞噬细胞、淋巴细胞或淋巴母细胞。

2. 完成玻片凝集反应实验报告。

【实验评价】

1. 通过标本片的观察，进一步熟悉显微镜油镜的正确操作。

2. 通过几个免疫学实验，进一步熟悉抗原抗体检测的原理、常用实验方法及结果判断。

（王　荣）

实验三　细胞和组织的适应、损伤与修复

【实验目的】

1. 具有敬佑生命、珍爱健康的意识。

2. 掌握变性、坏死常见类型的病理变化。

3. 熟悉细胞和组织适应性反应常见类型及其形态特征、芽组织的镜下特点。

4. 了解瘢痕组织的形态特征。

5. 学会使用显微镜观察病理组织切片。

【实验准备】

1. 显微镜。

2. 大体标本　肾萎缩、肝脂肪变性、肾干酪样坏死、足干性坏疽、皮肤瘢痕组织。

3. 组织切片　肾细胞水肿、肝脂肪变性、脾中央动脉玻璃样变性、肉芽组织。

【实验学时】

2 学时。

【实验内容】

（一）观察大体标本

1. 肾萎缩　肾脏体积增大，切面见肾盂及肾盏呈囊状扩张，肾实质萎缩变薄，皮、髓质界限不清楚，有的标本可见结石。

2. 肝脂肪变性　肝脏体积增大，包膜紧张，边缘变钝，颜色变淡黄，切面隆起，触之有油腻感。

3. 肾干酪样坏死（肾结核）　切面可见肾实质内有多个黄白色坏死区，质松软，油腻状似奶酪，部分坏死组织已经排出形成空洞。

4. 足干性坏疽　足趾及近足趾处坏死，局部干燥、皮肤皱缩，呈黑褐色，与正常组织分界清楚。

5. 皮肤瘢痕组织　局部呈收缩状态，颜色灰白色，半透明，质韧，缺乏弹性。

（二）观察切片标本

1. 肾细胞水肿　低倍镜观察：肾皮质近曲小管增粗，管腔变小且不规则。高倍镜观察：近曲小管上皮细胞肿胀，胞质丰富而淡染，内有许多红染颗粒。

2. 肝脂肪变性　细胞体积增大，胞质中出现大小不等的脂滴，在石蜡切片中脂肪被有机溶剂溶解，故脂滴呈空泡状。较大空泡将核挤到细胞边缘，酷似脂肪细胞。

3. 脾中央动脉玻璃样变性　低倍镜观察：脾中央动脉管壁增厚，管腔狭窄。高倍镜观察：脾中央动脉管壁增厚，均质红染无结构状。

4. 肉芽组织　低倍镜观察：新生毛细血管以小动脉为轴心，垂直于创面生长，并在接近伤口表面时互相吻合形成袢状弯曲的毛细血管网。新生的毛细血管周围有大量增生的成纤维细胞、渗出物及炎细胞。高倍镜观察：新生毛细血管由单层内皮细胞构成，内皮细胞核体积较大，呈椭圆形，向腔内突出。成纤维细胞体积较大，呈梭形或星芒状，胞质略嗜碱性，核较大、淡染，有 1~2 个核仁。炎细胞以巨噬细胞为主，也有多少不等的中性粒细胞及淋巴细胞。

【实验作业】

1. 绘出肾小管上皮细胞水肿的显微镜下图。

2. 绘出肉芽组织的显微镜下图。

（徐剑侠）

实验四　局部血液循环障碍

【实验目的】

1. 敬畏生命，尊重、善待实验动物，实现生物医学研究与自然的和谐发展。

2. 能够识别肺淤血、肝淤血、脑出血、静脉内混合血栓、贫血性梗死（脾、肾）、出血性梗死（肺、肠）

等大体标本。

3. 能辨认出肺淤血、肝淤血、血栓机化、肾贫血性梗死的镜下病变特点。

4. 通过家兔空气栓塞实验,加深对空气栓塞后果的认识。

5. 学会动物实验的基本方法和注意事项。

【实验准备】

1. 显微镜、挂图。

2. 大体标本　肺淤血、肝淤血、脑出血、静脉内混合血栓、贫血性梗死(脾、肾)、出血性梗死(肺、肠)等。

3. 切片标本　肺淤血、肝淤血、血栓机化、肾贫血性梗死。

4. 家兔、兔筒、注射器(10ml)、动物解剖用器械。

【实验学时】

 2学时。

【实验内容】

(一)观察大体标本

1. 肺淤血　肺体积增大,重量增加,边缘变钝,暗红色,质地较实,新鲜标本的切面可流出泡沫状淡红色液体,长期慢性肺淤血的标本可呈棕褐色,质地变硬。

2. 慢性肝淤血　肝体积增大,包膜紧张,重量增加,表面光滑,肝的切面呈现红(淤血区)、黄(脂肪变性区)相间的条纹,酷似中药槟榔的切面,故称槟榔肝。

3. 脑出血　大脑的冠状切面,两侧大脑半球不对称,增大的一侧脑组织内可见出血灶,常位于内囊附近,为暗红色血凝块,由于药液浸泡或时间过久也可呈黑色。出血灶部位脑组织被破坏,有时脑室内也可见积血并使脑室扩大。

4. 静脉内混合血栓　剖开的静脉内有一圆柱状物体(即混合血栓),与血管壁紧密粘连,其表面粗糙,干燥无光泽,部分区域可呈现灰白与褐色相间的条纹。

5. 脾或肾的贫血性梗死　脾或肾的切面,可见被膜下有一个或多个梗死灶,呈扇形或三角形,尖端(即血管阻塞处)指向脾门(或肾门),底部紧靠被膜,梗死灶为灰白色、干燥、质实、边界清楚,梗死灶周围可见充血、出血带(暗红色或黄褐色)。

6. 肺出血性梗死　肺切面可见暗红色、三角形(或扇形)梗死灶,尖端(血管阻塞处)指向肺门,底部紧靠肺膜,梗死灶以外的肺组织有明显淤血,梗死灶常位于肺下叶、肋膈缘,可有多个且大小不等。

7. 肠出血性梗死　肠的梗死灶呈节段性、暗红色、无光泽,梗死的肠壁明显增厚。

(二)观察组织切片

1. 慢性肺淤血　肺泡壁毛细血管高度扩张、充满血液(红细胞),肺泡壁增宽。肺泡腔内可见大量淡红色的水肿液、漏出的红细胞、心力衰竭细胞(胞浆内含有棕黄色颗粒的巨噬细胞)。

2. 慢性肝淤血　肝小叶中央静脉及附近肝窦高度扩张、充满血液(红细胞),肝小叶中央区的肝细胞萎缩、消失(淤血区),肝小叶周边部的肝细胞出现脂肪变性(脂肪变性区)。

3. 血栓机化　可见肉芽组织从血管壁向血栓内长入,使部分血栓机化。已机化的血栓内可见再通的血管。

4. 肾贫血性梗死　梗死灶呈凝固性坏死,梗死灶内细胞结构消失(细胞核消失,胞质红染、均匀

一致),但组织结构轮廓尚存在 (可辨认出肾小球、肾小管的结构)。

（三）动物实验（家兔空气栓塞）

1. 取一只家兔,固定于兔筒内,观察正常家兔的状态 (呼吸的频率、幅度,口唇颜色、瞳孔大小、角膜反射等)。

2. 暴露家兔耳缘静脉,用注射器抽取约 5~10ml 的空气,注入家兔耳缘静脉内。

3. 立即注意观察家兔的变化,并与其正常状态对比。

4. 待家兔呼吸停止后,立即剖开胸腔,剪开心包壁层 (注意不能损伤心脏发出的大血管),充分暴露心脏,注意观察右心。此时家兔的心脏还在跳动,透过右心耳可以看到心腔内有大量的气泡,如注入静脉的气体量较多,也可观察到在肺动脉内有大量串珠状的小气泡。另外,注意观察肺脏的颜色（ 因肺动脉血流中断而发白)。

5. 用镊子轻轻夹住右心室壁,在右心室壁靠近肺动脉处用剪刀 (或手术刀) 剪开一个小口,瞬间会流出大量粉红色泡沫状液体。

6. 清洗实验器材。

【实验作业】

1. 本次实验课观察了哪几个大体标本? 描述这些大体标本的主要病变特点。

2. 绘出肺淤血、肝淤血、肾贫血性梗死的镜下病变特点。

3. 思考在临床工作中如何避免空气栓塞?

（黄文杰）

实验五　炎　　症

【实验目的】

1. 弘扬奉献人类卫生健康事业的精神和勇气。

2. 掌握炎症的类型及临床常见炎症的特点、结核结节的镜下组成。

3. 熟悉各种炎细胞的镜下特点。

4. 了解各种炎症的大体形态特点。

5. 能在镜下识别各种炎细胞的形态特点及结核结节的基本结构。

【实验准备】

1. 大体标本　急性重型肝炎、细菌性痢疾、心包炎或胸膜炎、大叶性肺炎、化脓性阑尾炎、肝脓肿、慢性胆囊炎、子宫颈息肉。

2. 组织切片　急性化脓性阑尾炎、子宫颈息肉、肺结核结节。

【实验学时】

2 学时。

【实验内容】

（一）观察大体标本

1. 变质性炎（急性重型肝炎）　肝体积明显缩小,尤其右叶为甚。包膜皱缩、切面呈黄色或红褐色,有些区域呈现红黄相间的小斑纹。

2. 纤维素性炎

（1）黏膜假膜性炎（细菌性痢疾）：结肠黏膜表面有一层灰黄色、糠皮样假膜,部分假膜已脱落,形成多数大小不一、形态不规则的浅表溃疡,因肠黏膜充血、水肿而增厚。

（2）浆膜纤维素性炎（心包炎或胸膜炎）：心包或胸膜不光滑,失去正常光泽,表面有灰白色絮状纤维蛋白覆盖,脏层与壁层膜不易分离。

（3）肺纤维素性炎（大叶性肺炎:红色或灰色肝样变期）：病变肺叶肿大,重量增加,红（灰）白色,质实如肝,肺表面有一层纤维素性渗出物附着,切面呈颗粒状。

3. 化脓性炎

（1）化脓性阑尾炎：阑尾肿胀变粗,浆膜面高度充血,失去正常光泽,有灰黄色脓性渗出物附着。切面见阑尾壁增厚,腔内有脓性渗出物积聚。

（2）脓肿（肝）：肝脏切开可见一略呈圆形的脓腔,腔内脓液部分流出,仍有脓液附着在粗糙的脓肿内壁。脓肿周围为增生的纤维结缔组织,与肝组织分界清楚。

4. 增生性炎

（1）慢性胆囊炎：胆囊增大,表面灰褐色,切面胆囊腔扩大,黏膜粗糙不平,囊壁增厚,腔内可见结石。

（2）子宫颈息肉：子宫颈外口突出,下垂一个带蒂的结节状肿物,蒂与宫颈内口相连,直径约 1cm,呈红色。

（二）观察组织切片

1. 各种炎症细胞示教

（1）中性粒细胞：较红细胞稍大,胞核紫蓝色,呈分叶状,以 2~3 叶居多,胞浆淡粉红色。苏木素-伊红（HE）染色中性颗粒不明显。

（2）嗜酸性粒细胞：与中性粒细胞相似,胞浆内可见粗大红染颗粒,核常分两叶。

（3）淋巴细胞：体积较小,核大而圆,浓染呈深蓝色,胞浆极少,几乎难以见到。

（4）单核细胞：体积较大,核呈椭圆形或肾形,常偏于细胞一侧,核染色较淡,染色质分布均匀,胞浆丰富、淡红染。

（5）浆细胞：体积较中性粒细胞大,胞体呈椭圆形,核偏于一侧,核染色质呈车轮状排列,胞浆略带嗜酸性染色。

2. 急性化脓性阑尾炎　病变的阑尾黏膜层、黏膜下层、肌层及浆膜层皆可见大量中性粒细胞浸润,并有充血、水肿,浆膜面有渗出的纤维素和中性粒细胞组成的薄膜覆盖。阑尾腔内有变性、坏死的中性粒细胞（脓细胞）。

3. 炎性息肉（子宫颈息肉）　息肉表面被覆单层柱状上皮,上皮下结缔组织间质疏松、充血、水肿、腺体增生及多种炎细胞浸润。

4. 肺结核结节　低倍镜下,结节中央为干酪样坏死,红染均匀,无结构。周围大量的上皮样细胞呈放射状排列,其间有数量不等的朗格汉斯细胞,最外层由浸润的淋巴细胞、增生的成纤维细胞围绕。高倍镜下,上皮样细胞呈梭形或多角形,胞质丰富,细胞境界不清。朗格汉斯细胞体积较大,胞浆丰富,胞核可达十几个或几十个,排列在胞质的周边部,呈马蹄形或花环状。

【试验作业】

1. 绘出各种炎细胞的镜下图。

2. 绘出肺结核结节的镜下图。

（宋　谦）

实验六　肿　瘤

【实验目的】

1. 理解肿瘤患者痛苦,献身医学事业。
2. 掌握肿瘤的异型性、生长方式和扩散途径。
3. 熟悉良恶性肿瘤在大体形态和显微镜下的区别。
4. 了解各种常见肿瘤的大体形态特点及镜下表现。
5. 能够描述常见肿瘤特点并绘图。

【实验准备】

1. 显微镜。
2. 常见肿瘤的大体标本。
3. 常见肿瘤的病理切片。

【实验学时】

2 学时。

【实验内容】

（一）观察大体标本

1. 肿瘤的大体形态观察　常见肿瘤的形状(结节状、乳头状、囊状、分叶状、息肉状、菜花状等)、颜色、大小、数目和质地。

2. 肿瘤的生长方式

(1)膨胀性生长:观察子宫平滑肌瘤或其他良性肿瘤标本。可见肿瘤呈球形,与正常组织分界清楚,有包膜形成。

(2)外生性生长:观察结肠息肉状腺瘤标本。可见肿瘤单发成多发,有蒂或无蒂,突出于肠黏膜表面。

(3)侵袭性生长:观察乳腺癌或其他癌的标本。可见癌组织切面呈灰白色,边缘不规则,呈蟹足状或树根状伸向周围脂肪组织,与正常组织分界不清,无包膜。

3. 恶性肿瘤的转移

(1)淋巴道转移:观察乳腺癌的腋窝淋巴结。如有转移,腋窝淋巴结明显肿大,相互融合,切面灰白色。

(2)血道转移

1)肺转移性癌:肺切面可见多数散在的灰白色结节,分界清楚,但无包膜。

2)肝转移性胃癌:肝大,切面有多个灰白色结节,结节中央可有坏死或出血。

4. 常见肿瘤

(1)乳头状瘤:可见于皮肤或膀胱。肿瘤突出于皮肤或黏膜表面,呈乳头状,灰白色。

(2)腺瘤:观察结肠息肉状腺瘤。可见结肠黏膜有表面光滑的圆形肿物,垂于肠腔内,借短蒂与肠壁相连。

（3）纤维腺瘤：乳腺纤维腺瘤。肿瘤呈球形结节状边界清楚,有包膜,切面灰白,隐约可见小裂隙或小叶状结构。

（4）囊腺瘤：观察卵巢黏液性或浆液性囊腺瘤标本。肿瘤包膜完整,切面有大小不等的多房性囊腔。

（5）纤维瘤：肿瘤呈球形,可有包膜,切面灰白色,可见纵横交错的纤维束。

（6）脂肪瘤：肿瘤呈分叶状,有完整包膜,切面淡黄色,质软。

（7）平滑肌瘤：子宫平滑肌瘤标本。可见一个或多个大小不等的球形结节,切面灰白色,由纵横交错的平滑肌束构成,边界清楚。其位于内膜下者（内膜下肌瘤）可突入宫腔内,有蒂与子宫壁相连；也可位于浆膜下（浆膜下肌瘤）,向外生长。

（8）鳞状细胞癌：见于皮肤、食管、子宫颈、阴茎等处。肿瘤可呈菜花状或不规则溃疡状,切面灰白色,与周围组织分界不清。

（9）结肠腺癌：肿瘤呈菜花状突入肠腔内,或表面坏死形成溃疡。瘤组织灰白色,与周围组织边界不清,沿肠壁弥漫浸润。

（10）骨肉瘤：位于长骨干骺端,瘤细胞增生使局部膨大呈巨块状,切面灰白色,破坏骨皮质及骨髓腔,周围软组织也受到侵袭。

（11）畸胎瘤：多见于卵巢,肿瘤包膜完整,切面可见囊腔。腔内充满皮脂样物,有毛发、骨、软骨或牙齿等多种成分。

（12）黑色素瘤：发生于皮肤或黏膜,肿瘤呈棕黑色的结节,边缘与正常组织分界不明显,可有出血、坏死溃破及感染等改变。

（13）乳腺癌：乳腺表面皮肤呈橘皮样变,乳头内陷。切面可见不规则形灰白色肿块,边界不清,并向周围脂肪组织浸润。

（14）食管鳞状细胞癌：肿块向食管腔内突起,灰白色菜花状、表面破溃,粗糙不平。

（15）支气管肺癌：肺门处有一灰白色肿物,向肺内呈侵袭性生长；肺门淋巴结的切面可见灰白色斑点,为肺癌的淋巴结转移。

（二）观察病理切片

1. 乳头状瘤　肿瘤组织向表面生长,呈分支的乳头状,乳头表面由增生的鳞状上皮覆盖,乳头中心为纤维组织、血管,并有炎细胞浸润。

2. 纤维瘤　肿瘤由纵横交错的梭形细胞及胶原纤维构成。肿瘤细胞细长,核小,两端尖,与正常的纤维细胞相似。

3. 平滑肌瘤　瘤细胞呈长梭形,核呈长杆状,相互交织排列呈束状或编织状。

4. 息肉状腺瘤　瘤组织由多数腺腔及间质构成。腺腔大小,形状不一。瘤细胞的形态与正常的大肠腺上皮相似,呈柱状并有杯状细胞,大小形状较规整。间质量少,由结缔组织和血管构成,其中有炎细胞浸润。

5. 纤维肉瘤　肿瘤细胞呈弥散性排列,细胞多而胶原纤维少。瘤细胞形态大小不一,细胞核差异尤其明显。还可出现典型或不典型的核分裂象。

6. 鳞状细胞癌　癌细胞排列成大小不等的片状或条索状的不规则细胞团,构成癌巢。癌巢之间的纤维组织构成肿瘤间质。分化较好者,细胞之间可见间桥,癌巢中心区可见排列成同心圆状的粉红色角化物而形成角化珠（癌珠）。低分化鳞癌不形成角化珠,癌细胞的大小不等,形态多样核大深染,可见核分裂象。

7. 腺癌 高分化腺癌,癌细胞大小不等,形状不一,形成不规则的腺腔样结构。低分化腺癌无完整的腺腔样结构,癌细胞排列成实性癌巢,异型性明显,核分裂象多见。

8. 乳腺腺癌 癌细胞呈腺管样结构,大小、形状和排列不一,细胞层次增多;也可呈团片状或条索状。癌细胞核体积增大,染色质深染,可见病理性核分裂。

9. 淋巴结转移性癌（示教） 淋巴结部分结构破坏,为癌组织取代。淋巴窦扩张,其中可见癌细胞团。

10. 原位癌（示教） 癌细胞局限于上皮层内,基底膜保持完整,细胞排列紊乱,极性消失,核大深染,可见病理性核分裂象。

【实验作业】

绘图:鳞癌与腺癌的镜下观,并标出主要的病理变化。

（周 晓）

教学大纲（参考）

一、课程性质

疾病学基础是中等卫生职业教育康复技术专业的一门专业基础课程,本课程的主要内容包括微生物学、免疫学基础和病理学总论。本课程的任务是培养学生社会主义核心价值观、爱国主义精神、集体主义思想,使学生通过学习与康复技术专业有关的疾病学基础的基本理论、基本知识和基本技能,成长为具有崇高道德水准和高素质劳动者与技能型人才,提高学生的综合素质和创新能力,树立疾病预防意识,加强学生的职业道德观念,为进一步学习临床课程、继续教育学习及实现专业培养打下基础。

二、课程目标

通过本课程的学习,学生能够达到下列要求:

（一）职业素养目标

1. 培养学生社会主义核心价值观、爱国主义精神、集体主义思想。

2. 具有认真的学习态度、严谨的工作作风,成长为具有崇高道德水准和高素质劳动者与技能型人才。

3. 具有良好的人际沟通能力、团队合作精神和服务意识。

4. 具有良好的职业道德和敬业精神。树立劳动光荣、技能宝贵的正确价值观,使其具有在平凡中创造伟大的工匠品质,热爱自己所学专业及以后的工作岗位。

（二）专业知识和技能目标

1. 具备疾病学基础的范畴及学习疾病学基础的学习方法。

2. 具备病原微生物学的基本理论和基本知识。

3. 具备免疫学的基本理论和基本知识。

4. 具备病理学的基本理论和基本知识。

5. 具有消毒、灭菌、无菌操作的技能。

6. 具有应用疾病学基础知识解释康复有关疾病的病理现象的技能。

7. 具有正确使用和保养显微镜的技能。

三、教学时间分配

教学内容	学时		
	理论	实践	合计
绪论	1	0	1
一、微生物概述	1	0	1
二、细菌的形态和结构	2	0	2
三、细菌的生长繁殖和变异	2	0	2
四、细菌的分布	2	0	2
五、消毒与灭菌	2	0	2

教学内容	学时		
	理论	实践	合计
六、细菌的感染	2	2	4
七、病毒概述	6	0	6
八、免疫学概论	3	0	3
九、抗原	3	0	3
十、非特异性免疫	2	0	2
十一、特异性免疫	4	0	4
十二、超敏反应	4	0	4
十三、免疫学应用	2	2	4
十四、疾病概论	2	0	2
十五、细胞、组织的适应、损伤与修复	6	2	8
十六、局部血液循环障碍	5	2	7
十七、炎症	5	2	7
十八、肿瘤	6	2	8
合计	60	12	72

四、教学内容和要求

单元	教学内容	教学要求	教学活动参考	参考学时	
绪论	（一）疾病学基础的性质、范围和内容 （二）疾病学基础在医学中的地位 （三）疾病学基础的任务和学习方法	掌握 了解 了解	理论讲授 多媒体演示 讨论	1	
一、微生物概述	（一）微生物的概念及种类 （二）微生物与人类的关系 （三）微生物与医学微生物	掌握 了解 了解	理论讲授 多媒体演示 讨论	1	
二、细菌的形态和结构	（一）细菌的基本结构及功能 （二）细菌形态检查法 （三）革兰氏染色法及意义	熟悉 掌握 了解	理论讲授 多媒体演示 讨论	2	
三、细菌的生长繁殖与变异	（一）细菌的生长繁殖 （二）与医学有关的细菌的代谢产物 （三）细菌的人工培养 （四）细菌的遗传和变异	掌握 熟悉 熟悉 熟悉	理论讲授 多媒体演示 讨论	2	

单元	教学内容	教学要求	教学活动参考	参考学时	
四、细菌的分布	（一）细菌的分布 （二）细菌与疾病	掌握 了解	理论讲授 多媒体演示 讨论	2	
五、消毒与灭菌	（一）基本概念 （二）物理消毒灭菌法 （三）化学消毒灭菌法	掌握 熟悉 了解	理论讲授 多媒体演示 讨论	2	
六、细菌的感染	（一）细菌的致病性 （二）细菌感染的发生、发展和结局 （三）医院感染	掌握 熟悉 了解	理论讲授 多媒体演示 讨论	2	
	实验一　细菌的形态结构观察及细菌的分布与消毒灭菌	熟练掌握	技能实践		2
七、病毒概述	（一）病毒的基本性状 （二）病毒的致病性与免疫性 （三）病毒感染的检查与防治原则 （四）病毒与疾病		理论讲授 多媒体演示 讨论	6	
八、免疫学概论	（一）免疫概述 1. 免疫概念 2. 免疫功能 3. 免疫应答分类 （二）人体免疫系统的组成和作用 1. 免疫器官 2. 免疫细胞 3. 免疫分子	掌握 掌握 掌握 掌握 熟悉 了解	理论讲授 多媒体演示 讨论	3	
九、抗原	（一）抗原的概念、特性和分类 （二）抗原的特异性与交叉反应 （三）医学上重要的抗原物质	掌握 熟悉 掌握	理论讲授 多媒体演示 讨论	3	
十、非特异性免疫	（一）非特异性免疫概念及特点 （二）非特异性免疫的组成	掌握 熟悉	理论讲授 多媒体演示	2	
十一、特异性免疫	（一）抗体和免疫球蛋白 （二）免疫应答	了解 熟悉	理论讲授 多媒体演示 讨论	4	
十二、超敏反应	（一）超敏反应的概念与特点 （二）各型超敏反应的发生机制及常见疾病	熟悉 掌握	理论讲授 多媒体演示 讨论	4	

单元	教学内容	教学要求	教学活动参考	参考学时	
十三、免疫学应用	（一）免疫学防治 1. 人工主动免疫 2. 人工被动免疫 （二）免疫学诊断 1. 检测抗原抗体 2. 检测细胞免疫	掌握 掌握 熟悉 了解	理论讲授 多媒体演示	2	
	实验二　免疫学检测	学会	技能实践		2
十四、疾病概论	1. 健康与疾病的概念 2. 疾病的原因 3. 疾病发展过程中的共同规律 4. 疾病的经过与结局	掌握 熟悉 了解 熟悉	理论讲授 多媒体演示 讨论	2	
十五、细胞和组织的适应、损伤与修复	（一）细胞和组织的适应 1. 萎缩的概念 2. 萎缩的原因、分类 3. 肥大、增生、化生的概念 4. 肥大、增生、化生的类型、对机体的影响和结局 （二）细胞和组织的损伤 1. 变性的概念 2. 变性的常见类型及病变特点 3. 变性对机体的影响与结局 4. 坏死的概念 5. 坏死的原因 6. 坏死的病理变化及类型 7. 坏死的结局 （三）损伤的修复 1. 修复、再生的概念 2. 各种组织的再生能力及再生过程 3. 肉芽组织的概念 4. 肉芽组织的形态特点及功能 5. 创伤愈合的过程 6. 影响再生修复的因素 7. 骨折愈合的过程	熟悉 掌握 熟悉 了解 熟悉 熟悉 了解 熟悉 了解 掌握 熟悉 了解 熟悉 熟悉 掌握 了解 掌握 了解	理论讲授 多媒体演示 讨论	6	
	实验三　细胞和组织的适应、损伤与修复	学会	技能实践		2

单元	教学内容	教学要求	教学活动参考	参考学时	
十六、局部血液循环障碍	（一）充血 1. 充血、动脉性充血、淤血的概念 2. 充血、淤血的原因 3. 充血、淤血的病理变化、对机体影响、结局 （二）出血 1. 病因和发病机制 2. 病理变化 3. 后果 （三）血栓形成 1. 血栓形成概念 2. 血栓形成的条件和机制 3. 血栓形成的过程及类型 4. 血栓的转归及对机体的影响 （四）栓塞 1. 栓塞的概念 2. 栓子的类型及栓子的运行途径 3. 栓塞的类型及后果 （五）梗死 1. 梗死的概念 2. 梗死的原因 3. 梗死的类型及区别	熟悉 掌握 熟悉 了解 了解 了解 熟悉 掌握 了解 熟悉 熟悉 掌握 了解 熟悉 了解 掌握	理论讲授 多媒体演示	5	
	实验四　局部血液循环障碍	学会	技能实践		2
十七、炎症	（一）炎症的概念和原因 （二）炎症的基本病理变化 1. 变质 2. 渗出 3. 增生 （三）炎症的局部表现与全身反应 1. 局部表现 2. 全身反应 （四）炎症的类型及病理变化特点 1. 变质性炎症 2. 渗出性炎症 3. 增生性炎症 （五）炎症的结局 1. 痊愈 2. 迁延不愈 3. 蔓延播散	熟悉 掌握 掌握 掌握 熟悉 熟悉 掌握 掌握 掌握 熟悉 熟悉 熟悉	理论讲授 多媒体演示 讨论	5	
	实验五　炎症	学会	技能实践		2

单元	教学内容	教学要求	教学活动参考	参考学时
十八、肿瘤	（一）肿瘤的概念 1. 肿瘤的概念 2. 肿瘤细胞的特征 3. 肿瘤性增生与其他增生的区别 （二）肿瘤的特征 1. 一般形态与组织结构的特点 2. 肿瘤的异型性 3. 肿瘤的扩散 4. 肿瘤的生长 5. 肿瘤的复发 6. 肿瘤的代谢特点 （三）肿瘤对机体的影响 1. 良性肿瘤对机体的影响 2. 恶性肿瘤对机体的影响 （四）良恶性肿瘤的区别 （五）肿瘤的命名与分类 （六）癌前病变、原位癌和早期浸润癌 （七）常见肿瘤举例 （八）肿瘤的原因及发生机制	掌握 熟悉 了解 熟悉 掌握 掌握 掌握 熟悉 了解 熟悉 熟悉 掌握 熟悉 掌握 熟悉 了解	理论讲授 多媒体演示 讨论	6
	实验六　肿瘤	学会	技能实践	2

五、大纲说明

（一）教学安排

本课程标准主要供中等卫生职业教育康复技术专业教学使用,第二学期开设,总学时为72学时,其中理论教学60学时,实践教学12学时。学分为4学分。

（二）教学要求

1. 本课程教学目标分为掌握、熟悉、了解三个层次。掌握:指对基本知识、基本理论有较深刻的认识,并能综合、灵活地运用所学的知识解决实际问题。熟悉:指能够领会概念、原理的基本含义,解释现象。了解:指对基本知识、基本理论能有一定的认识,能够记忆所学的知识要点。另外还有能力目标和素质目标要求。

2. 本课程重点突出以岗位胜任力为导向的教学理念,在技能目标分为能和会两个层次。能:指能独立、规范地解决实践技能问题,完成实践技能操作。会:指在教师的指导下能初步实施实践技能操作。

（三）教学建议

1. 在本课程教学过程中,始终坚持正确政治方向和价值导向,立德树人,将社会主义核心价值观、爱国主义精神、集体主义思想、社会主义教育等内容纳入课堂,为我国医学发展培养具有崇高道德水准和高素质劳动者与技能型人才,在学生中树立劳动光荣、技能宝贵的正确价值观,使其具有在平凡中创造伟大的工匠品质,热爱自己所学专业及以后的工作岗位。

2. 本课程依据康复技术专业的工作任务、职业能力要求,强化理论联系实际,突出"边学边做"的职业教育特色,根据培养目标、教学内容和学生的学习特点以及职业资格考试要求,提倡项目教学、案例教学、任务教学、情景教学等方法,利用网络教学手段、校内外实训基地,将学生的自主学习、合作学习和教师引导教学等教学组织形式有机结合。

3. 本课程重点强调对学生能力水平的测试。评价方法可采用理论测试和实践操作考核相结合,应体现评价主体、评价过程及评价方式的多元化。评价内容不仅关注学生对知识的理解和技能的掌握,更要关注知识在临床实践中运用与解决实际问题的能力水平,重视职业素养的形成。

参 考 文 献

[1] 步宏,李一雷.病理学 [M].9 版.北京:人民卫生出版社,2018.

[2] 曹雪涛.医学免疫学 [M].6 版.北京:人民卫生出版社,2013.

[3] 郝素珍,王桂琴.实用医学免疫学 [M].北京:高等教育出版社,2005.

[4] 李玉林.病理学 [M].8 版.北京:人民卫生出版社,2013.

[5] 刘忠立,白春玲.疾病学基础 [M].北京:人民卫生出版社,2016.

[6] 吕瑞芳.病原生物与免疫学基础 [M].2 版.北京:人民卫生出版社,2007.

[7] 吕瑞芳,张晓红.病原生物与免疫学基础 [M].3 版.北京:人民卫生出版社,2021.

[8] 吴增春.疾病学基础 [M].北京:人民卫生出版社,2010.

[9] 鲜尽红.免疫检验技术 [M].2 版.北京:人民卫生出版社,2008.

[10] 徐雯,刘永琦.医学免疫学 [M].北京:人民卫生出版社,2020.

[11] 杨怀宝.病理学基础 [M].北京:人民卫生出版社,2015.

[12] 张军荣,杨怀宝.病理学基础 [M].3 版.北京:人民卫生出版社,2015.

[13] 张忠.病理学与病理生理学 [M].8 版.北京:人民卫生出版社,2018.